Liebe Leserin, lieber Leser,

die Kinderfotos auf dieser Seite zeigen einige Menschen, ohne die diese Ausgabe nicht zustande gekommen wäre. Es sind jene Autoren, die wir am Ende ihrer Beiträge mit einem aktuellen Foto vorstellen. Fast meint man, ihnen bereits in jungen Jahren die Neugier ansehen zu können, die sie in ihrem Beruf auszeichnet. Vor allem aber zeigt der Vergleich der Bilder von damals und heute manche charakteristische Eigenart, etwa im Gesichtsausdruck. Der Kern der Persönlichkeit eines Menschen bildet sich tatsächlich schon früh heraus.

Volker Stollorz (SEITE 117)

Daher ist keine Zeitspanne aufregender im Leben eines Kindes als jene von der Geburt bis zum Ende der Grundschule. Fähigkeiten wie Sprechen, Begreifen, Lesen und Schreiben brechen sich geradezu explosionsartig Bahn. Mit diesem Heft erklärt GEO WISSEN, wie Kinder sich entwickeln und wie wir ihnen dabei am besten helfen können. Ob mit dem Report über die enge Verbindung zwischen motorischer und geistiger Reifung (Seite 106), der Übersicht über die wichtigsten Etappen der Kindesentwicklung (Seite 68) oder der Reportage über die Vorteile einer Grundschule, in der normal- und hochbegabte Kinder gemeinsam unterrichtet werden (Seite 38).

Susanne Paulsen (SEITE 140)

Und es wird einmal mehr klar, dass Erziehung keine Geheimwissenschaft ist, sondern – vor allem in jungen Jahren – von gemeinsamen Erfahrungen zwischen Eltern, Erziehern und Kindern handelt. Von emotionaler Nähe, Intuition, Aufmerksamkeit, Zuwendung und Konsequenz. Keine noch so ambitionierte Frühfördermaßnahme kann ersetzen, über was jeder Vater und jede Mutter verfügt: eine Stimme, zwei Hände und Körperwärme.

Wolfgang Michal (SEITE 46)

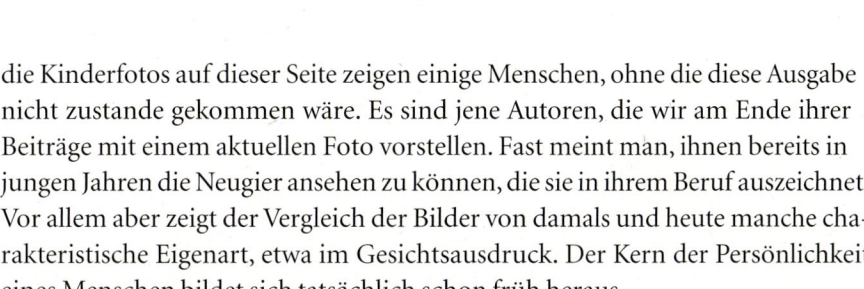

Alexandra Rigos (SEITE 104)

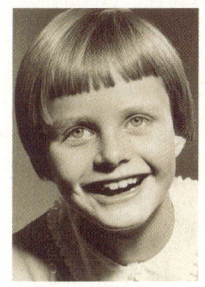

Marion Rollin (SEITE 55)

Herzlich Ihr *Claus Peter Simon*
Claus Peter Simon

Christian Staas (SEITE 63)

Henrik Bork (SEITE 97)

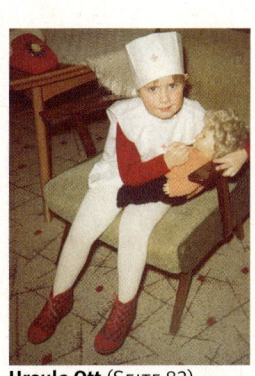

Ursula Ott (SEITE 83)

Hubertus Breuer (SEITE 75)

Judith Rauch (SEITE 36)

Warum füttern Mädchen so gern ihre Teddys? Und warum reißen Jungen den Teddys manchmal die Arme aus? Der kleine **Unterschied im Verhalten** existiert bereits von Geburt an. Aber die Erziehung verstärkt ihn

98

76

106

Sich bewegen wie ein Fisch im Wasser – das gelingt Kindern nur, wenn sie schon als Babys eine **gesunde Motorik** entwickelt haben. Kurse zur Bewegungsförderung beugen Entwicklungsdefiziten vor

Pamela Kazankaya ist eine selbstbewusste Frau, trotz ihrer traumatischen Kindheit. Forscher untersuchen, welche Persönlichkeitsmerkmale es sind, die **Kinder mit großer Widerstandskraft** kennzeichnen

48

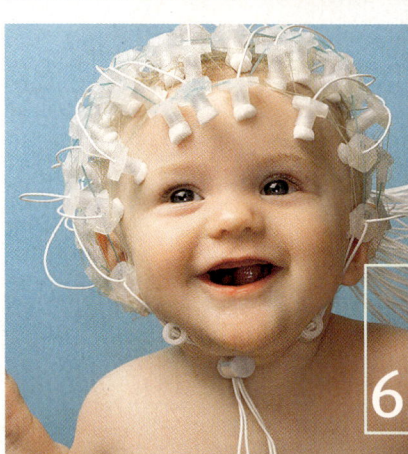

6

Väter können viel mehr als nur Fußball spielen: Kümmern sie sich intensiv um ihre Kinder, werden Söhne seltener sozial auffällig und Töchter robust gegen Stress

30

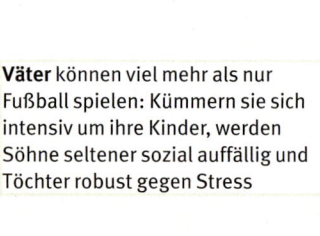

38

INHALT

Früh soll sich üben, wer ein Gentleman werden will, etwa im **Knigge-Kurs**. Die Sorge um den Nachwuchs treibt mitunter bizarre Blüten. Wissenschaftler warnen inzwischen vor dem **Förderwahn**

84

Kulturvergleich: In Chinas Provinz sind viele **Grundschulen** schlecht ausgestattet, viele Lehrer unzureichend gebildet. GEO WISSEN hat den Alltag zweier Kinder begleitet

Den Kleinsten **beim Denken zusehen**, das wollen Lernforscher in den USA. Um daraus Erkenntnisse zu gewinnen für einen anregenden Kindergarten- und Schulalltag

Deborah träumt von der Schauspielerei. Sie und ihre Mitschüler besuchen eine deutschlandweit einzigartige Ganztagsschule in Hamburg, in der **Hochbegabte und Normalbegabte** gemeinsam unterrichtet werden

Titelbild: Michael Keller/Corbis
Redaktionsschluss: 3. März 2006

GEO.de

Einen Wissenstest zum Thema Erziehung finden Sie unter www.geo.de/erziehung, ein Dossier »Pubertät« unter www.geo.de/pubertaet. Außerdem: Reportagen und Tipps fürs Reisen mit Kindern (www.geo-saison.de/kinderreisen)

Titelthemen sind mit farbigen **Seitenzahlen** gekennzeichnet

Stufen der Entwicklung

68
Große Übersicht:
Die Etappen der Kindesentwicklung

Ein Holzsofa und die Laute der Natur statt Plastikspielzeug und Reizüberflutung: An drei Vormittagen in der Woche gehen die Jungen und Mädchen der »Waldpiraten-Gruppe« des Kindergartens »Lupilus« im nordrhein-westfälischen Kempen in den Wald. Das stärkt ihr Immunsystem und fördert ihre motorische Entwicklung

DER ZAUBER
DER FRÜHEN JAHRE

Kindergärten, vor über 150 Jahren in Deutschland erfunden, haben sich in der ganzen Welt durchgesetzt. Ein Erfolgsmodell, weil es überall funktioniert, wo kindlicher Erfahrungshunger ernst genommen wird. Eine Reise um den Planeten zeigt dennoch auch Unterschiede – vor allem im Wert, den eine Gesellschaft dem Fortschritt ihrer Jüngsten beimisst

Nicht ganz vorne dabei

Seit 1996 hat jedes Kind in Deutschland vom dritten Geburtstag an Anspruch auf einen Kindergartenplatz. Die Qualität der deutschen Einrichtungen ist jedoch weit entfernt vom hohen Niveau in anderen europäischen Ländern. Nicht einmal jeder dritte Kindergarten verdiene das Prädikat „gut", urteilt der Pädagogik-Professor Wolfgang Tietze von der Freien Universität Berlin. Die Positiv-Beispiele zeichneten sich etwa dadurch aus, dass sie individuelle Anregungen für jedes Kind böten, eine Dokumentation der persönlichen Entwicklung und regelmäßige Elterngespräche.

Eines der Hauptprobleme in Deutschland ist das Niveau der Ausbildung von Erziehern. Während hier ein mittlerer Bildungsabschluss und eine Ausbildungszeit von drei Jahren an Fachschulen genügen, wird in anderen Ländern eine Universitäts- oder Fachhochschul-Ausbildung verlangt. „In Deutschland wurde die internationale Entwicklung der frühkindlichen Pädagogik der letzten 30 Jahre nicht berücksichtigt", sagt Wassilios Fthenakis, ehemaliger Direktor des Staatsinstituts für Frühpädagogik in München. Dennoch haben Kindergartenkinder, wie Studien zeigen, einen Entwicklungsvorsprung gegenüber anderen Altersgenossen von bis zu einem Jahr. Ein weiterer Kritikpunkt: Betreuungsplätze für die bis Dreijährigen sind rar. Mehr als eine Million Kinder warten auf einen Platz. Vielen Müttern ist es dadurch nicht möglich, Berufstätigkeit und Familie miteinander zu verbinden.

Angebote, die Welt zu erfahren: Auch ohne lebende Kühe üben die Jungen und Mädchen der Kindertagesstätte »Bim Bam Bino« in Dresden das Melken (links). Zum Programm des Waldkindergartens im Englischen Garten in München gehört der Besuch von Altenheimen. Im Katholischen Kindergarten »Arche Kunterbunt« in Karlsruhe schnippeln die Kinder Obst und lernen ganz nebenbei etwas über gesunde Ernährung. Und in der Kneipp-Kindertagesstätte des Arbeiter-Samariter-Bundes in Karlshagen können die kleinen Naturforscher der Petersilie beim Wachsen zusehen

Jetzt sind sie schulreif: Jungen und Mädchen feiern den Abschied vom »Transfiguration Kindergarten« im New Yorker Stadtviertel Chinatown wie einen College-Abschluss. Die katholische Einrichtung gehört zur »Transfiguration School«, die 1832 als Lehranstalt für Kinder von Immigranten gegründet wurde

USA

Qualität ist teuer

Rund zwei Drittel der US-amerikanischen Kinder im Alter zwischen drei und fünf Jahren besuchen einen Kindergarten oder eine Vorschule. Da der – unbezahlte – Mutterschutz nach der zwölften Woche endet, werden Kinder bereits im Alter von drei Monaten in einer Nursery School oder im Day Care Center aufgenommen.

Die Qualität der Einrichtungen und die Öffnungszeiten schwanken sehr stark, je nach Wohnbezirk. Viele Kindergärten sind teuer, sodass Eltern dafür mitunter mehr Geld ausgeben als für eine College-Ausbildung; arme Familien können eine Förderung beantragen. Den Grundschulen angegliedert sind oft einjährige Vorschulen mit straffem Stundenplan, in denen die Grundfertigkeiten in Lesen, Schreiben und Rechnen vermittelt werden.

Daneben gibt es einen großen freien Markt individueller Betreuung: Kinderfrauen, Tagesmütter und Au-pairs – oft junge Einwanderinnen oder Illegale, die sich vor allem um den Nachwuchs wohlhabender Familien kümmern. Umkämpft sind die Plätze in Elitekindergärten wie dem „Y" in New York. Der verfügt über Sportstätten, Musiksäle, ein koscheres Restaurant und eine Bibliothek. Von Goldschmiedearbeiten bis Tanzen wird dort alles angeboten, was die Eltern wünschen, denn an Fachpersonal ist kein Mangel: drei Betreuer für eine Gruppe von zehn Kindern.

Im Duval County in Florida nutzen auch Kindergartenkinder die für die USA typischen Schulbusse. Der Musiklehrer Bradley Dean macht im »Preschool of America«-Kindergarten in Manhattan mit den Zweijährigen rhythmische Bewegungsübungen und führt ihnen einfache Instrumente vor; ein Platz in der Einrichtung kostet bis zu 2200 Dollar im Monat. Noch kleinere Kinder werden in den USA in Day Care Centers betreut

Feingemacht warten die Jungen und Mädchen in einem Kindergarten der ghanaischen Stadt Konongo auf Fritz Pawelzik. Der Entwicklungshelfer und Rentner aus Düsseldorf hat Geld für viele Projekte in dem westafrikanischen Land gesammelt, auch für diese Einrichtung. Untergebracht ist sie im Gebäude des Christlichen Vereins junger Männer (YMCA) der 300 Kilometer nordwestlich von Accra gelegenen Stadt. Pawelzik, der auch gewählter Häuptling des Stammes der Ashanti ist, hatte in Ghana den nationalen Sitz des YMCA gegründet

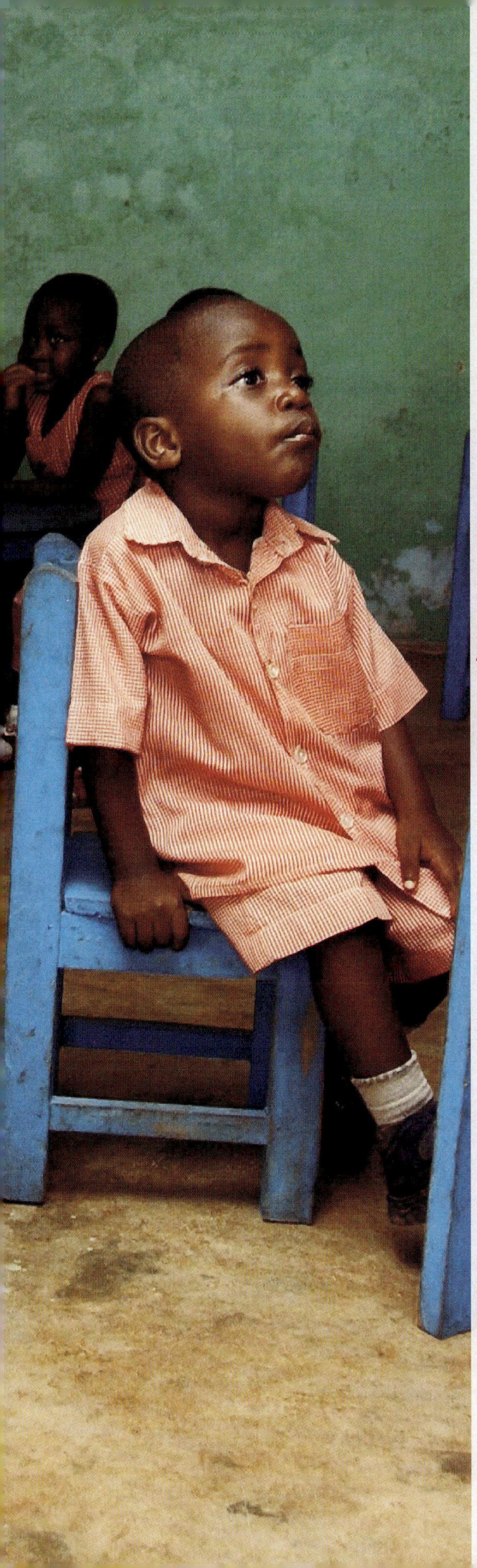

GHANA

Eine große Ambition

Die ghanaische Regierung hat sich vorgenommen, eine zweijährige Kindergartenzeit einzuführen und die dafür nötigen Einrichtungen der sechsjährigen Grundschule anzugliedern. Bis zum Ende des Jahres 2006 soll es dazu 100 Informationsveranstaltungen überall im Land geben, die dieses Vorhaben der Bevölkerung und den lokalen Entscheidern bekannt machen. Parallel dazu soll die Qualifikation der Erzieher und Lehrer verbessert werden; derzeit muss sich jeder Erzieher um durchschnittlich 20 Kinder kümmern. Von 2007 an sollen die Kindergärten dann Teil der kostenlosen Elementarerziehung sein. Für das afrikanische Land ein Aufbruch in ein neues Zeitalter: In der christlich geprägten Präsidialrepublik Ghana ist noch immer jeder Vierte der rund 21 Millionen Einwohner Analphabet.

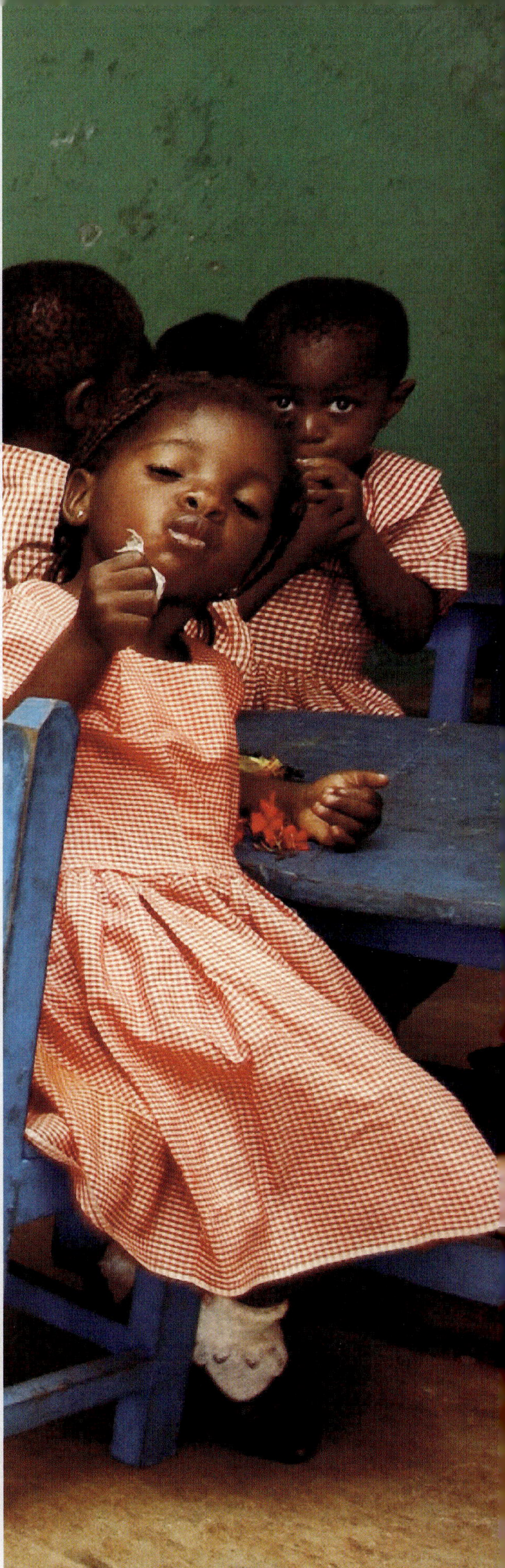

Malen gehört im »Little Oak Children's House« zum Alltag; ein Anthroposoph hat diese erste offiziell zugelassene Vorschule in Beijing gegründet. Im »Aiyue Piano«-Kindergarten in einem Vorort der Haupt- stadt ist der Name Programm. Golftraining als Pflicht bietet der »Intelligence and Capabi- lity«-Kindergarten in Beijing; entsprechend hoch sind die Gebühren: 6000 Dollar im Jahr

Auf der Überholspur

Nur etwa jedes dritte der rund 100 Millionen chinesischen Vorschulkinder besucht einen Kindergarten, in den großen Städten allerdings schon jedes zweite. Die noch zu Maos Zeiten gegründeten Internatskindergärten sind indes auf dem Rückzug. Dort werden die Jungen und Mädchen meist noch zu 14 Stunden Schlaf am Tag genötigt, Kuscheltier, Foto oder andere persönliche Gegenstände sind nicht erlaubt. Immerhin ist nicht mehr in jedem dieser Kindergärten eine Einheitsfrisur Pflicht.

In Beijing und anderen Metropolen sind seit einiger Zeit private Einrichtungen groß im Kommen – für die neue Mittelschicht und deren verhätschelte Einzelkinder. Pädagogische Ideen jeglicher Couleur werden erprobt: spezielle Kindergärten für Hochbegabte und solche, die sich der Montessori-Pädagogik oder der Anthroposophie verschrieben haben. Eines der geschäftlich erfolgreichsten Franchise-Konzepte für die Begabtenförderung nennt sich »Oriental Baby Care« und hat 115 Zweigstellen in 71 chinesischen Städten.

In den Privatkindergärten krabbeln mitunter bereits Einjährige um die Wette, lösen Zweijährige mathematische Aufgaben, rechnen Dreijährige bis in den Hunderterbereich. Statt „wir" lernen die kleinen Chinesen das lange verpönte „ich" sagen; die Erzieherinnen sprechen von Selbstständigkeit und individueller Begabung. Im Fernsehen laufen Eltern-Kind-Programme, Chatrooms im Internet und Elternzeitschriften bieten Rat.

Im Kindergarten der Stadt-
verwaltung Qiqihar müssen
schon die Kleinsten still
sitzen, abgeschirmt von
Außenreizen und beobach-
tet von einer Hilfskraft. In
diesem Multimediaraum –
dem ersten seiner Art in
China – sollen die Hör- und
Sprachfähigkeiten der
Kinder verbessert werden

FRANKREICH

So gelingt der Babyboom

Nach Irland ist Frankreich das Land mit der höchsten Geburtenrate in Europa, und das trotz der höchsten Frauenerwerbsquote auf dem Kontinent und einer ähnlich hohen Scheidungsquote wie in Deutschland. Dafür gibt es Gründe: Über die Vereinbarkeit von Berufstätigkeit und Familie wird in Frankreich nicht nur geredet – sie wird praktiziert. Etwa im Pariser Familienministerium, das für den Nachwuchs seiner Angestellten einen täglich bis 18 Uhr geöffneten Kindergarten unterhält.

Wohlsituierte Eltern können für Neugeborene Säuglingspflegerinnen engagieren; Krippen mit ausgebildeten Erzieherinnen nehmen schon Kleinkinder ab zweieinhalb Monaten auf; bereits jedes dritte Zweijährige wird in einem Hort betreut.

Im Alter von drei Jahren können viele Kinder stolz berichten, dass sie nun zur Schule gehen, in die *École maternelle*. Dort gibt es feste Stundenpläne; meist betreuen ein Lehrer und ein Erzieher gemeinsam eine Klasse. Vormittags wird spielerisch gelernt, nach dem Mittagessen folgt das gemeinsame Mittagsschläfchen, danach stehen Lesen, Schreiben und Rechnen auf dem Programm. Auch nicht berufstätige Mütter nehmen Kindergarten und Vorschule ganz selbstverständlich für ihre Kleinen in Anspruch.

Mit Abzählreimen lernen die Kinder der »École Maternelle du Bourg« in Trouy spielerisch die Zahlen eins bis fünf kennen. Konzentration ist auch beim Ausmalen gefordert; und wenn es mit der Leseaufgabe einmal nicht klappt, hilft Isabelle Creugny. Die Leiterin der Einrichtung betreut eine Gruppe von 26 Drei- und Vierjährigen, täglich von 8.30 bis 16.30 Uhr, außer mittwochnachmittags

JAPAN

Aufnahme-Prüfung für Zweijährige

Japan ist das Land mit der weltweit höchsten Lebenserwartung und einer extrem niedrigen Geburtenrate. Ein Kinderwunsch und die langen Arbeitszeiten lassen sich für viele Frauen nicht in Einklang bringen. Zudem ist die staatlich angebotene Kinderbetreuung unterentwickelt: Von knapp neun Millionen Kindern im Vorschulalter besuchen nur 1,9 Millionen eine staatlich anerkannte Kindertagesstätte. Der Beruf der Erzieherin ist allerdings anspruchsvoll und angesehen; Klavierspielen etwa ist in der Ausbildung obligatorisch.

Tagesmütter sind hingegen unüblich, Au-pair-Mädchen selten und Babysitter kostspielig, da sie fast nur über Agenturen vermittelt werden. Davon profitieren private Elite-Kindergärten, an denen es mitunter Aufnahmeprüfungen schon für Zweijährige gibt. Dafür bieten sie ihrer Klientel eine „Rolltreppe" zu den Eliteschulen und -universitäten und damit den Einstieg in den gesellschaftlichen Aufstieg.

In vielen Kinderhorten treffen neuerdings Jung und Alt aufeinander. Auf Vorschlag des Gesundheitsministeriums in Tokyo haben viele Horte Rentner als Teilzeitkräfte eingestellt, um die Einrichtungen personell und finanziell zu entlasten. Ungewöhnlich für ein Land, das an der traditionellen Rollenverteilung besonders lange und starr festgehalten hat.

Geburtstage werden in diesem Privatkindergarten in einem Vorstadtbezirk von Hiroshima im Kollektiv gefeiert. Einmal im Monat treffen sich die Kinder, die im Vormonat Geburtstag hatten, auf der Bühne der Sporthalle. Dort bekommen sie eine Papptorte umgehängt, auf der die Anzahl der Kerzen ihr Alter verrät. Die Einordnung in die Gruppe ist wichtiger als äußere Zeichen von Individualität

NORWEGEN

Vorrang für Familien

Die Betreuung von Kleinkindern ist überall in Skandinavien vorbildlich geregelt, so auch in Norwegen. Eltern können dort nach der Geburt eines Kindes zwischen einem einjährigen Erziehungsurlaub zu 80 Prozent des Gehalts oder 42 Wochen bei vollem Gehalt wählen. Gesunde Staatsfinanzen und der gesellschaftliche Konsens machen es möglich: politische Priorität für die Gleichberechtigung der Frauen und Chancengerechtigkeit für alle Kinder. Dafür ist aus öffentlichen Mitteln ein umfassendes Netz zur Unterstützung der Familien aufgebaut worden. Ergänzt wird es durch teils bei den Gemeinden angestellte Tagesmütter.

Meist verbringen kleine Kinder den ganzen Tag in der Krippe. Viele Erzieherinnen und ihre männlichen Kollegen haben eine akademische Ausbildung; Betreuung, Bildung und Erziehung werden in Norwegen als gleichrangig angesehen. Für Kleinkinder gibt es einen Personalschlüssel von vier Kindern unter drei Jahren pro Betreuungsperson beziehungsweise sieben Kindern unter sieben Jahren.

Die Stiftung Kanvas, die im Auftrag von Eltern und Kommunen Kindergärten baut, hat ihr neuestes, futuristisch anmutendes Haus im Januar 2006 in Bergen eröffnet. Große Fensterfronten lassen viel Sonne herein; es gibt ein Amphitheater für Versammlungen. In den 20 Räumen und Spielinseln können sich die Kinder jederzeit zurückziehen. Bei der Planung wurden ihre Wünsche berücksichtigt. Auch in anderen Städten sind Einrichtungen nach diesem Konzept geplant

Entspannen vor dem
nächsten Auftritt: die Tanz-
gruppe des Kindergartens
»Bächlein« aus dem sibirischen Krasnokamensk

RUSSLAND

Der Rückzug des Staates

Zu Zeiten der Sowjetunion waren Kindergärten wichtige Orte staatlicher Vorsorge und politischer Indoktrination; fast den gesamten Tag blieben die Kinder dort unter Aufsicht. Seit der Perestroika hat sich der Staat mehr und mehr aus der Betreuung zurückgezogen. Die meisten Einrichtungen sind inzwischen Unternehmen oder Behörden angegliedert, ihr Besuch ist nur noch für Kinder aus bedürftigen Familien unentgeltlich. In Moskau haben sich mittlerweile Luxuskindergärten mit Schwimmbad und Ballettklasse etabliert, aber auch private Horte, die nach der Waldorfpädagogik arbeiten.

Die meisten Kindergärten bereiten gezielt auf die Schule vor, gewöhnen die Kinder an Stundenpläne und Disziplin, unterrichten in Lesen, Schreiben und Rechnen. Viele leisten sich eigene Musik- oder Kunsterzieher, mitunter werden auch Fremdsprachen angeboten. Die Standardbetreuung sieht zwei Erzieherinnen und eine Hilfskraft für etwa 20 Kinder vor. In Schulen mit integrierten Kindergärten begleiten Erzieherinnen die Jungen und Mädchen bis in die Schule und geben dort auch Unterricht. In verwahrlosten Stadtteilen müssen sich die Erzieher allerdings vorrangig um den schlechten Gesundheitszustand der Kinder kümmern.

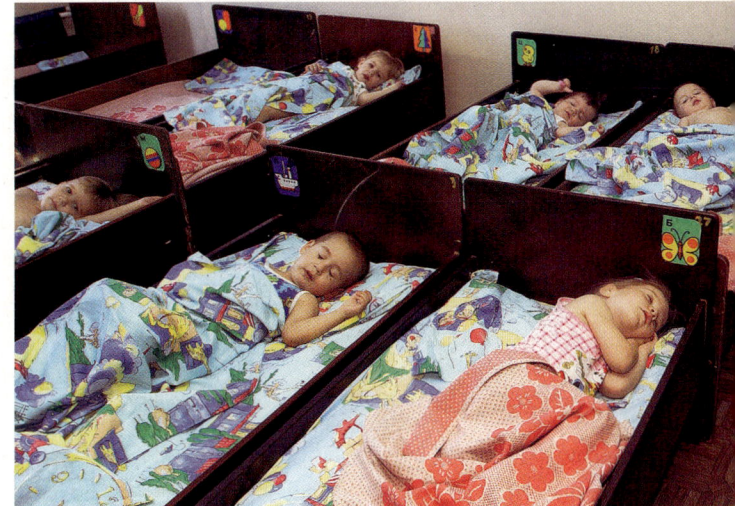

In einer Moskauer Einrichtung für Kinder tatarischer Herkunft lernen die Jungen und Mädchen auch Sprache, Tänze und Lieder ihres Volkes. In Belgorod schicken Erzieherinnen die Kinder im Winter, nur mit Unterwäsche bekleidet, nach draußen; dort übergießen sie sich mit kaltem Wasser und reiben sich mit Schnee ein – zur Abhärtung. Wie in Russland üblich, so halten auch die Kinder im »Inselchen« im sibirischen Tschita Mittagsschlaf

Brauchen

Ja, sagt der Jugendforscher
Fähigkeiten der Eltern ver-
vor dem Abgleiten in eine

MODERATION: URSULA OTT UND CLAUS PETER SIMON;

MARGOT KÄSSMANN,
47, ist seit 1999 Landesbischöfin
der Evangelisch-lutherischen
Landeskirche Hannover. Zuvor
war sie für fünf Jahre General-
sekretärin des Deutschen
Evangelischen Kirchentages
in Fulda. Margot Käßmann
ist verheiratet und Mutter von
vier Töchtern im Jugend- und
Erwachsenenalter. Ihre
Erfahrungen hat sie im Buch
»Erziehen als Herausfor-
derung« zusammengefasst

KLAUS HURRELMANN,
61, lehrt und forscht seit
1980 als Sozial- und Gesund-
heitswissenschaftler an der
Universität Bielefeld. Er hat
zwei erwachsene Kinder aus
erster und ein erwachsenes Kind
aus zweiter Ehe. Zu seinen
bekanntesten Publikationen
zählen die Bücher »Lebensphase
Jugend« und »Kinder stark
machen für das Leben«.
Hurrelmann leitete auch die
jüngste Shell-Jugendstudie

GEO: In Deutschland benötigt man
für alles einen Berechtigungsschein, fürs
Autofahren, Angeln, Jagen oder Segeln.
Kinder darf hingegen jeder großziehen,
ohne nachweisen zu müssen, dass er dazu
auch nur halbwegs in der Lage ist. Da
überrascht es kaum, dass zahllose Kinder
von ihren Eltern vernachlässigt werden.
Müsste es nicht so etwas wie einen
Elternführerschein geben? *

Klaus Hurrelmann: Kinder zu erziehen,
bringt eine enorme Verantwortung mit
sich. Der junge Mensch muss seine
Persönlichkeitsstruktur und seine Wert-
orientierung entwickeln, seine Fähigkeiten
müssen geweckt werden. Wir billigen
Eltern heute die absolute Schlüsselrolle bei
der Erziehung zu und vertrauen darauf,
dass sie alles richtig machen. Oft aber geht
es schief. Insofern müssten Eltern unbedingt eine entsprechende Schulung
erhalten. Das kann man Elternführerschein nennen.

Margot Käßmann: Als Mutter von
vier Töchtern weiß ich, was für eine große
Aufgabe Erziehung bedeutet. Dabei
brauchen viele Menschen Beistand und
Ermutigung. Die Mehrheit der Eltern
aber erzieht intuitiv richtig. Erwachsene,
die wissen, wo sie stehen, wer sie sind
und welche Grundregeln im Miteinander
gelten, werden dieses auch an ihre Kinder weitergeben. Unbehagen verspüre ich,
wenn der Staat allzu sehr in die Erziehung eingreift.

GEO: Warum eigentlich?

Käßmann: Ich möchte meine Kinder
auf meine Weise prägen und sie in einer
bestimmten Haltung – als Christin –

* siehe dazu auch die GEO-WISSEN-Umfrage auf Seite 165

wir den Elternführerschein?

Klaus Hurrelmann, die Gesellschaft darf sich nicht mehr auf die intuitiven
assen. Nein, sagt die evangelische Landesbischöfin Margot Käßmann und warnt
Erziehungsdiktatur. Statt staatlicher Zwänge seien Ermutigung und Hilfe gefragt

OTOS: ANDREAS TEICHMANN

erziehen, auch wenn längst nicht alle Erzieher und Lehrer meine Werte teilen. Insofern fände ich es anmaßend vom Staat, dieses persönliche Miteinander kontrollieren zu wollen. Das klingt für mich eher nach Erziehungsdiktatur. Und deshalb sträuben sich bei mir die Nackenhaare beim Gedanken an einen Erziehungsführerschein. Ich bin für mehr Freiheit und für Vertrauen in das Handeln der Menschen.

Hurrelmann: Das funktioniert auch prima – aber nur bei dem einen Drittel der Eltern, das die erzieherische Kompetenz hat, eine gute Bildung und eine solide wirtschaftliche Basis. Ein weiteres Drittel wurschtelt sich durch. Und dann gibt es das untere Drittel. Wenn ich in diese Familien hineinsehe, sträuben sich mir die Nackenhaare. Die großen Potenziale der Kinder werden leichtfertig verschüttet. Viele Eltern etwa stehen noch immer zu der Aussage: „Eine ordentliche Tracht Prügel zur rechten Zeit kann nicht schaden." Die Forschung zeigt, dass dies falsch ist, weil es Kinder entwürdigt. Hinzu kommt oft eine schlechte gesundheitliche Situation: falsche Ernährung, falsche Tageseinteilung, mangelnde Hygiene. Viele Dinge, von denen wir dachten, wir hätten sie längst überwunden, kommen wieder. Es gibt eine Vielzahl regelrecht verwahrloster Familien. Deren Probleme kriegen wir nicht mehr allein durch Freiwilligkeit in den Griff.

Käßmann: Bis auf wenige Ausnahmen wollen Eltern für ihre Kinder normalerweise das Beste. Sie wissen oft nur nicht, wie sie das erreichen können. Solche

Eltern müssten stärker unterstützt und ermutigt werden – etwa von Kindergärten und Kindertagesstätten, von einem Netz an Beratungsangeboten. Zwang ist nicht der richtige Weg.

GEO: Erreichen freiwillige Angebote nicht ohnehin nur jene, die zumindest erkannt haben, dass sie ein Problem haben? Wichtig wäre Hilfe aber für all die anderen, die diese Einsicht nicht aufbringen.

> »Der Staat verschwendet derzeit den wichtigsten Rohstoff –
> die Kompetenz unserer Kinder« *Klaus Hurrelmann*

Käßmann: Wie soll das geregelt werden? Wer soll sagen, diese Eltern müssen zum Elternkurs und jene nicht?

Hurrelmann: Wenn schon, so müssen alle hin. Anders wäre das in einer Demokratie nicht zu regeln. Wir müssen uns klar machen, dass unser Staat derzeit den wichtigsten Rohstoff verschwendet, die Kompetenz der Kinder. Das ist langfristig existenzgefährdend. Statt Zwang auf die Eltern auszuüben, würde ich eher Anreize empfehlen.

GEO: Wie könnten die aussehen?

Hurrelmann: Der Staat zahlt gewaltige Summen an Kindergeld. Warum koppeln wir nicht die Auszahlung an den Besuch eines Elternkurses? Nehmen die Eltern nicht teil, wird es gekürzt. Das klingt rigide, aber der Staat überweist den Familien Geld aus Steuermitteln und darf schon fragen, ob es gezielt zum Wohle der Kinder eingesetzt wird.

GEO: Und falls das rechtlich nicht durchzusetzen ist?

Hurrelmann: Dann könnte ein Teil des Kindergeldes als zweckgebundener Gutschein ausgezahlt werden, etwa 30 oder 40 Euro zum „Kauf" eines Elternkurses. Klasse finde ich auch die Idee der Nikolaus-August-Otto-Oberschule in Berlin, die in einem sozial schwachen Stadtteil liegt: Durch eine eigenständige Pädagogik hat sich die Schule viel Ansehen bei den Eltern erworben. Die Nachfrage nach Plätzen ist größer als das Angebot. Seit einiger Zeit nimmt die Schule daher nur noch Kinder auf, deren Eltern an einem Erziehungskurs teilnehmen. Das wird sehr gut angenommen. Die Elternabende sind besser besucht, und das Klima an der Schule hat sich weiter verbessert.

GEO: Was halten Sie von einer Kindergartenpflicht, damit Kinder aus Problemfamilien nicht jahrelang im Privaten versteckt werden können?

Käßmann: Die frühkindliche Phase ist entscheidend für die Entwicklung. Aber ich hätte mich geweigert, meine Kinder in den ersten drei Jahren abzugeben. Vorstellen könnte ich mir eine Kindergartenpflicht allerdings im Jahr vor der Einschulung. Spätestens dann sollten Kinder gelernt haben, sich in sozialen Situationen außerhalb der Familie zu bewegen. Eine Kindertagesstättenleiterin in Cuxhaven, in deren Einrichtung 60 Kinder aus 15 Nationen betreut werden, erzählte mir, die größte Übung sei es, sich zusammen an einen Tisch zu setzen, zu warten, bis alle etwas auf dem Teller haben, und dann gemeinsam anzufangen. Diese Art des Lernens kann die Grundschule nicht leisten. Das muss vorher passieren.

Hurrelmann: Eine solche Kindergartenpflicht halte auch ich für sinnvoll. Dadurch würde es gelingen, schon die Fünfjährigen in das Bildungssystem mit einzubeziehen. In dieser wichtigen Entwicklungsphase verschenken wir heute viele Chancen. Das sagen nicht nur pädagogische Theorien, sondern auch moderne hirnphysiologische Erkenntnisse. Die Kindergärten bei uns sind

besteht, um deren Einhaltung sich aber offenbar niemand gekümmert hat? Andererseits erinnern mich Pflichtelternkurse zu sehr an die DDR. Regelungen wie in Großbritannien finde ich besser, wo Jugendliche nach Ende der Schulpflicht ein Zusatzgeld erhalten, wenn sie regelmäßig das College oder die Sekundarstufe II besuchen. Schulschwänzen ist oft der Ausstieg aus jeder Form von Bildung, mitunter sogar der Ausstieg aus der Gesellschaft. Bei meinem Mann an der Berufsschule hieß es irgendwann erleichtert: „Jetzt ist Hakan endlich nicht mehr da." Auf meine Frage, wo er denn sei, kam die

aus dem Früherkennungssystem heraus, die es besonders nötig hätten.

Käßmann: Die ärztlichen Untersuchungen sollten auch meiner Ansicht nach verpflichtend gemacht werden. Da ließe sich mit gutem Gewissen sagen: Wenn das Kind nicht regelmäßig zur Vorsorgeuntersuchung geht, fällt das Kindergeld weg. Denn die körperliche Unversehrtheit der Kinder geht vor, die Autonomie der Eltern muss hinten anstehen.

Hurrelmann: Ein weiteres Problem sind die Schuleingangsuntersuchungen. Sie werden von den Kommunen bezahlt und fallen immer häufiger dem Rotstift zum

traditionell viel zu stark auf Spielen und Freizeitaktivitäten ausgerichtet. Kinder brauchen als Vorbereitung auf die Grundschule mehr spielendes Lernen. Das sollte in „Dörfern des Lernens" stattfinden, an denen sich alle beteiligen, Kinder, Erzieher, Eltern. Mit differenzierten Angeboten für bildungsferne und bildungsnahe Eltern, für solche aus anderen Kulturen. Dort könnten auch die Elternkurse angeboten werden. Ich als Vater und Erziehungswissenschaftler müsste auch dabei sein – als Teilnehmer, aber vielleicht auch als Kursleiter. Alle Eltern wären verpflichtet, in regelmäßigen Abständen Angebote wahrzunehmen.

Käßmann: Das überzeugt mich nicht. Ich sehe einerseits die vernachlässigten Kinder und frage mich, was das für Eltern sind, die mit ihren Kindern noch nie ein Bilderbuch angesehen haben? Wie kann es sein, dass ein Kind in Hamburg verhungert, obwohl dort Schulpflicht

Antwort: „Wir sind alle froh, dass er weg ist." Aber Probleme verschwinden nicht dadurch, dass Menschen nicht mehr sichtbar sind. Spätestens wenn ich die Jugendvollzugsanstalt in Hameln besuche, treffe ich Hakan wieder.

GEO: Das Wegschauen beginnt ja schon viel früher. Die ärztlichen Untersuchungen im Kindesalter sind allesamt freiwillig. Selbst mit gut gemeinten Werbekampagnen der Bundeszentrale für gesundheitliche Aufklärung erreicht man kaum die Totalverweigerer.

Hurrelmann: Die Untersuchung U 1 findet nach der Geburt in den Krankenhäusern statt, sie erreicht noch fast 100 Prozent der Kinder. Die U 9 mit fünfeinhalb Jahren nehmen nur noch 70 Prozent der Eltern wahr, in manchen Regionen auch deutlich weniger. Das betrifft genau jene Kinder, bei denen Ärzte bei der Einschulungsuntersuchung die größten Defizite entdecken. Es fallen wieder einmal jene

Opfer. Die internationalen Pisa-Studien zeigen aber, dass wir bei Schuleintritt eine sehr genaue Diagnose des körperlichen, psychischen und sozialen Entwicklungsstandes brauchen, um ein Kind gezielt fördern zu können.

Käßmann: In Niedersachsen müssen Eltern ihr Kind ein halbes Jahr vor der Einschulung vorstellen, um seine Sprachkompetenz testen zu lassen. Jedes zweite Kind hat Defizite, und längst sind es nicht mehr nur Kinder von Migranten. Diese Jungen und Mädchen müssen dann zum Sprachunterricht. Ohne den werden sie nicht eingeschult. Das finde ich einen richtigen Schritt.

GEO: Aber was in den Familien vorgeht, wissen weder Erzieher oder Ärzte, noch später die Lehrer.

Hurrelmann: Bis vor 20 Jahren gehörte es zum Rüstzeug eines Klassenlehrers, dass er die Familien auch privat aufgesucht hat. Das ist leider nicht mehr so.

Käßmann: Eine meiner Schwestern ist Lehrerin und macht solche Besuche noch. Die Eltern sind oft überrascht und erschrocken. Selbst manche ihrer Kollegen scheinen das seltsam zu finden. Es ist aber gut und wichtig für Lehrer zu wissen, unter welchen Umständen ein Kind aufwächst, warum es etwa ohne Frühstück in die Schule kommt. Ob es sich morgens selbst den Wecker stellen muss. Ob der Vater ständig alkoholisiert ist und die Mutter es nicht schafft, ein Mittagessen auf den Tisch zu stellen. In solchen Fällen müsste dann die Fürsorge oder das Jugendamt benachrichtigt werden. Da helfen keine

sein. In Hannover gibt es ein Programm „Mentor – Die Leselernhelfer". Da haben sich Menschen zusammengefunden, die bereit sind, mit Kindern und Jugendlichen mehrmals pro Woche gemeinsam etwas zu lesen oder ihnen vorzulesen.
GEO: Wenn es um die Einmischung des Staates in Erziehungsangelegenheiten geht, ist Deutschland sehr zurückhaltend. Warum ist das so?
Hurrelmann: Das hat historische Gründe. Im totalitären NS-Regime gab es ein von oben verordnetes Mutteridol. In der DDR wurde dann versucht, die Rolle der Eltern zugunsten einer staatlichen Erziehung

Wer keine Kinder hat, gilt als Karrierezicke. Wer viele Kinder hat und arbeitet, vernachlässigt die Kinder. Und wer zu Hause bleibt, ist ein Muttchen. Ein Bremer Manager erzählte mir, dass er es sich kaum zu sagen traue, dass seine Frau, die mit dem zweiten Kind schwanger ist, ganz zu Hause ist. Ein Landwirt aus Ostfriesland hat mir empört über all die jungen Mütter berichtet, die nur Aerobic im Kopf hätten, statt sich um die Kinder zu kümmern. Ich selbst stand mit meinen vier Kindern und Beruf ständig unter Rechtfertigungszwang. Es sind aber gleichberechtigte Lebensentwürfe. Auch dieser seltsame

Elternkurse, in die man allein hineingeht und aus denen man allein herauskommt. Es fehlt vielmehr das Miteinander der Institutionen und Menschen in Deutschland, die zivilgesellschaftliche Vernetzung. Am besten trifft es dieses afrikanische Sprichwort: „It takes a village to raise a child" – Es braucht ein ganzes Dorf, um ein Kind großzuziehen. Insofern geht mir die Individualisierung und Privatisierung in unserer Gesellschaft zu weit.
GEO: Könnten die Kirchen nicht ein Gegengewicht bilden?
Käßmann: Das tun sie bereits. Mehr als eine Million Kinder besuchen katholische und evangelische Kindertagesstätten, wo Werte, Rituale und Gemeinschaft eine große Rolle spielen. Darüber hinaus existieren einige vorbildliche Modelle. Wie etwa die Großelternbörse der Diakonie Niedersachsen: Ältere können sich verpflichten, sich für eine Familie einzusetzen, mit den Kindern zu spielen, Großelternersatz zu

> »Lehrer sollten wissen, wie ein Kind aufwächst, warum es
> etwa kein Frühstück bekommt« *Margot Käßmann*

zu untergraben. Deshalb haben wir in Westdeutschland solche Furcht davor.
GEO: Auf anderer Ebene jedoch greift auch heute der Staat massiv ein – etwa mittels der Steuerpolitik.
Hurrelmann: Denken Sie nur an das Ehegattensplitting, das die Hausfrauenehe als Standardmodell familiären Zusammenlebens seit Jahrzehnten belohnt. Eine gesunde Balance zwischen Privatheit und Öffentlichkeit in der Erziehung fällt uns in Deutschland sehr schwer. Mit dem Aufbau von Ganztagsschulen versuchen wir nun ein wenig gegenzusteuern, allerdings 30 Jahre zu spät.
Käßmann: Auf individueller Ebene gibt es die Einmischung schon. Denn egal wie Familien zusammenleben – vor allem die Frauen müssen sich ständig rechtfertigen.

Muttermythos stört mich: Im Idealfall bringt sie morgens perfekt gekleidet die Kinder zur Schule, leitet dann ein Unternehmen, macht abends eine gute Figur im kleinen Schwarzen. Und ist schuld, wenn die Tochter mal eine Fünf in Französisch nach Hause bringt.
GEO: Wird der Zwang zum Perfektionismus durch Erziehungskurse nicht auf die Spitze getrieben? Untergraben wir nicht das Vertrauen der Eltern in die eigenen Fähigkeiten? Dürfen wir keine Fehler mehr machen?
Hurrelmann: Kein Vater und keine Mutter möchte heute einen Fehler machen. Doch das ist Unsinn. Fehler sind das Salz in der Suppe. Bei den Elternkursen geht es nicht um Kochbuchwissen, sondern um Handwerkzeug. Wie gehe ich verständnisvoll

mit meinem Kind um? Nicht zu viel und nicht zu wenig Wärme, nicht zu viel und nicht zu wenig Distanz. Wie lerne ich Konsequenz, ganz einfache Regeln, klar abgestufte Sanktionen? Die Persönlichkeit der Eltern soll nicht abgeschliffen, sondern gestärkt werden. Intuition wird immer das A und O für jede Beziehung und Erziehung bleiben.

GEO: Inwieweit kann die Wissenschaft einen Beitrag zu Erziehungsfragen leisten?

Hurrelmann: Die Erziehungsstil-Forschung ist endlich auch in Deutschland angekommen. Sie kann Fragen beantworten wie „Was ist gut für ein Kind?", „Welche Bezie-

Schichten oft vor gewaltigen Problemen. Aber vielfach schweigen sie, weil ihnen peinlich ist, was die Kinder anstellen. Neulich bat mich ein Pastor um seine Versetzung, weil seine Tochter im Heimatdorf verbrannte Erde hinterlassen hatte. Viele Eltern sind in dieser Phase sehr einsam mit ihren Problemen und unendlich verletzt durch Äußerungen ihrer Kinder.

Hurrelmann: Die Pubertät ist ein Riesenproblem, auch weil sie heute nicht erst mit 14 beginnt, sondern immer öfter schon mit 11 Jahren. Dann zeigt sich, wie gut eine Beziehung tatsächlich ist. Viele Eltern bekommen die beginnende Ablösung von

und ihre Grenzen müssen den Kindern klar gemacht werden.

GEO: Resultiert die Verunsicherung vieler Eltern womöglich daraus, dass sie selbst den Boden unter den Füßen verloren haben in einer für sie unübersichtlichen Welt?

Käßmann: Da ist etwas dran. Daher ist ja auch der Glaube eine gute Möglichkeit, für sich eine Basis zu finden.

Hurrelmann: Viele Eltern sind einfach nicht stark genug, um ihrem Kind Fragen zu beantworten wie „Was glaubst du?" oder „Wie geht eigentlich das Leben weiter?". Kinder wollen auf existenzielle Fragen

hungen zwischen Eltern und Kindern sind positiv und welche eher nicht?". Bei uns wurde über solche Fragen jahrzehntelang nur ideologisch diskutiert. Im Fachbereich für Erziehungswissenschaften trauten sich manche Kollegen jahrelang nicht, das Wort Erziehung zu benutzen, weil es einen autoritären Akzent habe. Bei einer derartigen Tabuisierung kann man sich natürlich nicht einig werden über sinnvolle pädagogische Umgangsformen, über Grenzen, die wichtige Kombination aus Anregung, Anerkennung, Anleitung.

Käßmann: Mir kommt manches schon sehr verwissenschaftlicht vor. Vor allem bei kleinen Kindern würde ich stärker auf die Intuition setzen. Unterstützung erhoffe ich eher bei Fragen zur Pubertät. Da stehen auch Eltern aus gebildeten

ihrem Kind nicht hin, umgarnen und umarmen es weiterhin. Dagegen wehren sich die Kinder mit immer stärkeren Provokationen, denn sie wollen und müssen sich distanzieren. Das geht beim Anziehen los, über grün gefärbte Haare bis hin zu verbalen Attacken. Und dann kommt oft die Mutter und fragt, wo es die grüne Farbe gibt. Sie vereinnahmt die Freiheitssuche des Kindes. Um solche Pubertätsfragen geht es daher häufig in Elternkursen: „Lassen Sie Ihr Kind Distanz zu Ihnen aufbauen", „Sagen Sie auch mal, dass Sie bestimmte Verhaltensweisen absolut nicht in Ordnung finden". Darauf wartet das Kind.

Käßmann: Die Mutter ist nicht die beste Freundin des Kindes, der Vater nicht der beste Freund. Sie sind Eltern. Die Rollen

aber eine ehrliche Antwort. Da dürfen Eltern nicht kneifen. Dann ist es besser zu sagen: „Darüber habe ich noch nicht nachgedacht, wir sollten gemeinsam darüber sprechen."

GEO: Zu welchem Erziehungsstil raten Sie?

Hurrelmann: Zu jenem, den das eine Drittel der Eltern praktiziert, das gut mit den Kindern zurechtkommt. Das ist der autoritativ-partizipative Erziehungsstil, der in der Literatur oft auch demokratisch oder sozial-integrativ genannt wird. Das heißt, gezielt mit Autorität arbeiten und ausgewogen auf die Bedürfnisse des Kindes eingehen. Das funktioniert, ist wissenschaftlich belegt und macht den Alltag einfacher.

Käßmann: Eltern muss vor allem klar sein, dass sie eine riesige Verpflichtung übernehmen, wenn sie ein Kind in die Welt setzen. Manche sehen jedoch vor allem eine persönliche Sinngebung in einem

Kind, finden es schön, etwas Warmes zum Kuscheln zu haben. Andere wieder bekommen keine Kinder oder nur eins, weil sie glauben, ihren extrem hohen Anspruch an Erziehung nicht erfüllen zu können.

Hurrelmann: Es werden heute leider mehr Kinder von jenen Müttern geboren, die nicht genügend reflektieren, was es bedeutet, ein Kind zu bekommen. Sie investieren wenig in den Nachwuchs, weil sie die Folgen nicht bedacht haben. Und die, die viel investieren könnten, entscheiden sich oft gegen Kinder – das wirkt sich auf Dauer auf die Bildungsressourcen eines ganzen Landes aus.

wir aufs Feld mussten, dann haben wir die Kinder in den Keller gesperrt, da war Ruhe." Daher wehre ich mich auch gegen den Begriff der Erziehungskatastrophe. Erziehung ist viel anspruchsvoller geworden als früher. Noch vor 25 Jahren gab es kein Privatfernsehen, keine Computerspiele, kein Handy. Mein Vater hat zur Mondlandung 1969 den ersten Fernsehapparat angeschafft, da war ich elf Jahre alt.

Hurrelmann: Kindern die Welt begreifbar zu machen, ist heute tatsächlich viel schwieriger geworden. Da Kurs zu halten und als Eltern eine klare Linie zu finden, ist eine dauerhafte Herausforderung.

GEO: Haben Eltern denn früher alles besser gemacht, besser erzogen, sich mehr Gedanken um ihre Kinder gemacht?

Hurrelmann: Im Gegenteil. Insgesamt geht es den Kindern so gut wie nie in der europäischen Geschichte. Noch vor 200 Jahren waren sie Investitionsobjekte. Man bekam sie, weil es sich wirtschaftlich lohnte, man einen Nachfolger für den Betrieb brauchte. Kinder waren eine Altersversorgung. Sie wurden nicht als menschliche Subjekte behandelt, sondern waren einfach nützlich. Heute sind Kinder in der Regel Wunschkinder. Wirtschaftlich hingegen sind sie eine Belastung.

Käßmann: Eltern mit Kindern zahlen oft doppelt und dreifach drauf, während der Staat an ihnen verdient. Dennoch gibt es viele sehr engagierte Eltern. Für Kinder sind ihre Eltern heute oft geradezu ein Vorbild, wie die Shell-Jugendstudie gezeigt hat. Das ist eine positive Entwicklung. Neulich hat mir ein Landwirt erzählt: „Früher, wenn

GEO: Was ist für Sie beide das Hauptziel von Erziehung?

Käßmann: Ich möchte starke, glückliche Persönlichkeiten erziehen. Ich freue mich, dass meine Töchter wissen, wer sie sind, wo sie stehen, von wem sie gehalten werden; dass sie ein Grund- und Gottvertrauen ins Leben haben.

Hurrelmann: Dem kann ich mich anschließen. Wichtig finde ich, dass ein Kind in die Lage versetzt wird, seine Lebensbelange in eigener Regie zu bewältigen. Es soll nicht egoistisch sein, sich in eine Gemeinschaft einfügen können, soziale Verantwortung übernehmen. Und es soll auch leistungsfähig sein, aus seinen Ressourcen etwas machen können.

Käßmann: Kinder zu erziehen ist spannender als jeder Beruf. Und es hört nie auf, auch nicht, wenn sie volljährig werden. Kinder sind die einzig unkündbare Beziehung im Leben eines Menschen. ☐

Was meinen Sie? Diskutieren Sie mit im Forum unter: www.geo.de/elternfuehrerschein

DAS NEUE BILD VOM VATER

Körpereigene Hormone machen Männer schon während der Schwangerschaft ihrer Partnerin zu fürsorglichen, dem Kinde zugewandten Wesen. Eine aktive Vaterschaft, so erkennen Forscher heute, hat tiefe evolutionäre Wurzeln – beim Menschen wie auch bei zahlreichen Tierarten

Während die Weibchen zur Jagd aufbrechen, engagieren sich männliche Löwen mitunter als »Babysitter« – und beschützen den Nachwuchs vor umherstreifenden Hyänen und Leoparden. Obwohl sie selber nicht gern spielen, lassen sie sich von den Jungen in Ohr oder Schwanz zwicken. Geht es allerdings ans Verteilen der Beute, ist sich der Löwen-Pascha erst einmal selbst der Nächste

VON JUDITH RAUCH

Die zweijährige Leni hat einen prima Vater. Schon bevor sie auf die Welt kam, war er für sie da, begleitete ihre Mutter zur Schwangerschaftsgymnastik, hielt im Kreißsaal deren Hand. Nach Lenis Geburt schnitt der Vater die Nabelschnur durch. Später gab er dem Kind das Fläschchen, wechselte die Windeln, sang es in den Schlaf.

All das tat der Mann, obwohl er wusste, dass Leni nicht sein leibliches Kind ist. Denn von Lenis Erzeuger, dem Formel-1-Chef Flavio Briatore, hatte sich

ihre Mutter, das deutsche Fotomodel Heidi Klum, noch während der Schwangerschaft getrennt. Die Vaterrolle übernahm bereitwillig ihr neuer Partner, der britische Sänger Seal. Natürlich sagt Leni „Papa" zu ihm.

Natürlich? Dem begeisterten Ersatzvater schlug nicht nur Hochachtung entgegen, sondern auch ein wenig Verwunderung. „Was ihn endgültig unwiderstehlich macht", schrieb die „Bunte", „ist die Liebe zu einem Kind, das nicht einmal sein eigenes ist." Und der „Stern" hielt fest, dass

die Tochter ihm kein bisschen ähnlich sehe; im Gegensatz zu dem dunkelhäutigen Sänger sei die kleine Leni nämlich „total weiß". Kann ein Mann ein solches Baby lieben?

ANNE STOREY kann erklären, wie es dazu kommt: Es seien nicht die Gene, die einen Mann zum Vater machten, sondern die Hormone, fand die Psychologin der Memorial University of Newfoundland im Jahr 2000 heraus. Gemeinsam mit ihrem Forscherteam hatte sie 34 Paare, die

Nachwuchs erwarteten, als Versuchspersonen gewonnen, hatte den werdenden Eltern vor und nach der Geburt mehrfach Blut abgenommen und die Hormonspiegel bestimmt. Das aufsehenerregende Ergebnis der Studie: Nicht nur bei den Müttern, was zu erwarten gewesen wäre, sondern auch bei den Vätern veränderten sich die Werte für die Hormone Cortisol, Prolaktin und Testosteron.

„Die Unterschiede bei den Frauen waren drastischer", sagt die Forscherin, „aber das Muster war bei den Männern ganz ähnlich." Der Spiegel des lange Zeit nur als „Milchbildungshormon" bekannten Prolaktin, das bei Frauen die Milchproduktion stimuliert, stieg bei den werdenden Vätern in den drei Wochen vor der Geburt um 20 Prozent. Der Gehalt des „Männlichkeitshormons" Testosteron im Blut hingegen sank nach der Geburt um durchschnittlich ein Drittel; und je stärker er fiel, desto fürsorglicher benahmen sich die Männer. Einige hatten sogar schon während der Schwangerschaft ihrer Partnerinnen an Gewicht zugelegt, ganz so, als seien sie selbst ein wenig schwanger.

Doch wodurch werden solche körperlichen Veränderungen bei Vätern ausgelöst? Anne Storey kann bislang nur spekulieren: Womöglich seien Geruchsstoffe (Pheromone) der schwangeren Frau die Ursache oder Verhaltensänderungen des Paares, das sich gemeinsam auf die Elternrolle vorbereitet. Storey hat auch entdeckt, dass zwischen leiblichen Vätern und Ersatzvätern nur geringe hormonelle Unterschiede festzustellen sind, das Verhalten von Seal also keineswegs untypisch ist.

Diese Erkenntnis straft jene Lügen, die in einem Stiefvater automatisch eine Gefahr sehen, jemanden, der das biologische

Für Bewegungsspiele, Fahrradfahren und Schwimmen sind vor allem die Väter zuständig. So fördern sie die Fitness und die Eigenständigkeit ihrer Kinder

Kind eines anderen Mannes schlechter behandelt als sein eigenes. Gewalt gegen Stiefkinder kommt zweifellos vor, in der „Natur des Mannes" scheint sie aber nicht zu liegen.

FORSCHER ZAHLREICHER Disziplinen – von Endokrinologen über Anthropologen bis hin zu Soziologen – haben in den vergangenen zwei Jahrzehnten mit neuen Methoden und Fragestellungen untersucht, was eine Vaterschaft prägt. Den hormonellen Signalen, so stellte sich heraus, liegt ein langer evolutionärer Prozess zugrunde. Die entwicklungsgeschichtlichen Wurzeln teilt der Mensch mit einigen Tierarten. Offen zutage tritt ein weibliches Verhaltensrepertoire etwa bei ka-

striierten Hähnchen, wie schon Charles Darwin im Jahre 1838 bemerkte: „Ein Kapaun wird wie ein Weibchen – und oft besser als dieses – auf Eiern sitzen. Das ist sehr interessant, denn (es gibt) verborgene Instinkte sogar im Gehirn von Männchen."

Und wer wäre nicht gerührt von einem Vater wie diesem: „Das Männchen bleibt die ganze Zeit an der Seite seiner Gefährtin", schreibt der amerikanische Psychoanalytiker und Sachbuchautor Jeffrey M. Masson über ein Kaiserpinguin-Paar im Moment des Eierlegens. Sobald das Männchen „das Ei entdeckt, fängt es an zu singen. Die Pinguindame greift die Melodie auf… Beide singen bis zu einer Stunde zusammen, während sie die ganze Zeit auf das Ei blicken. Dann umkreist das Weibchen seinen Gefährten einmal langsam, während er das Ei auf ihren Füßen immer wieder sanft mit seinem Schnabel berührt und dazu sanfte Stöhnlaute ausstößt."

Wenig später wird der Pinguinmann das Ei – es ist 13 Zentimeter lang und fast ein halbes Kilogramm schwer – vorsichtig übernehmen. Er wird es auf seinen Füßen balancieren und in einer eigens dafür vorgesehenen Hautfalte seines Unterleibs wärmen. In der antarktischen Kälte wird er sich mit Tausenden anderen Männchen in einer riesigen Kolonie zusammendrängen, und sie werden – „in beinahe übernatürlicher Stille", wie ein Forscher schrieb – ihre Jungen ausbrüten, während die Weibchen sich auf den Weg zum Meer machen, um sich nach langem Hungern satt zu fressen.

Kommt die Mutter nach zwei, drei Monaten zurück, ist ihr Junges oftmals schon geschlüpft. Von

Mütter beschäftigen sich mit ihren Babys eher pflegerisch, Väter schneiden Grimassen

nun an pflegen die Eltern das Küken gemeinsam: Abwechselnd holen sie Futter, während ihr Junges heranwächst, auf den Füßen des an Land zurückbleibenden Elternteils stehend.

WENN MENSCHENVÄTER sich um ihre Kinder kümmern, geht es nicht immer nur idyllisch zu. Doch in jedem Fall hinterlässt ihr Wirken deutliche Spuren beim Nachwuchs. „Väter haben eine besondere Art, mit Kindern umzugehen", fasst die Mainzer Psychologin Inge Seiffge-Krenke den Forschungsstand zusammen. Sie würden dadurch einen „einzigartigen Beitrag" zu deren Entwicklung leisten:

• Während Mütter sich mit Babys eher pflegerisch beschäftigen, sie baden, cremen, windeln, machen Väter mehr Imitationsspiele mit ihnen, schneiden Grimassen und stimulieren die Kleinen mit Geräuschen oder optischen Reizen.

• Im Alter zwischen fünf und acht Jahren sind es vor allem die

Solch einen Vater wünscht sich manch einer: Kaiserpinguin-Männchen brüten die Eier in einer speziellen Hautfalte aus. Ist das Küken geschlüpft, wechseln sie sich bei der Nahrungssuche und beim Aufpassen mit dem Weibchen ab

Der »einsame Wolf« ist eher die Ausnahme: Die Jungen durchzubringen ist eine Gemeinschaftsaufgabe des ganzen Rudels, an der sich auch die Rüden beteiligen, selbst wenn sie sich ihrer Vaterschaft nicht sicher sein können

Väter, die für Bewegung sorgen, ob beim gemeinsamen Laufen, beim Fußballspielen, Fahrradfahren oder Schwimmen. Das fördert nicht nur die Fitness, sondern auch die Autonomie der Kinder. Vor allem die Söhne profitieren davon; mit Töchtern gehen die Väter sanfter und vorsichtiger um.

• Väter fördern das geschlechtsspezifische Rollenverhalten ihrer Kinder, achten bei den Söhnen mehr auf Disziplin, lassen bei den Töchtern mehr Emotionen und Nähe zu.

• Obwohl nach der Pubertät der Kontakt der Kinder zu ihren Vätern nachlässt, bleiben diese wichtige Ansprechpartner in schulischen und beruflichen Fragen sowie für politische Themen, und zwar für Söhne wie für Töchter.

Diese Zuwendung hat Folgen fürs Leben. Belegen konnten das die Soziologen Paul Amato und Alan Booth von der Pennsylvania State University mithilfe einer langjährigen Studie: Dabei zeigte sich, dass dem Bildungsgrad und Einkommen der Väter entsprechend der Bildungserfolg der Kinder ausfiel.

Orientierung geben, Selbstbewusstsein fördern – das ist die Aufgabe guter Erziehung

In einer Studie des Oxford Centre for Research into Parenting and Children stellte sich heraus, dass ein großes Engagement von Vätern in der Kindheit bei Söhnen die Straffälligkeit deutlich vermindert und Töchter vor psychischem Stress im späteren Leben schützt.

Umgekehrt leiden Kinder, bei deren Erziehung der Vater keine Rolle spielt, vermehrt an Schulleistungsstörungen und an mangelndem Selbstbewusstsein. Als Erwachsene sind sie anfälliger für psychische Erkrankungen und Suchtprobleme. Allerdings treten solche Folgen nach einer Trennung nicht zwangsläufig auf: Auch ein engagierter Scheidungsvater oder ein anderer Mann, zum Beispiel ein Großvater oder ein Lehrer, können das Kind stabilisieren.

MENSCH UND KAISERPINGUIN sind indes nicht die einzigen Vertreter des Tierreichs, die eine aktive Vaterschaft kennen. Wassilios Fthenakis, Sozialforscher aus München und bis Dezember 2005 Direktor des dortigen Staatsinstituts für Frühpädagogik, hat für sein Standardwerk „Väter" eine ganze Palette tierischen Vaterverhaltens zusammengestellt:

Unter Fischen lässt es sich zum Beispiel bei den Stichlingen finden. Die Männchen bauen Laichnester, die von ihnen gepflegt und bewacht werden. Bei den Kreuzwelsen und beim Seepferdchen brüten die Männchen den Nachwuchs im Maul beziehungsweise in einer Bauchtasche aus. Bei vielen Vogelarten, etwa Tauben, Silbermöwen und Straußen, übernimmt das maskuline Geschlecht zumindest einen Teil des Brutgeschäfts. Bei anderen Laufvögeln, wie Emus, Kiwis und Kasuaren, sind Männchen sogar allein fürs Brüten und Erziehen zuständig.

Selbst bei Säugetieren finden sich, vor allem unter monogamen Arten, aktive Väter. Der Wolfsrüde beteiligt sich an der Aufzucht des Nachwuchses, so Fthenakis, „indem er Futter vorverdaut und für die Jungen wieder erbricht".

Auch bei des Menschen näherer Verwandtschaft, im Primatenreich, finden sich Beispiele. Unter den südamerikanischen Springaffen, Marmosetten und Tamarinen (Krallenäffchen) entdeckten Verhaltensbiologen viele Väter, die ihre Kleinen von morgens bis abends herumtrugen, während die Mütter auf Nahrungssuche waren. Bei Krallenäffchen stellten Forscher auch zum ersten Mal fest, dass ein erhöhter Spiegel des Hormons Prolaktin mit väterlichem Verhalten einhergeht.

Die amerikanische Anthropologin Sarah Blaffer Hrdy ist der Ansicht, dass sich gemeinsames Erziehen vor allem dann in einer Spezies herausbildet, wenn die Väter einigermaßen sicher sein können, dass sie in ihren eigenen Nachwuchs investieren. Bei den monogam lebenden Krallenäffchen ist das der Fall. Die Hilfe der Väter und anderer Verwandter ermöglicht es manchem Weibchen sogar, zweimal im Jahr Zwillinge zu gebären und alle Jungtiere durchzubringen. Sind die Weibchen polygam, wie etwa bei den Schimpansen, engagieren sich die Väter weniger.

Große Menschenaffen scheinen fürsorgliche Instinkte jedoch zumindest als Notprogramm abrufen zu können. Sowohl Gorilla- als auch Schimpansenmännchen „adoptieren" mitunter verwaiste Jungtiere und versorgen sie wie eine Mutter. Fthenakis folgert daraus: „Auch *Homo sapiens* ist entwicklungsgeschichtlich so ausgestattet, dass sowohl Frauen als auch Männer Kinder erziehen können – zumindest für den Fall, dass ein Elternteil stirbt."

Brüten, füttern, schützen, mit den Jungen spielen – all das kann man bei Tiervätern erleben, aber auch das Gegenteil: ignorieren, wegschubsen, Gewalttätigkeiten bis hin zur Tötung. Bei Primaten findet sich die ganze Spannbreite innerhalb einer Art, ganz besonders beim Menschen. Vaterschaft komme in allen nur erdenklichen Schattierungen vor, so Jeffrey Masson. „Es gibt Väter, die jahrelang 24 Stunden am Tag für ihre

Noch bevor sie »Papa« sagen können, lernen kleine Kinder Vaters Standhaftigkeit zu schätzen. Etwa wenn es darum geht, die ersten eigenen Schritte zu wagen

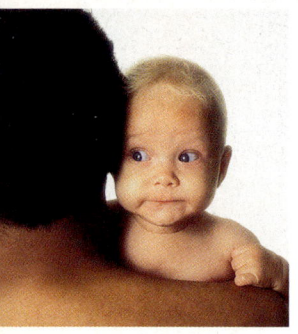

Überblick ist alles: Bei Kaiserschnurrbart-Tamarinen betreuen die Männchen die Kinder fast rund um die Uhr. Nur beim Säugen kommt die Mutter ins Spiel. Das hat sich bei *Homo sapiens* noch nicht durchgesetzt

Kinder da sind; solche, die ihre Kinder nur ein paar Minuten am Tag, im Monat oder im Jahr sehen; und Väter, die sie nie sehen."

Dem modernen Manager, der kaum Zeit für seine Familie hat, stehen noch heute Lebensformen gegenüber wie die der zentralafrikanischen Aka-Pygmäen, über die Sarah Blaffer Hrdy berichtet: „In den ersten sechs Lebensmonaten seines Babys hält der Durchschnittsvater das Kind mehr als 20 Prozent der Zeit im Arm. Darüber hinaus befindet er sich unglaubliche 50 Prozent der Zeit nur eine Armeslänge von ihm entfernt." Wie das funktioniert? Die Familien gehen meist gemeinsam zur Jagd auf Kleinwild, das sie mit Netzen fangen.

Das evolutionäre Programm des Menschenvaters ist offensichtlich höchst flexibel. Wassilios Fthenakis hat in dem jüngst für das Bundesfamilienministerium erstellte Gutachten „Facetten der Vaterschaft" nachgezeichnet, wie sehr sich ihr Bild allein in den vergangenen 300 Jahren gewandelt hat: von dem Familienpatriarchen des 18. Jahrhunderts über den zu Hause an Autorität verlierenden Arbeitervater des 19.

Jahrhunderts, den stolzen Alleinernährer der 1950er Jahre, den ums Sorgerecht kämpfenden Scheidungsvater der 1980er bis hin zum partnerschaftlichen „neuen Vater" von heute.

Und wäre ein Mann vor wenigen Jahrzehnten noch energisch des Zimmers verwiesen worden, hätte er die Geburt seines Kindes miterleben wollen, so wird heute eher jener als lieblos angesehen, der im Kreißsaal nicht dabei sein möchte. „Väter von heute: Sie finden es wunderbar, Kinder zu haben, und fühlen sich ihnen so nah wie nie zuvor", so fasste die Zeitschrift „Eltern" im Dezember 2005 die Ergebnisse einer repräsentativen Umfrage des Forsa-Instituts zusammen.

Wenn aber das Potenzial zu einer aktiven Vaterschaft schon seit Urzeiten in Männern angelegt ist – weshalb ist es erst in jüngerer Zeit zum Vorschein gekommen? An der biologischen Grundausstattung des Mannes kann es nicht liegen, denn die hat sich in den letzten Jahrhunder-

ten nicht verändert. Hormonelle Schwankungen allein führen nicht zwangsläufig zu einem fürsorglichen Verhalten. Aber sie können es fördern und verstärken: etwa bei entsprechenden Lebensumständen.

Dazu gehört eine stabile und harmonische Zweierbeziehung ebenso wie die Möglichkeit zur Teilzeitarbeit für Männer und ein ausreichendes Einkommen der Familie – am besten durch eine fortgesetzte Berufstätigkeit und Karriere der Mutter.

In der Breite durchgesetzt hat sich ein partnerschaftliches Modell jedoch nicht. Vielerorts in Deutschland fehlt es an Betreuungseinrichtungen für die Kleinsten; ein Elternteil muss zu Hause bleiben. Das ist im allgemeinen die Frau, weil sie meist weniger verdient als ihr Partner.

Und so steckt der neue Vater von heute oft in einem Dilemma, wie Fthenakis festgestellt hat: „Väter sehen sich in erster Linie als Erzieher, die offen sind für die Probleme ihrer Kinder und deren

Nach der Geburt des ersten Babys verbringen Männer mehr Zeit im Büro als zuvor

Selbstbewusstsein fördern wollen. Erst an zweiter Stelle steht das Bild vom Vater als Ernährer, der für das Familieneinkommen zuständig ist." Doch die zur Häuslichkeit gezwungenen jungen Mütter drängten häufig darauf, so der Forscher, dass sich nun der Vater beruflich stärker engagiert, damit die Familie finanziell abgesichert ist. Tatsächlich haben Studien ergeben, dass junge Männer nach der Geburt des ersten Babys eher mehr Zeit im Büro verbringen als zuvor. □

Judith Rauch ist Diplom-Biologin und freie Wissenschaftsjournalistin in Tübingen. Sie hatte das Glück, mit einer berufstätigen Mutter und einem engagierten Vater aufzuwachsen, der einkaufte, Schuhe putzte und die Kinder zur Schule fuhr.

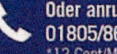

Lorenzo, 6, möchte später
einmal Busfahrer werden.
Der müsse immer die Nerven
behalten und die Halte-
stellen richtig ansagen.
»Das macht Spaß!«

GEIST IST GEIL!

An der privaten Hamburger Brecht-Grundschule werden hochbegabte und normalbegabte Kinder gemeinsam unterrichtet. Die einen sollen bessere Umgangsformen erlernen, die anderen effektivere Arbeitsstrategien. Ein bundesweit einmaliger Modellversuch mit Zukunft

VON WOLFGANG MICHAL (TEXT),
RONALD FROMMANN (FOTOS) UND
DIERK HAGEDORN (ZEICHNUNGEN)

Klassenkonferenz der 1b. Die Kinder sitzen mit ihrer Lehrerin im Kreis. Es wird gepetzt. „Der Philippe hatte gestern ein Handy dabei und wollte damit die Polizei anrufen."

„Aber nur aus Spaß", sagt Philippe.

„Das ist kein Spaß, die Polizei anzurufen", sagt die Lehrerin. „Warum ist das kein Spaß?"

Sten nimmt eine Rednerpose ein, senkt die Stimme, gibt den Worten mit seinen Händen zusätzliches Gewicht: „Die werden mächtig sauer, wenn sie aus Spaß gerufen werden."

Nick stellt sich einen Überfall vor, den die Polizei nicht verhindern kann, weil der Spaßanrufer in der Leitung ist.

Philippe hat verstanden.

„Noch ein Problem?"

Ruben meldet sich. „Philippe hat mich mit Schneebällen beworfen."

„Ist es erlaubt, mit Schneebällen zu werfen?", fragt die Lehrerin. „Nein", rufen alle.

Deborah, 5, geht oft ins Theater und träumt davon, als Schauspielerin jeden Abend auf der Bühne zu stehen. Erste Erfahrungen hat sie bereits als Weihnachtsmärchen-Engel im Kindergarten gesammelt

„Auf dem Schulhof sind Schneeballschlachten nicht erlaubt. Und es war auch nicht richtig, dass du zurückgeworfen hast, Ruben. Du kennst die Regeln!"

Ruben weint. Die Lehrerin holt ihn an ihre Seite. Dann fragt sie: „Was könnte Ruben in einer solchen Situation machen?"

„Er könnte sagen, dass er das nicht gut findet. Er könnte zu seinen Freunden laufen", sagt Tobias.

„Und was könnte Philippe tun?"

Alle schauen erwartungsvoll auf Philippe. Philippe entschuldigt sich.

Jetzt stemmt Sarah die Fäuste in die Hüften und macht ein vorwurfsvolles Gesicht. „Tobias nimmt mir in der Chinesisch-AG immer mein Lieblingslesezeichen weg."

„Du schiebst die Schuld immer auf andere", sagt Sten.

Sarah stampft mit dem Fuß auf. „Ich will, dass er das NIE, NIE, NIE, NIE wieder macht!"

Nun fällt Antonia ein, was sie schon lange ärgert. „Sarah meckert immer durch die ganze Klasse. Ich kann mich beim Denk-Training gar nicht konzentrieren." „Ja", rufen einige. Doch Sarah hält sich die Ohren zu. Wütend flüchtet sie aus der Runde.

„Ich hab Angst, dass Sarah so eine alte Meckerziege wird", sagt Tobias.

Sarah dreht sich um. „Ich habe Albträume davon, dass Tobias das sagt", schreit sie in den Kreis.

„Dass du eine Meckerziege *wirst*", sagt Tobias. „Du bist ja noch keine." Einige lachen. Sarah bricht in Tränen aus. Die Lehrerin holt sie ebenfalls zu sich. Im linken Arm hält sie nun Ruben, im rechten Sarah.

Ruben, 6, ist Regelschüler. Sarah, 7, ist hochbegabt.

SEIT AUGUST 2005 läuft an der privaten Hamburger Brecht-Grundschule ein bundesweit einmaliger Modellversuch. Vom ersten Schultag an werden dort Hochbegabte und Regelschüler gemeinsam unterrichtet, ganztags von acht bis 15 Uhr. Die Normbegabten, so der Erziehungswissenschaftler Thomas Trautmann, der den Modellversuch wissenschaftlich begleitet, sollen von den Hochbegabten effizientere Arbeitsstrategien lernen, die Hochbegabten von den Regelschülern sozialere Umgangsformen.

Doch das Hamburger Modell leistet weit mehr als das. Es könnte für die deutschen Schulen wegweisend werden. Denn seine Grundprinzipien lassen sich auf jeden Unterricht übertragen: Statt das Augenmerk, wie in der herkömmlichen Pädagogik, auf

noch mit Stufe 1. Er soll bestimmte Gegenstände erkennen und benennen. Bedächtig meißelt er mit seinem dicken Bleistift die Wörter Tela (Teller), Mesa (Messer), Zang (Zange), Hama (Hammer), Seg (Säge) und Maurakele (Maurerkelle) neben die Bilder. Dabei buchstabiert er laut vor sich hin. Pletzien (Plätzchen), schreibt der schnelle Tobias. Amanda träumt. Sie hat keine Lust mehr. Eine Einstellung, die von Anja Messerschmidt, der Klassenlehrerin der 1b, nicht geduldet wird. „Ich möchte", sagt sie barsch zu Amanda, „dass du keine wertvolle Arbeitszeit vertust!"

Nun weiß Monique nicht weiter. Also hängt sie, statt mit dem Finger aufzuzeigen, ihre bunte Meldekarte mithilfe einer Wäscheklammer an eine Schnur. Dann übt sie so lange andere Aufgaben, bis die Lehrerin sich in der Meldekartenschlange zu ihrem Hilferuf vorgearbeitet hat.

Statt auf die Schwächen zu schauen, zielt die Begabtenförderung auf die Entwicklung der Stärken

die Schwächen der Kinder zu richten, auf das, was sie (noch) nicht können, zielt die Pädagogik der Begabtenförderung auf die Entwicklung vorhandener Stärken. Und weil die Stärken der Kinder schon bei der Einschulung sehr unterschiedlich sind, erfordert ein solcher Perspektivenwechsel ein Höchstmaß an praktischer Differenzierung.

BEISPIEL WOCHENPLANARBEIT. Hier üben die Kinder entsprechend ihrem jeweiligen Leistungsstand. Schulbücher gibt es kaum, dafür jede Menge Arbeitsblätter mit unterschiedlichem Schwierigkeitsgrad. Tobias brütet über Stufe 7, Ruben kämpft

Geduld und Disziplin werden auf eine harte Probe gestellt. Aber Hochleistung, sagen die Begabungsforscher, kommt nicht von ungefähr. Dazu braucht es Ausdauer. Und Ausdauer heißt Üben mit hoher Intensität und großer Motivation über lange Zeiträume.

Tobias ist wieder mal der Schnellste. Er legt sein fertiges Arbeitsblatt in den Ablagekorb mit der Aufschrift „Erledigt". Der Korb steht auf dem Lehrerinnen-Schreibtisch, der hier „Korrekturbüro" heißt. Bei nächster Gelegenheit werden die abgegebenen Blätter von Anja Messerschmidt durchgesehen, abgestempelt und von den Kindern

Jannik, 6, findet Über-
legungen zum Beruf noch
etwas verfrüht. Aber
weil er so gern rechnet,
könnte er sich vorstellen,
später Mathematik
zu unterrichten

stolz in ihre Ordner geheftet. All das geschieht so reibungslos, als säße man in einem Großraumbüro, das von den Sieben Zwergen betrieben wird. Knappe, klare Ansagen verhindern, dass die Aufgaben zerredet werden und den Kindern dadurch wertvolle Arbeitszeit verloren geht. Selbstständigkeit steht an dieser Schule nicht nur im Lehrplan, sie wird praktiziert.

BEISPIEL WERKSTATT. Hier dürfen die Kinder – im Unterschied zum Wochenplan – wählen, was sie machen. 15 verschiedene „Stationen" liegen in den Ablagekörben auf den Heizkörpern bereit. Sie enthalten unterschiedlich schwere Rechen- und Schreibaufgaben, die in spannende Geschichten verpackt sind. Wer etwa ein erfolgreicher Lesedetektiv werden will, benötigt am Ende 15 verschiedene Fingerabdrücke, um einen Detektivausweis zu erhalten. Wer sämtliche Stationen der Winterwerkstatt geschafft hat, wird zum Schneemann oder zum Schneeengel befördert. Tobias schafft zwölf, Sten nur drei Fingerabdrücke.

Gleichzeitig fungieren die Kinder als Chefs bestimmter Sta-

monieren, kann es auch laut werden. Dann geht ein Kind nach vorn, klingelt mit der Klassenglocke und hält das Schild „Sei bitte leise!" in die Höhe.

Die Selbstkontrolle wirkt. Thomas Trautmann, der mit einem Dutzend seiner Studenten den Unterrichtsverlauf an der Brecht-Schule minutiös dokumentiert, kann schon nach den ersten 16 Wochen signifikante Unterschiede im Lernerfolg erkennen. Trotz gleicher Ausgangslage in Mathematik seien die Erstklässler der Brecht-Schule ihrer Vergleichsklasse in Hamburg-Barmbek weit davongezogen. Vor allem die Messung der „positiven Arbeitsaktivität", also jener Zeit, in der die Kinder nicht träumen, aufs Klo gehen oder schwätzen, zeige die Überlegenheit der integrativen Begabtenförderung. Während die Barmbeker nur rund 40 Prozent der Unterrichtszeit für intensives Arbeiten nutzten, waren es bei den Brecht-Schülern 80 Prozent. Und weil Hochbegabte, so Trautmann, bei konzentrierter Arbeit häufiger mal die Konzentration verlässt als Regelschüler, scheint das Brechtsche Unterrichtsmodell die Arbeitsmoral und Leis-

Kein Lehrer stört die Konzentrationsfähigkeit der Schüler durch frontales Dauerquasseln

tionen. Das heißt, sie kontrollieren, ob die anderen Kinder bei dieser Aufgabe alles richtig gemacht haben. Sie helfen ihnen mit Tipps, korrigieren, loben besonders gute Arbeiten und zeichnen am Ende die richtigen Lösungen per Unterschrift oder Fingerabdruck ab. So schlüpfen die Schüler mal in die Rolle des Arbeitnehmers, mal in die Rolle des Arbeitgebers. Wenn sie grobe Schnitzer besonders genussvoll

tungsbereitschaft der Normbegabten sogar überdurchschnittlich zu heben. Ein Erfolg, der ganz wesentlich darauf gründet, dass kein Lehrer die Konzentrationsfähigkeit der Kinder durch frontales Dauerquasseln stört.

LEHRER MÜSSEN in der Brecht-Schule komplett umdenken. Sie stehen nicht mehr als allwissende Vermittler im Zentrum des Geschehens, sondern arbeiten

als Lernbegleiter, die beobachten und organisieren. Moderierend greifen sie ein, wenn Not am Mann ist. Auf den ersten Blick könnte man meinen, sie hätten ein leichtes Leben. Sie stellen Material zur Verfügung, Räume und Zeit. Den Rest machen die Kinder selbst. Doch der Ein-

Tobias, 7, möchte Tierforscher werden: Rehskelette suchen, Schmetterlinge einfangen, Vögel beobachten und Federn sammeln

druck täuscht. Offener Unterricht, wie er an der Brecht-Schule praktiziert wird, verlangt enormen Einsatz beim Entwerfen und Vorbereiten der Unterrichtseinheiten. 20 eigenwillige Kinder verlangen 20 auf sie zugeschnittene Wochenpläne.

Deshalb gleicht das Lehrerzimmer der Grundschule eher einer unaufgeräumten Cafeteria als jenen halbsakralen Räumen, die Schüler nur in Demutshaltung betreten dürfen. Es ist ein offenes Durchgangszimmer zwischen Klassenraum und Flur, das die Kinder so selbstverständlich nutzen wie frühstückende Lehrer. Sogar die Waschbecken, an denen die Kinder nach jeder

Mahlzeit die Zähne putzen, finden hier Platz. Dazu Computer, an denen die Schüler in ihren Freiarbeitsstunden etwa Rechenaufgaben lösen. Ein solches Lehrerzimmer ist Notaufnahme und Pädagogikseminar in einem. Hier wird Sarahs blutender Finger verarztet, das T-Shirt der Mathematiklehrerin bewundert („Geist ist geil") und die Wäsche gewech-

Schlaue Schüler

In Deutschland verfügen etwa zwei Prozent der Kinder über einen IQ von mehr als 130 und gelten damit als hochbegabt. Vier von fünf dieser Kinder haben eine spezielle Begabung, nur eines eine allgemeine **Hochbegabung**. Die Förderung solcher Kinder war aus historischen Gründen lange Zeit ein Tabuthema, das Augenmerk der Pädagogik lag auf den Leistungsschwachen. Entsprechend wenige Förderklassen und -schulen gibt es. Generell sind **drei pädagogische Ansätze** zu unterscheiden: Akzeleration (beschleunigtes Lernen), Enrichment (Zusatzmaßnahmen) und Grouping (Bildung von leistungshomogenen Gruppen). Rund 80 Prozent der hochbegabten Kinder kommen gut in normalen Schulen zurecht, ergab eine Studie der Universität Marburg. In einigen Fällen jedoch sind sie derart unterfordert, dass sie die Mitarbeit verweigern und zu **Schulversagern** werden. Testen lässt sich Hochbegabung bei speziell ausgebildeten Kinderpsychologen und Kinderärzten.

selt. Selbst Hochbegabte machen mal in die Hose.

Als der Hamburger Pädagoge Heinrich Brecht seine Schule kurz nach dem Zweiten Weltkrieg gründete, wollte er eine Alternative schaffen zum staatlichen Schulsystem, das im „Dritten Reich" schmählich versagt hatte. An der Brecht-Schule sollte es keine verordneten Lehrpläne und keine Staatsdiener geben. Das ist bis heute so. Die von 17 Lehrkräften getragene Brecht-Schulen GmbH sucht sich ihre Mitarbeiter aus wie jedes private Unternehmen.

Das ist auch notwendig, denn eine Lehrkraft an dieser Ganztags-Grundschule muss viele Rollen erfüllen: von der mitfühlenden Ersatz-Mutter bis zur unbestechlichen Trainerin. Fachlehrer, die sich als reine Wissensvermittler verstehen, werden von den aufgeweckten Sechsjährigen schnell verschlissen. Der Philosophie-Unterricht der 1b war deshalb zeitweise ausgesetzt.

JEDEN MORGEN hängen Karteikarten an der Tafel, die den Tag strukturieren: Morgenkreis, Werkstatt, Frühstück, Pause, Kunst, Mittagessen, Pause, Wochenplan, Freiarbeit, Abschiedskreis. Die an staatlichen Schulen üblichen 45-Minuten-Portionen entfallen. Wichtig ist nur der stete Wechsel zwischen Arbeit und Entspannung.

Nach jedem „Lernblock" gibt es komfortable Pausen. Für Essen und Sport, Abhängen und Reden. Für sehr viel Reden. Alles in dieser Schule muss zur Sprache gebracht werden. Das kommt sensiblen Hochbegabten genauso entgegen wie Regelschülern. Zum einen können auf diese Weise gruppendynamische Schieflagen vermieden werden.

verbindet sich das erwünschte Miteinander sogar mit Englischvokabeln und Morgengymnastik.

Im Anschluss daran setzt ein allgemeines Flüstern ein. Mit vor den Mund gehaltenen Zeigefingern huschen die Kinder lautlos über die Sitzbänke. Wer kichert oder aus der Reihe tanzt, hört sofort ein scharfes: „Du kennst die Regeln, die hier gelten!" Oder: „Ich finde das nicht witzig."

Sitzen alle im Kreis, erzählen die Kinder reihum, was sie zu Hause erlebt haben. „Ich war im Ballett, in ‚Schwanensee'", sagt Antonia stolz. „Ich fand's toll, dass der Mond gestern so orange war", sagt Deborah. Danach erklären die Kinder, worauf sie sich freuen. „Ich freu mich heute besonders aufs Schreiben, auf Werkstatt, Kunst, Freiarbeit – eigentlich auf den ganzen Tag", sagt Sten.

Beim Abschiedskreis kurz vor drei wiederholt sich das Ritual. Nur sagen die Kinder dann nicht, was sie sich vornehmen für den Tag, sondern, was ihnen gefallen hat oder was sie nicht so toll fanden. Und welche selbst gesteckten Ziele sie erreicht haben. „Ich fand's toll, dass ich heute mein zweites Detektivheft geschafft

»Ich freue mich aufs Schreiben, auf Kunst – eigentlich auf den ganzen Tag«, sagt Sten

Zum anderen würde aufgestauter Frust die Arbeitsintensität untergraben.

Anja Messerschmidt greift zur Gitarre. Zu Beginn eines Arbeitstages singen alle gemeinsam Lieder. Das stärkt den Teamgeist, die *corporate identity*. „Wenn du Freunde suchst, sie sind hier!", heißt es im Text. Und wenn gesungen wird: „Simon says: Put your hands on your hips, go to your partner, shake your hands",

habe", sagt Nick. „Ich fand's auch gut, dass wir die Bilder gemalt haben, aber warum haben wir das eigentlich gemacht?", fragt Sten.

Positive Einstimmung, Manöverkritik und ständige Überprüfung von Zielsetzungen trainieren die Reflexionsfähigkeit der Kinder, polstern aber auch das Zusammengehörigkeitsgefühl. Sten, der immer so geschliffen formuliert, irrt sich diesmal

Luca, 6, hat zu
Hause einen Arztkoffer
mit Stethoskop. Und
welchen Berufswunsch?
Ärztin natürlich

in der Formel und beendet den Schulnachmittag mit den Worten „Ich freue mich heute auf…"

Das Konzept des „sozialen Lernens" – neben der Förderung der individuellen Begabungen das Hauptcharakteristikum der Brecht-Schule – zielt nicht nur darauf, hochbegabte „Autisten"

Flemming, 6, spielt seit zwei Jahren Fußball, ist Bayern- und St.-Pauli-Fan. Profispieler will er werden, wie sein Vorbild Michael Ballack

gemeinschaftsverträglich zu machen und ihre geringe Frustrationstoleranz zu erhöhen. Nein, die Kinder werden an dieser Schule ohne Ansehen ihres Intelligenzquotienten ständig daran erinnert, dass ein produktives Zusammenleben nur möglich ist, wenn sich alle gegenseitig wertschätzen und respektieren. Übersteigerte Ansprüche von seiten der Hochbegabten werden schnell relativiert. Konflikte trägt Anja Messerschmidt aber nicht vor der Klasse aus. Sie bittet die eigensinnige Sarah kurz nach draußen, wo ihr die Regeln noch einmal in aller Deutlichkeit erklärt werden.

Viele Eltern scheinen die offene und dennoch strenge Erziehung, das intensive Lerntraining, die klaren Regeln und das unverschämte Bekenntnis zur Leistung zu schätzen. Die Brecht-Schule hat einen derart guten Ruf, dass sie sich ihre Schüler unter Hunderten von Bewerbern aussuchen kann. Und Eltern, die dem staatlichen Schulsystem enttäuscht den Rücken kehren, sind nur allzu gern bereit, 200 Euro Schulgeld im Monat zu zahlen und

Die Grundüberzeugung der Lehrer: Fast jedes Kind kommt lernwillig in die Schule

ihre Kinder einem Eingangstest zu unterziehen, bei dem Sprachvermögen, Verstehen, Motorik, Wahrnehmungsfähigkeit, Fantasie und Sozialverhalten begutachtet werden. Wenn es nötig ist, ziehen sie sogar extra nach Hamburg und wechseln den Arbeitsplatz.

Wer so in die Bildung seiner Kinder investiert, erwartet natürlich Gegenleistungen. Viele Eltern fragen beim Informationsabend der Schule weniger nach den sozialen Lernzielen als nach dem Beginn der dritten Fremdsprache. Sie schicken ihr Kind oft schon im Alter von vier Jahren zum Eingangstest. Sie sind ehrgeizig. Aber nicht autoritär. Statt zu befehlen, treffen sie mit ihren Kindern Vereinbarungen. Soziologen bezeichnen solche Familien als „bildungsnahe Verhandlungshaushalte". Dort weiß man, dass Meister nicht vom Himmel fallen. Und dass Begabung eine Leistungs*voraussetzung* ist, nicht schon die Leistung selbst.

WARUM ALSO KONNTE die Hamburger Brecht-Grundschule ein überregionales Erfolgsmodell werden? Weil dort idealisti-

sche Reformpädagogen noch immer die Monstranz des Humanismus hochhalten? Das würde eine Leistungsgesellschaft nicht überzeugen. Bestechend am Hamburger Modell ist die Bodenhaftung. Der Mut, nach endlosen Pisa-Debatten zeitgemäßen Unterricht einfach zu praktizieren und nicht auf kultusministerielle Eingebungen zu warten. Am Modell der Begabtenförderung vollzieht sich die nachholende, längst fällige Modernisierung:

die Abschaffung des ineffizienten, noch von militärischen Regeln geprägten Unterrichts aus dem 19. Jahrhundert zugunsten eines die Arbeitswelt des 21. Jahrhunderts widerspiegelnden, berufsvorbereitenden Organisationsprinzips. Begabtenförderung meint dann nichts anderes als die Erschließung aller Ressourcen.

Am Eingang des Klassenzimmers der 1b hängt ein Zettel. Darauf steht: „Grundüberzeugung: Fast jedes Kind kommt neugierig und lernwillig in die Schule. Wenn man es richtig anregt und anleitet, wird es – den eigenen Interessen folgend und dem eigenen Entwicklungstempo gemäß – den notwendigen Lernstoff von selbst erarbeiten." □

Autor **Wolfgang Michal**, 52, hat es Spaß gemacht, in der Brecht-Schule noch einmal die Schulbank zu drücken. Der Illustrator **Dierk Hagedorn**, 39, hat die Kinder auf die Wandtafel im Klassenraum gezeichnet, der Fotograf **Ronald Frommann**, 48, das Ergebnis in Szene gesetzt.

Eine traumatische Kindheit mit Schlägen, Vernachlässigung und Missbrauch kann ein Leben zerstören. Sie muss es aber nicht, wie der Fall von Pamela Kazankaya zeigt. Doch woran liegt es, dass manche Menschen an Misshandlungen zerbrechen, andere dagegen sich trotzdem zu selbstbewussten Persönlichkeiten entwickeln?

»MEIN MUT WAR GRÖSSER ALS MEINE ANGST«

VON MARION ROLLIN (TEXT) UND SABINE BUNGERT (FOTOS)

Genau kann sie es nicht sagen, wann die Liebe ihrer Eltern in Hass gegen sie umschlug. Pamela Kazankaya blättert im Fotoalbum. Eine bildschöne, schwangere Frau ist zu sehen, die sich offensichtlich auf ihr Kind freut. Dann Pamela, wie sie von ihrer Mutter gestillt wird. Und noch einmal Pamela, huckepack auf dem Rücken ihres Vaters, der staubsaugt. Augenscheinlich eine heile Familie.

»Machst du das noch ein Mal, bringe ich dich um!«, schreit ihre Mutter

Wann begann der Schrecken? Vielleicht damals, im Alter von vier, als Pamela eines Nachts vom Streit der Eltern wach wird und ins Wohnzimmer kommt. Dort sieht sie ihre Mutter zwischen Tisch und Couch auf dem Boden liegen. Der Vater, über sie gebeugt, hat ihr eine Gabel in die Brust gestochen. Nach dem „Vorfall", wie Pamela die Katastrophe aus der schützenden Distanz von dreieinhalb Jahrzehnten nüchtern nennt, sei es „deutlich abwärts" gegangen.

Sie entsinnt sich eines Lastwagens, der irgendwann vor dem Mietshaus steht: An jenem Tag zieht ihre Mutter mit ihr und den Möbeln aus – ein jäher Abschied vom geliebten Vater. Doch keiner redet mit ihr darüber.

Sie erinnert sich auch, wie sie einmal stinkend aus dem Kindergarten nach Hause kommt. Sie hat in die Hose gemacht. Zur Strafe zündet die Mutter einen Strohbesen an, hält ihn der Tochter unter den Po und schreit: „Machst du das noch ein Mal, bringe ich dich um!"

Das Kind wird zum Spielball zwischen den Eltern. Als Pamela mit hohem Fieber und Masern im abgedunkelten Zimmer liegt, dringt plötzlich der Vater in die Wohnung ein, hält die Mutter mit einer Pistole in Schach und trägt das Kind fort.

Pamela Kazankaya, in Hamburg geboren, ist heute 38 Jahre alt, eine attraktive Frau mit tiefgrünen Augen und hellwachem Blick. Aus ihrem Gesicht strahlen Lebenslust und ein stabiles Selbstbewusstsein. Vielleicht sitzt sie eine Spur zu aufrecht, zu kontrolliert am Tisch. Man meint, dahinter die Selbstbeherrschung zu ahnen, die sie brauchte, um ihr Leben zu meistern.

GEWALT, TRENNUNG, STREIT, Hass: Eine Sozialpädagogin wird später über Pamela Kazankaya sagen: „Wie sie aus dem Grauen ihrer Kindheit herausgefunden hat, ist ein Wunder." Die Prognosen, die Psychologen für Kinder in ähnlichen Situationen aufstellen, sind meist bedrückend: Mit hoher Wahrscheinlichkeit greifen sie später zu Drogen, sind gewaltbereit, oft auch depressiv und suizidgefährdet und irren als Erwachsene häufig ziellos durchs Leben.

Auf Pamela Kazankaya trifft all das heute nicht zu. Sie lebt mit ihrem Mann und zwei Katzen am Stadtrand von Hamburg; sie hat als Reiseverkehrskauffrau eine Arbeit, die ihr Spaß macht; sie hat Freunde, spricht vier Sprachen, liebt Musik und Yoga, und sie hat Zukunftspläne: Ein Kind möchte sie noch haben, viel

Pamela Kazankaya führt heute ein zufriedenes Leben. Als Kind flüchtete sie sich jeden Sonntag in die Osterkirche in Hamburg-Bramfeld. Das gab ihr Kraft

reisen, endlich ein Instrument erlernen.

Pamela Kazankaya – eine Ausnahmebiografie? „Keineswegs", meint der Trauma-Experte Peter Riedesser, Leiter der Kinder- und Jugendpsychiatrie am Universitätskrankenhaus Hamburg-Eppendorf. „Es gibt Kinder, die schwierigste Belastungen bewältigen und bei denen man sich wundert, dass sie nicht psychisch zerstört sind."

Woran liegt es, dass eine traumatische Kindheit den einen Menschen zerstört, während ein anderer nicht nur unbeschadet, sondern sogar gestärkt daraus hervorgeht? Und, wie Pamela Kazankaya, denkt: „Was immer mir auch zustößt – ich werde das meistern." Ist es bloßer Zufall, Glück – oder gibt es bestimmte Merkmale, die solche Kinder auszeichnen?

Emmy Werner, emeritierte Psychologin an der University of California in Davis, hat als eine der Ersten das Phänomen der „Resilienz" erforscht, wie Experten eine spezifische Widerstandsfähigkeit nennen. Werner wollte wissen, inwiefern sich Risikofaktoren wie Armut, Gewalt, Trennung oder ein Drogenmilieu auf die Entwicklung auswirken. Ein Forscherteam unter ihrer Leitung begleitete über vier Jahrzehnte hinweg 698 Kinder, die im Jahr 1955 auf der Hawaii-Insel Kauai zur Welt gekommen waren. Psychologen, Kinderärzte, Lehrer, Krankenschwestern und Sozialarbeiter haben die Entwicklung der Kinder im Alter von ein, zwei, zehn, 18, 32 und 40 Jahren dokumentiert.

Fast jedes dritte Kind hatte von Geburt an ein Zuhause, das von Armut geprägt war, von Krankheit der Eltern, Scheidung, Vernachlässigung, Gewalt oder Miss-

»Was immer mir auch zustößt«, dachte sich Pamela, »ich werde das meistern«

brauch. Zwei von drei dieser „Hochrisikokinder" entsprachen den Befürchtungen der Forscher: Im Alter von zehn und 18 Jahren zeigten sie schwere Lern- und Verhaltensstörungen; einige waren bereits straffällig geworden. Doch das restliche Drittel (32 Jungen, 40 Mädchen) entwickelte sich zur Überraschung der Wissenschaftlerin zu selbstsicheren, leistungsfähigen Erwachsenen.

Auf einem internationalen Resilienz-Kongress im Januar 2005 in Zürich berichtete Emmy Werner, dass diese Kinder erfolgreich in der Schule waren, eine Familie gegründet hatten und sozial eingebunden leben. Im Alter von 40 Jahren war keiner aus dieser Gruppe arbeitslos, mit dem Gesetz in Konflikt geraten oder auf die Unterstützung sozialer Einrichtungen angewiesen.

Selbst verglichen mit „normalen" Kindern waren die „resilienten" unauffälliger: Sie hatten weniger chronische Krankheiten, es gab weniger Todesfälle unter ihnen und weniger Scheidungen. „Die Annahme, dass sich ein Kind aus einer Hochrisikofamilie zwangsläufig zum Versager entwickelt, wird durch die Resilienzforschung widerlegt", lautet Emmy Werners optimistisches Fazit.

Die Psychologin hat auch herausgefunden, was diesen Kindern gemeinsam ist:
• Sie waren von Geburt an freundlich, aktiv, gutmütig und kaum aus der Ruhe zu bringen – offenbar eine genetische Veranlagung.
• Im Vorschulalter fielen sie durch Unabhängigkeit und ihre Lust auf, Probleme eigenständig zu lösen. Zugleich waren sie in der Lage, andere um Hilfe zu bitten.
• Sie hatten eine vertrauensvolle Beziehung zu mindestens einer Bezugsperson außerhalb ihres problematischen Umfeldes aufgebaut.

• In der Grundschule beeindruckten sie die Lehrer mit ihrer Kommunikationsfreude.
• Sie waren leistungsorientiert, ehrgeizig und überzeugt davon, dass sie ihr Leben positiv beeinflussen können.
• Belastende Ereignisse schätzten sie realistisch ein, und sie versuchten, eigenständig damit umzugehen.
• Die Schule empfanden sie als wichtige Nische, als Zufluchtsort vor der problematischen Familiensituation.
• Viele waren religiös.
• Alle hatten das tief verwurzelte Gefühl, etwas zu taugen und zu können.

MIT IHRER LANGZEITSTUDIE leitete Emmy Werner einen grundlegenden Perspektivwechsel ein. Hatten Wissenschaftler jahrzehntelang nur nach Defiziten gefragt – danach, was Kinder zerstört –, so erforschen sie heute mehr und mehr, was Kinder schützt, was sie stark macht. „Auch Kinder- und Jugendtherapeuten schauen derzeit verstärkt auf die Selbstheilungskräfte, die Kinder von sich aus mobilisieren", meint Manfred Cierpka, Psychoanalytiker und Familientherapeut an der Universität Heidelberg.

Das Konzept der Resilienz ähnelt dem der „Salutogenese", das der amerikanisch-israelische Medizinsoziologe Aaron Antonovsky schon in den 1970er Jahren geprägt hatte: Anstatt sich damit zu beschäftigen, was Menschen krank mache, solle man sich eher mit der Frage beschäftigen, wie es ihnen gelinge, trotz vieler Risiken für Körper und Seele nicht krank zu werden. Wir Menschen, erklärte Antonovsky bildhaft, schwimmen in einem Fluss voller Gefahren, Strudel und Stromschnellen. In der herkömmlichen, pathogenetischen Medizin (von *pathos*, griech., Lei-

Durch Yoga hat Pamela Kazankaya zur inneren Ruhe gefunden. Bewegung war ihr schon immer wichtig, als Mädchen ist sie oft Schlittschuh gelaufen

WAS KINDER STÄRKT

Ziel der Resilienz-Forschung ist es, Mädchen und Jungen gegen die Härten des Lebens widerstandsfähig zu machen. Auf zwei unterschiedlichen Wegen lassen sich die Selbstheilungskräfte wecken

DURCH INDIREKTE FÖRDERUNG:

Der Deutsche Kinderschutzbund hat das Konzept „Starke Eltern – starke Kinder" entwickelt. Die Kurse laufen über zwölf Abende. Sie werden in ganz Deutschland von den Orts- und Kreisverbänden des Kinderschutzbundes angeboten, in Kindertagesstätten, Kirchengemeinden sowie Volkshochschulen (mehr dazu unter: www.starkeeltern-starkekinder.de) und sollen die Widerstandskraft fördern. Der Ansatz: Zunächst werden die Eltern gestärkt, nur dann können sie auch Vorbild für ihre Kinder sein. Eine Studie der Fachhochschule Köln zeigt, dass die Kurse zu einer deutlichen Verbesserung der Erziehungskompetenz der Eltern führen.

Die Pädagogin Corina Wustmann, Autorin des im Jahr 2004 erschienenen Buches „Resilienz", verweist vor allem darauf, wie wichtig ein strukturierter Alltag und Bezugspersonen neben den Eltern sind. Das können Großeltern, Lehrer, Erzieher, Nachbarn, ältere Geschwister oder andere Kinder sein. Das Gefühl der Kinder für ihre „Selbstwirksamkeit" müsse gestärkt werden. Wer Kindern in Stresssituationen hingegen häufig das Gefühl „Du armes Kind!" gebe, verstärke nur deren Ohnmacht. Der Depressionsforscher Martin Seligman, Psychologe an der University of Pennsylvania, sagt, Hilflosigkeit könne auf diese Weise geradezu erlernt werden.

Auch Doris Bender, Resilienz-Forscherin und Psychologin an der Universität Erlangen, warnt vor Überbehütung: „Kinder, denen alles abgenommen wird, scheitern später oft." Ihre Schlussfolgerung: „Dosierter Stress von Kindesbeinen an macht stark." Belastende Situationen würden dann nicht mehr nur als bedrohlich, sondern auch als herausfordernd erlebt. Resilienz-Forscher wie Emmy Werner und Friedrich Lösel betonen, dass Kinder frühzeitig lernen sollten, Verantwortung zu tragen – etwa beim Einkaufen, beim Aufpassen auf jüngere Geschwister, beim Kochen oder bei der selbstständigen Orientierung im weiteren Umfeld. Kinder, so betonen beide, wachsen an hohen Anforderungen.

DURCH DIREKTE FÖRDERUNG:

Sie richtet sich an die Kinder selbst. Das wohl bekannteste Präventionsprogramm ist FAUSTLOS. Ursprünglich aus den USA stammend, hat es der Familientherapeut Manfred Cierpka weiterentwickelt. Es wird in den deutschsprachigen Ländern in Grundschulen und Kindertagesstätten eingesetzt und vermittelt den Kindern, wie sie Konflikte lösen und auf schwierige Situationen reagieren können. Die 51 Lektionen sind in drei Einheiten unterteilt: Empathieförderung, Impulskontrolle, Umgang mit Ärger und Wut. Fähigkeit zur Empathie entwickeln die Kinder, indem sie üben, die Emotionen anderer Menschen einzuschätzen, sich in sie einzufühlen und angemessen zu reagieren. Die Impulskontrolle wird vor allem in Rollenspielen trainiert. In der Einheit „Umgang mit Ärger und Wut" lernen Kinder, die Auslöser ihrer Gefühle zu erkennen, dazu Techniken zur Beruhigung und Selbststärkung. „Wir fördern in unseren Kursen nur die Fähigkeiten, ohne selber Lösungen vorzugeben", so Cierpka. „Das gibt den Kindern das Selbstbewusstsein, sich selbst helfen zu können." (Mehr dazu: www.faustlos.de)

---

den) lerne der Arzt, wie man den Ertrinkenden aus dem Strom reiße. In der Salutogenese (von *salus*, lat., Wohlergehen) gehe es darum, den Menschen zu einem guten Schwimmer auszubilden, damit er ohne ärztliche Hilfe die Stromschnellen meistern könne.

PAMELA KAZANKAYA hat sich selbst freigeschwommen. Als sie fünf Jahre alt ist, schleppt ihr Vater sie mit zu seinen häufig wechselnden Geliebten. Die Frauen stellt er seiner Tochter mit dem fordernden Satz vor: „Das ist jetzt deine Mutter." Pamela widerspricht jedes Mal energisch: „Die doch nicht! Meine Mutter hat lange schwarze Haare, sie ist doch nicht blond gelockt!" Von ihnen küssen oder umarmen lässt sich das Kind nicht: „Was ich nicht wollte, wollte ich nicht", sagt sie.

Schließlich kommt sie zu Jutta E., einer Partnerin des Vaters, bei der er vier Jahre, Pamela jedoch acht Jahre lang bleiben wird. Die Frau schlägt das Kind fast täglich – „mit allem, was ihr in die Hände kam".

Andere Kinder werden von ihren Eltern beschützt, Pamela muss sich selbst beschützen. Sie geht – mit einer Plastikwasserflasche um den Hals – allein zum Kindergarten, muss ihre Angst überwinden, um stark befahrene Kreuzungen überqueren zu können. Als sie eingeschult wird, stellt sie sich morgens allein den Wecker.

Ihre Kindheit ist im Wortsinne „trost-los", also friert sie ihre Gefühle ein – auch die Trauer, als ihre leibliche Mutter stirbt. Pamela erfährt eher beiläufig davon. Scheinbare Gefühlsleere auch, als ihr Vater auszieht. Kurze Zeit später taucht er wieder auf, will von Jutta E. 250 000 Mark dafür, dass er Pamela bei ihr lässt. Doch die lehnt die Zahlung ab, behält aber das Kind. „Er hätte mich an jeden verkauft", sagt Pamela Kazankaya heute, „er wollte mich loswerden." Doch niemals denkt sie, die Grausamkeiten verdient zu haben, ein schreckliches Kind zu sein: „Mir war damals schon klar: Schrecklich, das sind die anderen." Eine erstaunliche Einsicht für die erst Sechsjährige.

Pamelas größte Stärke ist ihr unbändiger Wille. Schon mit fünf Jahren sucht sie sich einen Menschen, von dem sie – als führe sie ein innerer Kompass – weiß, dass sie ihm vertrauen kann. Es ist ausgerechnet die Mutter von Jutta E. Als Pamela sie zum ersten Mal sieht, beschimpft sie sie: „Dumme Kuh. Hau ab!" Jutta E. will sie zur Strafe schlagen. Doch die alte Frau geht dazwischen: „Lass das Kind in Ruhe!" Da war das Eis gebrochen: „Ich wurde zu ihrem Enkelkind." Pamela nennt sie „Oma Dörchen". 20 Jahre lang, bis zu ihrem Tod, verbindet sie eine enge Beziehung. Als Pamela von ihr erzählt, beginnt sie zu weinen, das einzige Mal während unserer Gespräche.

Sie verbringt jede Schulferien bei der alten Frau in Hannover. Dort kann sie zum ersten Mal Kind sein. Oma Dörchen erzählt ihr stundenlang Geschichten, nimmt sie in den Arm, schmust mit ihr, küsst sie, nennt sie „mein Seelchen". Und sie bringt Struktur in Pamelas Tag. Um neun Uhr wird gefrühstückt, um halb eins gibt es Mittagessen, um drei wird Kaffee getrunken, um sechs zu abend gegessen, und um neun gehen die Lampen aus. Wenn Pamela zurück in Hamburg ist, bekommt sie Briefchen; manchmal steckt auch ein Fünfmarkschein darin. Oma Dörchen ist der erste

Mensch in ihrem Leben, auf den Pamela sich verlassen kann.

Das Mädchen sucht sich weitere Orte des Rückzugs. Sonntagmorgens flüchtet es in die Kirche. „Das war ein Schutzhaus für mich", sagt Pamela. Den Predigten kann sie zwar nicht folgen, doch sie schaut gern auf die Bilder an den Wänden und in die hohe Kuppel. „Der Glaube an eine höhere Macht hat mir das sichere Gefühl vermittelt, dass alles gerecht wird, dass Menschen, die Böses tun, auch dafür bestraft werden." Diese Aussicht beruhigt das Kind.

Die Schule ist für Pamela ebenfalls ein Refugium. Mit fünf Einsen im Zeugnis wird sie Klassenbeste. „Das war großartig", sagt sie. „Endlich konnte ich einmal zeigen, dass ich jemand bin und etwas kann." Sie ist komischer und fröhlicher als die anderen Kinder und entdeckt, dass sie auf diese Weise schnell Zuwendung bekommt. Doch keine ihrer Freundinnen ahnt, was sie zu Hause zu ertragen hat. Auch die Lehrerin nicht. „Ich hab mir schon gewünscht, dass sie sich mal fragt: Wieso ist dieses Kind ständig so aufgedreht? Wo ist da der Hund begraben?"

WISSENSCHAFTLER waren zunächst der Ansicht, Kinder wie Pamela seien unverwundbar. Das war, so weiß man heute, ein schwerer Irrtum. Resiliente Kinder sind so zart und verwundbar wie andere Kinder auch. Sie sind, so Emmy Werner, „verwundbar, aber unbesiegbar".

Als erster Deutscher machte sich der Psychologe Friedrich Lösel, der derzeit das kriminologische Institut der University of Cambridge leitet, auf die Suche nach „protektiven Faktoren". Vor 20 Jahren begann er an der Universität Bielefeld eine Studie über besonders widerstandsfähige Jugendliche. Dazu wählte er aus 27

Heimen 66 Jugendliche aus, die er als resilient einstufte. Als Vergleichsgruppe dienten 80 Jugendliche aus denselben Heimen, mit ähnlich schwierigen Lebenssituationen, doch mit ausgeprägten Verhaltensstörungen.

Friedrich Lösel stieß auf die gleichen Schutzfaktoren wie Emmy Werner in ihrer Kauai-Studie – trotz des anderen Kulturkreises, in dem seine Untersuchung stattfand. Auch Studien an Kindern mit psychisch gestörten Eltern, aus Scheidungsfamilien, aus Flüchtlingsfamilien

Bei einer alten Frau in Hannover kann Pamela zum ersten Mal Kind sein

Eine heile Welt, so scheint es. Die gab es nur auf Familienfotos

oder aus Kriegsgebieten kamen zu ganz ähnlichen Ergebnissen, berichtet Lösel. Sein Fazit: Resiliente Kinder sind kontaktfreudiger, aufgabenorientierter, leistungsmotivierter und aktiver in der Auseinandersetzung mit Alltagsproblemen als andere. Sie schätzen sich als weniger hilflos ein und haben das Gefühl, mit ihren Handlungen etwas verändern zu können. Prägend war für sie außerdem:

• dass sie einen Menschen hatten, der ihnen vorlebte, wie man Probleme löst;
• dass sie gefordert wurden;

Die Sozialpädagogin Hedda Ohrt gab der jugendlichen Pamela Halt. So wie sie als kleines Mädchen auf dem Weg in den Kindergarten alleine große Kreuzungen überqueren musste, so fand Pamela auch den Weg zu den richtigen Menschen

• dass sie früh im Leben gelernt hatten, Verantwortung für sich und andere zu übernehmen.

ALL DIES HAT Pamela Kazankaya schon als Kind beweisen müssen. Jutta E. arbeitete nachts als Bardame in einem Lokal auf der Reeperbahn. Je mehr sie mit den Kunden trank, umso mehr verdiente sie. Zu Hause schlief sie ihren Rausch aus, und fast jeden Tag musste Pamela ihr Erbrochenes aufwischen und Krankenschwester für sie spielen.

Als Pamela elf Jahre alt ist, schickt Jutta E. sie zum Chef des Etablissements. „Zieh doch mal ein Babydoll-Hemdchen an", fordert der sie auf. Jutta E. steht daneben. Acht Jahre lang wird Pamela von dem über 60-jährigen Mann missbraucht. Mehrfach greift sie heimlich in die Schublade einer Kommode und nimmt sich Hunderter heraus. „Ich habe den beklaut und dabei nur eines gedacht: du dummes Schwein!"

Zu Hause hält sie sich das Grauen spielerisch vom Hals. Mit ihren Barbie-Puppen inszeniert sie eine heile Familie: Vater, Mutter, zwei Kinder. Pamela heißt das Puppenkind, das ganz besonders geliebt wird. „Beim Spielen war ich wie in einem Kokon", sagt sie.

Irgendwann reicht ihre Kraft nicht mehr. Sie sackt in der Schule ab, schwänzt häufig. Sie fängt an, Pattex zu schnüffeln; raucht den ersten Joint; und schließlich probiert sie alles aus, was man ihr anbietet: LSD, Kokain, Speed, Heroin. Erst mit 13 rebelliert sie offen.

Als Jutta E. sie wieder einmal verprügelt, packt Pamela sie und schleudert sie mit dem Rücken gegen eine scharfe Bettkante. Jutta E. ruft das Jugendamt an. Als die Sozialarbeiterin kommt, erklärt Pamela ihr entschlossen: „Ich bleibe nicht mehr hier. Ich gehe ins Heim."

Doch sie hat kaum noch Durchhaltevermögen; in drei Heimen nacheinander hält sie es nur kurze Zeit aus. Immer wieder läuft sie weg und kommt doch freiwillig zurück. Ihre vorletzte Station ist ein Heim, in dem auch Mädchen leben, die sich gelegentlich prostituieren. In diesem Milieu geht plötzlich ein Ruck durch sie, und sie erkennt: „So eine wie die bin ich nicht." Sie will da raus. Zugleich beantragt sie beim Amtsgericht, dass ihrem Vater das Sorgerecht entzogen wird – und ist erfolgreich. Erleichtert denkt sie: „Nun kann er mir keine Angst mehr machen, nun ist er nicht mehr mein Vater."

Pamela zieht ins Rauhe Haus um, in ein Heim für Mädchen und Jungen, deren Eltern tot sind oder nicht in der Lage, sich um ihre Kinder zu kümmern. „Da stand Hedda mit ihren langen grauen Haaren und lächelte mich an – ein Engel", erinnert sich Pamela Kazankaya. Auch Hedda Ohrt, inzwischen pensionierte Sozialpädagogin, erinnert sich an die erste Begegnung: „Ich wich ihr zunächst aus. Aber sie war sehr beharrlich – bis ich ihre Betreuerin wurde."

Hedda Ohrt wird für Pamelas Leben so wichtig wie Oma Dörchen. Sie geht mit ihr Eis essen, ins Kino, spielt ihr das Weihnachtsoratorium vor. Sie fordert sie heraus, setzt ihr Grenzen, hört ihr zu.

Verbissen lernt Pamela für die Mittlere Reife. Der Abschluss wird für sie zum Ansporn. Das nächste Ziel ist das Abitur. Sie lernt weiter, schreibt Einsen. Doch sobald sie eine schlechtere Note bekommt, nimmt sie Drogen, driftet wieder in die Szene ab. Pamela will die Sozialpädagogin Ohrt zu ihrer Ersatzmutter machen. Die aber besteht auf der Realität: „Deine Mutter bin ich nicht", sagt sie, „aber ich kann dich begleiten, auch Verantwortung übernehmen. Und dir anbieten, dass du mich jederzeit anrufen kannst, selbst nachts."

Pamela schafft schließlich das Abitur, schließt eine Lehre ab, macht eine Therapie. Noch heute treffen sich die beiden Frauen zweimal im Monat. Ihre große Zuneigung ist wechselseitig. „Ich bin wohl das Durchgängigste in ihrem Leben", sagt Hedda Ohrt.

WAS LÄSST SICH aus Pamela Kazankayas Biografie lernen? Für die Resilienzforscherin Emmy Werner lautet die Antwort: Die Balance zwischen negativen Einflüssen und Schutzfaktoren muss stimmen – dann bestehen gute Chancen auf ein gelingendes Leben. Patentrezepte gebe es jedoch nicht.

Ohne Oma Dörchen und Hedda Orth sähe das Leben von Pamela Kazankaya heute

> **»Zieh doch mal ein Babydoll-Hemdchen an«, forderte der Mann sie auf**

anders aus. Doch sie selbst war es, die sich die beiden Menschen ausgesucht und sie zu Vertrauenspersonen gemacht hat. Woher das Kind die Kraft nahm, aktiv zu werden und sich Beistand zu suchen? Pamela Kazankaya überlegt lange. „Mein Mut war immer größer als meine Angst, das ist so eine Urkraft in mir", sagt sie. Und: „Auch wenn es mir ganz schlecht geht, weiß ich immer: Da komme ich raus." □

Marion Rollin, 60, Hamburger Autorin und Mutter von zwei erwachsenen Kindern, ist fasziniert von der Kraft, mit der Pamela Kazankaya ihren Alltag meistert – und dankbar für die Offenheit, mit der sie ihr die dunklen Seiten ihres Lebens anvertraut hat. Die Essener Fotografin **Sabine Bungert**, 43, hat Pamela Kazankaya drei Tage lang in Hamburg begleitet.

So etwas verstimmt nicht nur Musikliebhaber: In einem Münchner Kinderladen wird Kulturgut mit Füßen getreten (1970er Jahre)

DIE WILDEN KINDER ZÄHMEN

Die Geschichte der Erziehung ist eine Geschichte ihrer Krisen. Rund 300 Jahre schon dauert die Suche nach der idealen Pädagogik. Eltern und Lehrer haben dabei nicht selten das Gegenteil von dem erreicht, was beabsichtigt war

Koedukation in einer Vorschule im walisischen Swansea (1938). Jungen und Mädchen begutachten, wie andere Kinder Puppen und Teddys waschen

VON CHRISTIAN STAAS

DEN RÜCKEN GEBEUGT, das Kinn vorgeschoben, so sucht der Junge den Boden nach Eicheln und Wurzeln ab. Jahrelang ist das Kind schon durch die Wälder gestreift. 1798 fangen Holzfäller ihn ein, doch er kann wieder in die Wildnis entfliehen. Im Januar des Jahres 1800 schließlich sucht er selbst die Nähe der Menschen im südfranzösischen Departement Aveyron. Sprechen kann der Junge nicht, furchtsam ist er und vielleicht 15 Jahre alt.

Wenig später wird er Gelehrten aus ganz Europa in Paris vorgeführt. Sie nennen ihn „Victor von Aveyron" – ein scheinbar ideales Studienobjekt für die aufstrebende Pädagogik, für den allgegenwärtigen Hunger nach Erziehungswissen. Es ist das Zeitalter der

Aufklärung, eine Epoche, die ihren Erziehungsanspruch schon im Namen trägt. Was ist der Mensch, fragten sich Pädagogen, Ärzte und Philosophen. Ist er ein „edler Wilder" – von Natur aus gut, sodass ihn Erziehung nur in seiner Ursprünglichkeit verderben würde? Oder ist er egoistisch, gefangen im Überlebenskampf, und muss durch Bildung erst zum Menschen befreit werden?

Victor liefert ihnen keine Antwort. Er interessiert sich vor allem fürs Essen. Ein junger Arzt nimmt sich seiner an und unterwirft ihn jahrelang einem wohlmeinenden Drill. Still sitzen! Aufpassen! Lernen! Am Ende ist Victor bedingt gesellschaftsfähig, aber innerlich gebrochen: ein Opfer hehrer Erziehungsideale. Eines von vielen.

Stets hatte die Geschichte der Erziehung zwei Seiten. Auf der einen die Ideen großer Philosophen und Pädagogen – meist waren es Männer, fern aller Erziehungspraxis. Auf der anderen die Praxis selbst, in denen die hochtrabenden Ansprüche sich nicht selten von ihrer dunklen Seite zeigten – als körperlich und seelisch brutale Zurichtung des Kindes.

SCHON IMMER beschäftigten sich die Menschen vornehmlich in Krisenzeiten mit pädagogischen Fragen. Wenn Erziehung nicht hielt, was sie versprach. Oder wenn sie einer veränderten Lebenswirklichkeit nicht mehr angemessen schien. So wurde die Geschichte der modernen Erziehung eine Geschichte ihrer Krisen.

Klassiker: Jean-Jacques Rousseau (1712–1778) hat mit dem Bildungsroman »Émile« eines der einflussreichsten Werke der Pädagogik verfasst. Der Sozialreformer Johann Heinrich Pestalozzi (1746–1827) gründete in den 1770er Jahren auf einem Schweizer Landgut eine Armenanstalt, in der die intellektuelle, sittliche und körperliche Erziehung eine Einheit bilden sollte

Die Erste fiel in die Zeit der Aufklärung. Gewaltsam vorangetrieben durch die Französische Revolution, begann die ständische Lebenswelt auseinander zu brechen. Die Jüngste erleben wir heute, glaubt man der aktuellen Publikationsflut. Als „Erziehungskatastrophe" beschreibt die „Zeit"-Journalistin Susanne Gaschke sie in ihrem gleichnamigen Buch und markiert sie vor allem als Verlusterfahrung: Werteverfall, Orientierungsmangel, verloren gegangene Autorität. Als seien die Kinder früher erfolgreicher gezähmt worden.

ALLES, WAS AUS DER HAND des Schöpfers kommt, ist gut; alles entartet unter den Händen der Menschen." Mit diesem Satz beginnt Jean-Jacques Rousseau 1762 seinen Roman „Émile", das wohl meistzitierte Erziehungsbuch der Aufklärungszeit. In seiner inneren Zerrissenheit verweist der Text auf sämtliche Widersprüche des heutigen Erziehungsdenkens. Emile wächst behütet vor der Gesellschaft auf und wird am Ende ein tugendhafter Teil von ihr. Er bewahrt sich, als „Wilder",

das gottgegebene Gute, aber ist „geschaffen für das Leben in den Städten".

In den Mittelpunkt der Auseinandersetzung rückt Rousseau dabei jene „Zivilisation", von der er die Heranwachsenden fern halten möchte. Sie, die moderne Kultur, schreibt er, hielten wir für unsere größte Leistung, während sie zugleich unsere Verderberin sei.

Seit der Renaissance hatte sich diese moderne Kultur in Europa schrittweise ausgebreitet – in einem Prozess, in dem sich die Europäer aus der religiösen Ordnung des Mittelalters lösten: Das Individuum wurde zum Mittelpunkt der Welt.

Doch die neu gewonnene Freiheit brachte auch neue Unsicherheiten. Über Rang und Stellung entschieden mehr denn je Leistung und Wille des Einzelnen. Wer bestehen wollte, musste für den sozialen Wettbewerb gewappnet sein: durch Erziehung. Das Kind und seine Aufzucht rückten in den Mittelpunkt der bürgerlichen Familie, damit deren gesellschaftlicher Status auch in Zukunft gewahrt bliebe. Die Vorstellung von der Kindheit als

einer eigenständigen Lebensphase hat hier ihren Ursprung. Erziehung wurde zur Wissenschaft. Ein 1790 veröffentlichtes Handbuch mit dem Titel „Charakteristik der Erziehungsschriftsteller Deutschlands" nannte 393 Autoren und mehr als 1000 Buchtitel.

Das Ziel der Philanthropen: die Menschen bessern durch bessere Erziehung

Auch die Ratgeberliteratur boomte und wurde in bürgerlichen Haushalten eifrig gelesen. Vordenker wie Johann Heinrich Pestalozzi forderten, sich dem Kind und seinen Bedürfnissen anzupassen, statt es zu maßregeln. Erziehung und Entwicklung wurden zu Zauberworten eines neuen Glaubens an den Menschen, der sich zum Guten, Wahren und Schönen aufschwingen sollte.

In Deutschland standen für solchen Optimismus vor allem die „Philanthropen" – Menschenfreunde –, eine Gruppe von Pädagogen, unter ihnen

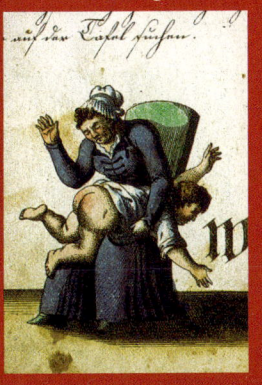

Den ersten Kindergarten gründete Friedrich Fröbel 1840 im thüringischen Bad Blankenburg. Der Pestalozzi-Schüler hatte die prägende Kraft guter Früherziehung erkannt. Die von ihm entwickelten Spiel- und Lernmaterialien sind noch immer anerkannt, der Begriff Kindergarten ist unübersetzt in mehr als einem Dutzend Sprachen übernommen worden

Im Pestalozzi-Fröbel-Haus in Berlin (1931) spülen Jungen und Mädchen gemeinsam das Geschirr ab; nach dem Spielen werden die Kinder gebadet und gewogen

Johann Bernhard Basedow und Johann Heinrich Campe. Ihre zentrale Wirkstätte war die Reformschule „Philanthropin" in Dessau. Ihr Ziel: bessere Menschen durch bessere Erziehung und eine bessere Gesellschaft durch bessere Menschen.

Die Lernmethoden waren konservativen Beobachtern ein Graus. Man „führt die jungen Leute spazieren, stellet mit ihnen Reisen an, zeigt ihnen ein Kräutchen, schwatzet ihnen vom Nutzen desselben etwas vor, fängt Schmetterlinge und vertändelt die Zeit mit dergleichen Schnickschnack", ereiferte sich ein Kritiker.

Die Widersprüche moderner Selbstverwirklichungsideen, wie Rousseau sie aufgedeckt hatte, blendeten die Philanthropen jedoch aus. Das Glück des Einzelnen und seine Abrichtung für die Gesellschaft war ihnen – wie vielen anderen – ein und dasselbe. Die Freiheit, die sie anstrebten, war in vieler Hinsicht keine Freiheit *zu,* sondern *von* etwas: Freiheit von Begierden und Schwäche. So pries der „Menschenfreund" Campe 1787 eine drakonische

Maßnahme gegen die „Selbstschändung": die Onanie. „Infibulation" wurde das Verfahren genannt. Ein Erzieher habe ihm erzählt, wie er es als Knabe bei sich angewendet habe. Mit „tugendhaftem Heldenmut", so Campe, habe sich der Junge einen Draht über seinen Penis gezogen, verankert in blutenden Löchern, die er sich mit einem Nagel durch die Vorhaut gestoßen hatte. Eine Erektion war so nicht einmal im Schlaf möglich.

Die Erziehungshandbücher des 18. und 19. Jahrhunderts geben einen Überblick über diese Kehrseite der Aufklärung, die „schwarze Pädagogik", wie die Psychoanalytikerin Alice Miller sie in den 1970er Jahren genannt hat: Dort wurde etwa empfohlen, Kinder zu öffentlichen Hinrichtungen mitzunehmen, auf dass sie nicht verweichlichten. Kalte Bäder sollten der Abhärtung dienen; Schnallen und Gurte, mit denen die Kinder an Stühlen oder in Rückenlage im Bett festgezurrt wurden, zur rechten Haltung verhelfen.

Auch in den Schulen herrschten, nach einem reformatorischen Auf-

bruch zu Anfang des 19. Jahrhunderts, strenge Unterordnung und Drill: Karzer, Rohrstock, Auswendiglernen. Die Ideale der Aufklärung hatten für die deutschen Obrigkeiten einen unangenehmen Klang bekommen. Die Revolution in Frankreich und die nationalliberale Bewegung in den deutschen Landen wurden als Herausforderung gesehen, die es zu bekämpfen galt.

Die Ideen der Aufklärungspädagogik waren gleichwohl nicht vergessen. Vor allem Rousseau sollte wenige Jahrzehnte später wiederentdeckt werden – in einer zweiten großen Krise der Pädagogik, um 1900.

DEUTSCHLAND ZU BEGINN des 20. Jahrhunderts: Die industrielle Revolution hat ihren Höhepunkt erreicht. Das Leben in den wachsenden Großstädten pulsiert in immer schnellerem Takt. Eine komplexe, technisierte Gesellschaft ist entstanden. Rousseaus pessimistischer Blick von einst auf die westliche Zivilisation und ihre Verdorbenheit erscheint nun beklemmend aktuell: Werteverfall, Alkoholis-

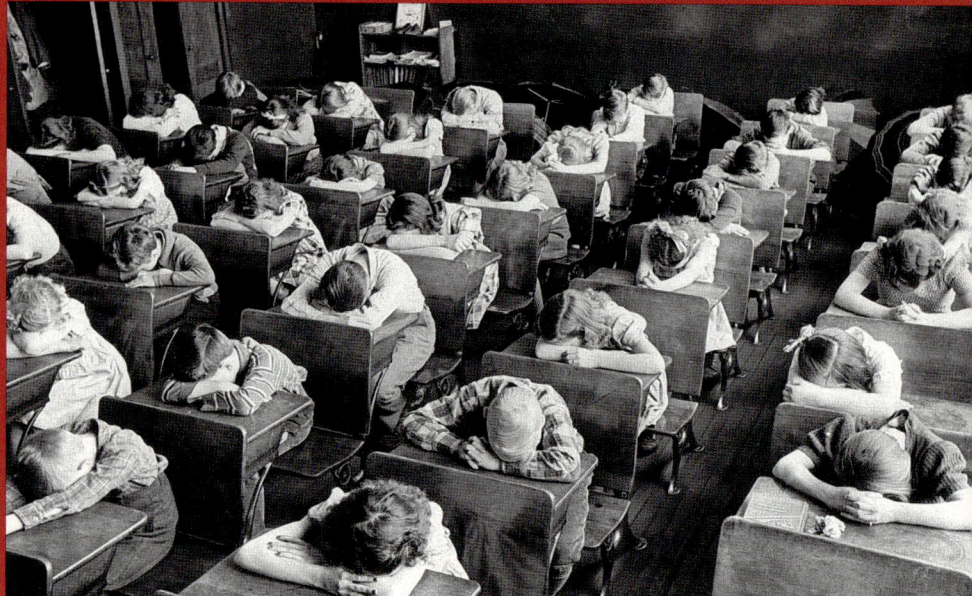

mus, sexuelle Freizügigkeit in den
Städten sind die Themen der Zeit.

Die Volksschule erzog mittlerweile
fast ausschließlich für den Arbeitskräf-
tebedarf der Industrie. Selbstständiges
Denken? Unerwünscht! Auch in den
Gymnasien spielten die kindlichen Bedürfnisse in der Erziehung keine Rolle.

Dagegen formierte sich seit den
1890er Jahren unter dem Begriff „Reformpädagogik" Widerstand. Was Pio-
niere des modernen Erziehungsdenkens schon mehr als 100 Jahre zuvor
gefordert hatten, war für sie aktueller
denn je: dass, wie es bei Jean Jacques
Rousseau heißt, die Kinder „alleine viel
besser lernen", was „unsere pedan-
tische Lehrsucht" ihnen vergeblich ein-
bläuen will.

Es entstanden „Arbeitsschulen" – alle
geistige Arbeit, lautete deren Motto,
„kommt vom Tun her". Es wurden
Landschulheime gegründet, an denen
die Lehrer mit neuen Methoden expe-
rimentierten: mit dem „Gesamtunter-
richt" etwa, in dem die einzelnen
Fächer nicht mehr strikt getrennt waren. Schlagworte dieser Reformpäd-

agogik: Projekt, Werkstatt und das
schaffende Kind, Erlebnisfähigkeit, Erfahrung und Schülerselbstverwaltung.
Am Ende der Weimarer Republik gab
es in Deutschland mindestens 200 Re-
formschulen – darunter die ersten
Waldorfschulen Rudolf Steiners.

Die wissenschaftliche Grundlage
stammte unter anderem aus der damals
aufblühenden Entwicklungspsycholo-
gie. Forscher studierten das Lesever-
halten und maßen die Gedächtnisleis-
tung von Kindern, verfertigten Studien
zur „Zahlenversinnlichung" und erfanden den Intelligenztest. So konnte
die Reformpädagogik eine „koperni-
kanische" Erziehungswende einleiten:
Die Schule sollte sich um das Kind drehen, nicht umgekehrt.

Mit ihren Ideen reagierten die Re-
former nicht nur auf Missstände in
Erziehung und Schule. Sie waren Teil
einer umfassenderen Debatte, die bis
in die Weimarer Zeit hinein die intel-
lektuellen Zirkel beherrschte: die so
genannte Kulturkritik.

Unter dem Eindruck der wachsenden Komplexität des Alltags wandten

sich die Kulturkritiker gegen die Er-
rungenschaften der Moderne: gegen
Rationalismus, Zivilisation und Vernunft. Das „wahre Leben" sei verschüttet, die „Ganzheitlichkeit" des Daseins
verloren. Oswald Spengler orakelte vom
„Untergang des Abendlandes", der viel
gelesene Julius Langbehn sehnte eine
„völkische Regeneration" herbei.

Ein »väterlicher Freund, von der Wiege bis zum Grabe« – das wollte der NS-Staat sein

„Leben" wurde zum zentralen Begriff einer antimodernen Denkweise,
die auch viele Reformpädagogen anzog.
Der auf rationale Prinzipien gegründeten Gesellschaft hielten sie die Idee einer
„organischen Gemeinschaft" entgegen.

Die oft völkisch-national orientier-
ten Landschulheime wollten diese neue
Ordnung vorwegnehmen. Der Gesamt-
unterricht sollte nicht einfach nur eine
Methode sein, sondern Ausdruck eines
„ganzheitlichen" Lebensprinzips. So
verbanden sich fortschrittliche Ansätze

mit reaktionären Ideologien. Maria Montessori etwa, der Vertreterin einer kindzentrierten Pädagogik, erschienen Hitler und Mussolini zeitweise wie Erlöserfiguren. Als sozial-ethisches Idealmodell des Zusammenlebens hatte sie den Ameisenhaufen vor Augen.

Was es heißt, die Vorstellung einer solchen Gemeinschaft in die Tat umzusetzen, erlebte die Welt wenige Jahre später. „Während der alte Staat ein Nachtwächterstaat war, ist unser Staat ein Erziehungsstaat", verkündete Robert Ley 1933 als Leiter der Deutschen Arbeitsfront. „Ein Pädagoge, ein väterlicher Freund" sei der NS-Staat. „Er lässt den Menschen nicht mehr los, von der Wiege bis zum Grabe. Und so fangen wir schon beim Kinde von drei Jahren an; sobald es anfängt zu denken, bekommt es schon ein Fähnchen zu tragen. Alsdann folgt die Schule, die Hitlerjugend, die SA, der Wehrdienst."

Das Ideal der Aufklärung, dass der Mensch erst durch Erziehung zum Menschen werde, haben die NS-„Pädagogen" dabei auf perverse Weise instrumentalisiert. Als „Dialektik der Aufklärung" beschrieben Max Horkheimer und Theodor W. Adorno dieses Umschlagen der Vernunft in „instrumentelle Vernunft", von Zivilisation in Unmenschlichkeit.

Dennoch besann sich nach 1945 gerade Adorno auf den Erziehungsgedanken. Eine kritische Pädagogik erschien ihm als einzig mögliche Abwehr gegen eine Wiederkehr von Faschismus und Nazismus. „Die Forderung, dass Auschwitz nicht noch einmal sei, ist die allererste an Erziehung", begann er seinen 1966 erschienenen Aufsatz „Erziehung nach Auschwitz".

25 JAHRE SPÄTER: In Hoyerswerda prügelt ein rechtsradikaler Mob Asylsuchende aus ihren Unterkünften. 1992 brennt in Rostock-Lichtenhagen ein Asylbewerberheim – die Anwohner applaudieren. In Mölln und Solingen fliegen Brandsätze in die Wohnungen türkischer Familien. Hat die Erziehung versagt? Die einhellige Antwort lautete – wieder einmal – ja. Die Erziehungsgeschichte in West und Ost seit dem Zweiten Weltkrieg stand plötzlich pauschal unter dem Verdacht, in die Irre geführt zu haben.

Viele Kommentatoren sahen die Ursachen der rechten Gewalt gerade dort, wo ihr einst besonders sorgfältig vorgebeugt werden sollte: in der „antiautoritären" Erziehung der westdeutschen 68er und in der autoritären DDR-Pädagogik.

Der immer wieder beschworene Antifaschismus des ostdeutschen Erziehungssystems, betonten die Vertreter der DDR-These, sei oft eine reine Floskel gewesen – und einer simplen Sündenbock-Logik gefolgt: Die Nazis, habe es geheißen, lebten im Westen.

Auf der anderen Seite machten Kritiker der 68er zu viel an Freiheit, Verwahrlosung und Werteverfall für die Misere verantwortlich. „Ich hätte sein Vater sein können", schrieb etwa der Gießener Politikwissenschaftler Claus Leggewie, selbst linker Student in den Jahren der Revolte, über einen der jugendlichen Brandstifter. Jugendliche müssten heute „mit einer Werteverwirrung zurechtkommen, deren Ausmaß kaum abzuschätzen ist", hieß

es im „Spiegel". „Klare Maßstäbe für Recht und Unrecht, Gut und Böse, wie sie noch in den 1950er und 1960er Jahren vermittelt wurden, sind für sie kaum noch erkennbar."

Um welche klaren Maßstäbe und Werte es sich damals handelte, thematisierte dagegen kaum jemand. In den 1950er und den frühen 1960er Jahren bekannte sich nur ein Drittel der Deutschen zur Demokratie. In den Schulen unterrichteten nicht selten dieselben Lehrer, die wenige Jahre zuvor noch Rassenkunde gelehrt hatten. Der „Muff von tausend Jahren" verpestete das Lernklima.

Die „antiautoritäre Erziehung" bot insofern ein willkommenes Gegenmodell zum Drill der 1950er Jahre. Mitunter radikal in ihren Ideen, spiegelte sie den Grad der Verknöcherung des Erziehungssystems, gegen das sie sich wandte. Doch es war keine einheitliche Bewegung: Wie der Protest der 68er selbst hatte sie eine politische wie eine individualistische Seite.

Für Letztere stand vor allem Alexander Neill, der infolge der reformpädagogischen Aufbruchstimmung der Jahrhundertwende schon 1921 eine antiautoritäre Schule gegründet hatte: Summerhill in der englischen Grafschaft Suffolk. „Ich sehe meine Aufgabe nicht in erster Linie in der Änderung der Gesellschaft, sondern darin, wenigstens ein paar Kinder glücklich zu machen", schrieb er 1960 in „Theorie und Praxis der antiautoritären Erziehung." Das Buch machte sein bis heute existierendes Schulexperiment, 40 Jahre nach dessen Gründung, erstmals einem breiten Publikum bekannt.

In der Kinderladengruppe herrschte mitunter das Recht des Stärkeren

Neill ging es um eine Erziehung ohne Zwang – aber keinesfalls um bloßes „Laisser-faire". Basisdemokratisch stellen Schüler und Lehrer in Summerhill gemeinsam Regeln auf. Ob sie am Unterricht teilnehmen wollen oder nicht, ist den Kindern bis heute freigestellt. Studien zufolge finden sich ehemalige Summerhill-Schüler später nicht schlechter zurecht als andere.

In Teilen der Kinderladen-Bewegung dagegen hieß „antiautoritär" nicht nur, auf autoritäre Gesten zu verzichten, sondern bewusst zum Aufbegehren zu erziehen. So leitete man Kinder zum Beispiel an, trotz der „Betreten verboten"-Schilder auf einem Rasen zu spielen. Wie viele Erziehungstheoretiker vor ihnen projizierten auch die 68er-Eltern ihre Zukunftshoffnungen auf den Nachwuchs – mitunter auf dessen Kosten. Adornos „Studien zum autoritären Charakter" im Kopf, verlor dabei mancher im Misstrauen gegen sich selbst Maß und Vernunft und führte die Kinderladengruppe in eine Anarchie, in der letztlich das Recht des Stärkeren herrschte. Und wie so oft hatte auch die antiautoritäre Erziehung zuweilen unbeabsichtigte Konsequenzen: ordnungsliebende Kinder, die aufbegehrten – und zwar ausgerechnet gegen ihre autoritätskritischen Eltern.

In ihren radikalen Formen war die antiautoritäre Erziehung allerdings

Klischee West, Klischee Ost: In einem antiautoritären Kindergarten in Köln stapeln die lieben Kleinen Mobiliar und Dreiräder zu einer modernen Skulptur (1972); im Betriebskindergarten der Narva-Glühlampenwerke in Ostberlin hat jeder seinen festen Platz (1986)

selbst in den 1960er und 1970er Jahren eine Ausnahme. In gemäßigter Weise hat sich ihren Ideen mittlerweile aber auch der Erziehungs-Mainstream geöffnet.

IN DEN UMBRÜCHEN SEIT 1968 die Ursache gegenwärtiger Probleme zu sehen, ist bis heute nicht aus der Mode gekommen, auch wenn es keineswegs mehr die Angst vor Neonazis ist, die die Diskussion in Gang hält. Als neue Indikatoren der Krise geistern Berichte über tyrannische Kinder und miserable Pisa-Ergebnisse durch die öffentliche Debatte. „Ob man die armen 68er denn nun auch noch für sämtliche Defizite des Erziehungssystems verantwortlich machen wolle", schreibt Susanne Gaschke in ihrem Buch „Die Erziehungskatastrophe" und fährt fort: „Die Antwort lautet einfach: ja." Der Grund, den sie anführt, ist bekannt: Werte, Verbindlichkeit und Tradition zählten nicht mehr.

Was tatsächlich in eine Krise geraten zu sein scheint, bleibt davon verdeckt: der seit der Aufklärung ungebrochene

Glaube an eine steuerbare Erziehung des Menschen. Selten konkurrierten in den Buchhandlungen so viele Ratgeber, buhlte eine solche Vielzahl an Elternkursen um Aufmerksamkeit. Die Unübersichtlichkeit der Welt hat ihren Niederschlag auch im Erziehungswesen gefunden. Es spricht einiges dafür, dass die neue Ratlosigkeit auch auf das Konto derer geht, die sie beseitigen wollen.

Derweil registrieren die Eltern, dass ihre Erziehungsmacht begrenzt ist, ihnen die Sicherheit für den richtigen Umgang mit Kindern vielfach abhanden gekommen ist. Fernsehen, Internet und die Gleichaltrigen haben als ungebetene Miterzieher einen oft kaum mehr kontrollierbaren Einfluss auf den Nachwuchs. Da vermag auch die Wissenschaft als Ratgeberin nicht viel auszurichten. Zwar gewinnt die Hirnforschung immer detailliertere Erkenntnisse über die kindliche Entwicklung, eines aber verrät auch sie nicht: wohin Erziehung führen soll.

„In eine bessere Zukunft!", versprachen einst die Philosophen der Aufklärung. Doch ebenjene Zukunft, auf die

moderne Pädagogik seit ihren Anfängen zielte, ist in Zeiten flexibilisierter Arbeitsanforderungen nicht mehr so vielversprechend wie noch im 18. und 19. Jahrhundert. „Chancen für alle" verspricht der freie Markt heute, gewährt sie aber immer wenigeren.

In ihren Grundzügen ist die aktuelle Erziehungskrise dabei so alt wie die Idee der Erziehung selbst. Schon in Rousseaus „Émile" erscheint es als Utopie, Kinder wie „edle Wilde" aufwachsen zu lassen, kontrolliert und behütet vor allen äußeren Einflüssen. Und schon Rousseau lenkte den Blick auf die Welt, in welche die Kinder hineinwachsen sollen. Als größtes Problem der Erziehung hat sich in den vergangenen 300 Jahren so ausgerechnet ihr eigener Ursprung erwiesen: die moderne Gesellschaft in ihren Widersprüchen. □

Christian Staas, 31, ist freier Journalist in Hamburg. Wie unvermittelt autoritäre und libertäre Erziehung oft nebeneinander stehen, hat er schon als Grundschüler erfahren. Seine Sportlehrerin ließ die Kinder entweder wie Soldaten im Kreis marschieren oder sagte: „Macht, was ihr wollt!"

GROSSE PLÄNE FÜR
KLEINE KÖPFE

Warum fällt Kindern das Erlernen einer Fremdsprache leicht? Wie erwerben sie soziale Kompetenz? Kann ein Training am PC normalen Unterricht unterstützen? In den USA ist das weltweit umfangreichste Projekt zur Erforschung kindlichen Lernens angelaufen. GEO WISSEN hat drei daran beteiligte Wissenschaftszentren besucht

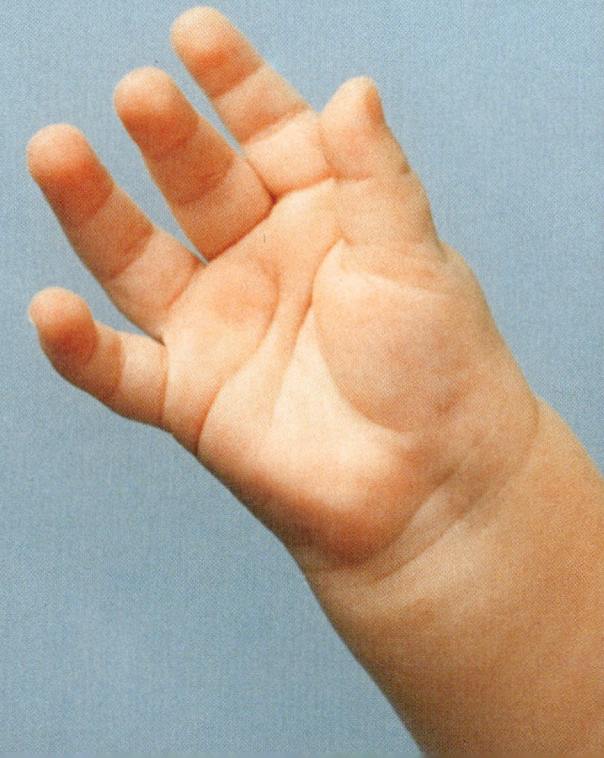

Ganz schön verkabelt: Um die Gehirnaktivität eines acht Monate alten Kindes beim Betrachten verschiedener Gesichtsausdrücke aufzuzeichnen, haben Forscher der University of Minnesota ihm eine Elektrodenkappe über den Kopf gestülpt

VON HUBERTUS BREUER

Wo men yao jiang yi ge gu shi…", sagt die Frau. Die beiden neun Monate alten amerikanischen Babys wirken ratlos angesichts der ungewohnten Laute. Unruhig rutschen sie auf den Schößen ihrer Mütter herum. Ihnen gegenüber sitzt die Kognitionswissenschaftlerin Huei-Mei Liu und liest ungerührt weiter eine Kindergeschichte in der chinesischen Hochsprache Mandarin vor: „Gu shi you guan chi-chi xiao…"

Vor wenigen Monaten noch konnten die Säuglinge, wie überhaupt alle Neugeborenen, die Laute beliebiger Sprachen akustisch auseinander halten – ob in Deutsch gesprochen, in den afrikanischen Khoisan-Sprachen oder in Englisch und obwohl sie die Bedeutung der Laute noch nicht verstanden. Doch man weiß längst, dass dieses polyglotte Talent schwindet, sobald Babys Kettenlaute wie „dada" oder „baba" als Einstieg in ihre Muttersprache zu brabbeln beginnen.

»Babys sind nicht konfus im Kopf. Sie sind auch nicht eine Art lebendes Gemüse«

Die Taiwanesin Huei-Mei und die US-Amerikanerin Patricia Kuhl erkunden mit ihrem Vorleseversuch, ob sich die Fähigkeit, den Lauten fremder Sprachen aufmerksam zu folgen, länger bewahren lässt. Nach einigen Sitzungen in dem kleinen, schallisolierten Testlabor am „Institute for Learning and Brain Sciences" der University of Washington in Seattle verändert sich das Verhalten der Kinder: Reaktionstests zeigen, dass sie die Mandarin-Laute wieder gut auseinander halten können.

EXPERIMENT GEGLÜCKT – zufrieden klappt Patricia Kuhl den Laptop zu, auf dem sie den Film über die Versuchsreihe abgespeichert hat. Die weltweit angesehene Expertin für frühkindlichen Spracherwerb weiß ihre Forschung in Szene zu setzen. Und auch

sich selbst: Ein dunkelblaues Kostüm trägt sie im Institut, an den Wänden Fotos von ihr und ihrem Ehemann und Kollegen, dem Entwicklungspsychologen Andrew Meltzoff, zu Gast im Weißen Haus – bei den Clintons ebenso wie bei Bush junior. Im Regal der von ihr mitverfasste Bestseller „The Scientist in the Crib", der in mehrere Sprachen übersetzt worden ist; unter dem Titel „Forschergeist in Windeln" auch ins Deutsche.

„Früher hieß es, Babys seien konfus im Kopf, im Grunde so etwas wie lebendes Gemüse", sagt die Wissenschaftlerin. Seit etwa 30 Jahren je-

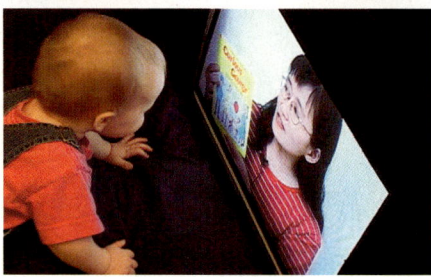

Babys nehmen die Nuancen einer Sprache nur im direkten Kontakt mit anderen Menschen wahr, fanden Kognitionswissenschaftler der University of Washington heraus. Nicht aber, wenn die Stimme aus dem Fernsehapparat kommt

doch würden Kindheitsforscher immer deutlicher erkennen, wie intelligent und von Entdeckergeist beseelt schon Neugeborene seien. „Sprache, Empathie, Physik – Kinder eignen sich die Welt Stufe für Stufe an", sagt Kuhl. „Eltern wollen natürlich wissen, wie sie diese Entwicklungsphasen bestmöglich fördern können. Doch ohne naturwissenschaftliche Grundlage bleibt jedes pädagogische Konzept ein Experiment."

Auf zufällige Bildungsreformen in Kindergärten und Schulen will sich die in den USA für Grundlagenforschung zuständige „National Science Foundation" (NSF) jedenfalls nicht länger verlassen. Deshalb hat sie im Jahr 2005 vier neu gegründete Zentren für Lernforschung – „Science of Learning Centers" – mit über 90 Millionen Dollar ausgestattet. Das breit angelegte Projekt bringt hochkarätige Neurobiologen, Genforscher, Computerwissenschaftler und Entwicklungspsychologen zusammen. Sie sollen die Grundlagen des Lernens erkunden und schließlich pädagogische Konzepte für Kinder vom Krippen- bis ins Teenageralter formulieren.

„Die Wissenschaft vom Lernen steht vor einem Durchbruch", sagt Andrew Meltzoff, der zusammen mit Kuhl in leitender Position am „Institute for Learning and Brain Science" arbeitet, einem der vier NSF-Zentren. „Und der wird uns gelingen, indem wir mehr und mehr kleine Brücken zwischen den Wissenschaftsdisziplinen bauen, statt auf die eine zentrale Verbindung von den Neuro- zu den Erziehungswissenschaften zu hoffen."

An den Forschungseinrichtungen sollen innerhalb von zehn Jahren Fragen wie diese beantwortet werden: Wann soll ein Kind eine Fremdsprache erlernen? Wie erwirbt es soziale Kompetenz? Ist pädagogische Lernsoftware für Kleinkinder ratsam? Wie erhalten Kinder eine Grundlage an Wissen, das sich nicht in Formeln und Fakten erschöpft, sondern im Alltag und im Berufsleben anwendbar ist?

Um Antworten auf die Spur zu kommen, setzen die Forscher auf unterschiedliche Methoden: klassische Labor-Experimente zum Lernverhalten; bildgebende Verfahren wie die funktionelle Magnetresonanz-Tomographie (fMRI), die detaillierte Aussagen über Gehirnaktivitäten erlaubt; die Magnetenzephalographie (MEG), die schwache Magnetfelder von Hirnneuronen aufspürt; Software-Tutoren-Programme für den PC, die Schülern mit Lernschwächen helfen sollen. Die Forscher wollen auch das außerschu-

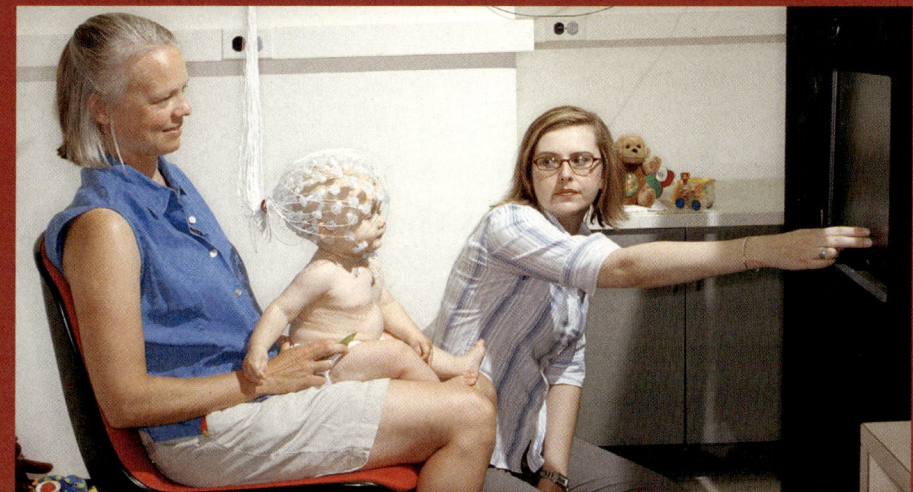

Trotz Elektrodenkappe schaut sich das Baby aufmerksam Gesichtsausdrücke an (links). Die Psychologin Rechele Brooks (unten) von der University of Washington testet, ob das zwölf Monate alte Kind ihrem Blick folgt, wenn sie ihn zum Spielzeug im Vordergrund wendet. Gibt das Kind beim Blickrichtungswechsel auch Laute von sich, ist das ein wichtiges Indiz für ein rasches Erlernen der Sprache

lische Lernen einbeziehen, indem etwa Ethnologen die Familien besuchen und das Verhalten von Kindern auf dem Spielplatz beobachten.

DIE VORLESEPROBE von Patricia Kuhl hat ergeben, dass Babys, die ihr Gehör bereits der englischen Sprache angepasst hatten, nach nur zwölf Sitzungen neue neuronale Netzwerke im Hirn entwickelten oder alte reaktivierten. Mehrere Studien lassen vermuten, dass Kinder diese Fähigkeit bis zum fünften Lebensjahr behalten, sagt

Kuhl. Während dieser Zeit legt das Gehirn eine neue Sprache in denselben Arealen der Großhirnrinde ab wie die Muttersprache. In späteren Jahren müssen dafür eigene Sprachzentren geschaffen werden.

Das Kleinkindalter ist demnach ideal, um ein Kind gezielt zu fördern, etwa in einem zweisprachigen Kindergarten, in dem beide Sprachen möglichst gleichberechtigt und von Muttersprachlern gesprochen werden sollten. Später prägt sich meist ein Akzent in den Sprachfluss ein. So haben Chine-

sen bekanntlich die Schwierigkeit, den Buchstaben „r" auszusprechen – allerdings nur, wenn sie eine Fremdsprache mit solchen „r" erst nach dem fünften Geburtstag erlernen.

Ohnehin ist das menschliche Gehirn in der frühen Lebensphase so formbar wie später nie wieder. Zwar verfügt ein Säugling mit rund 100 Milliarden Nervenzellen über ebenso viele wie ein Erwachsener. Doch bilden sich Kontakte zwischen den Neuronen vor allem in den ersten Jahren aus; den Höhepunkt erreicht die Zahl ihrer Ver-

Lesen Sie bitte weiter auf Seite 72

Die befruchtete Eizelle, anfangs nur ein Zellklumpen, nistet sich innerhalb von zehn Tagen vollständig in der Gebärmutterschleimhaut ein. Nach drei Wochen **schlägt das Herz des zwei Millimeter kleinen Embryos**

Am **zwei Monate alten Embryo** beginnen sich die Geschlechtsmerkmale zu differenzieren. Er **zeigt erste Bewegungen**. Einen Monat später gähnt, räkelt und streckt sich der Fötus bereits

Der **sechs Monate alte Fötus** hat tägliche Wach- und Ruhephasen. Sein Gehirn verschaltet sich mit den Sinnesorganen. Er **erkennt erste Geräusche** wie Herzschlag und Stimme seiner Mutter

GEBURT

Das **Neugeborene** ist mit vielen Aufgaben konfrontiert: Es muss **eigenständig atmen**, Kreislauf und Verdauung regulieren sowie die Körperwärme stabilisieren. Trotz schwacher Muskeln zeigt es reflexartige Bewegungen

Im Alter von **drei Monaten** entwickelt der **Säugling** wichtige Funktionen im Zentralnervensystem und bildet einen eigenen Tag- und Nachtrhythmus aus. Dank wachsender Kraft im Oberkörper beginnt er den **Kopf aufrecht zu halten**

Mit **sechs Monaten** lernt das **Baby**, ohne fremde Hilfe zu sitzen. Die beginnende Kooperation der beiden Gehirnhälften ermöglicht ihm unter anderem das **beidhändige Greifen**

Um den **neunten Lebensmonat** erprobt das **Kind** erste Formen der Fortbewegung, um sich einem Gegenstand zu nähern. Es rutscht im Sitzen, rollt sich über den Boden und **krabbelt**

KÖRPER

	bis 1 Monat	bis 2 Monate	bis 3 Monate	bis 4 Monate	bis 5 Monate	bis 6 Monate	bis 7 Monate	bis 8 Monate	bis 9 Monate	bis 10 Monate
GEIST	Erkennt bereits nach wenigen Stunden **Stimme und Geruch** der Mutter / **»Intuitive Mathematik«**: kann zwischen zwei und drei gleichen Objekten unterscheiden	**Unterscheidet** das Gesicht der Mutter von anderen / Gewinnt Vorstellungen durch **Tastsinn**: erkennt seinen im Mund gefühlten Schnuller optisch wieder	Verfolgt zunehmend **Details und Bewegungen** / Versteht **Objektpermanenz**: weiß, dass Objekte nicht verschwinden, wenn sie verdeckt werden	Merkt sich Gelerntes eine Woche / **Erkundet** die Umgebung mit den Augen / Nutzt verstärkt die **Hand zur Wahrnehmung**	Zeigt vermehrt Interesse an seinem **Spiegelbild** / Hat dasselbe **Farbspektrum** wie ein Erwachsener	Untersucht gezielt Gegenstände **mit beiden Händen** / Versteht einfache **Rechenaufgaben** mit wenigen Objekten: reagiert erstaunt auf falsche Ergebnisse	Beginnt, der **Blickrichtung** eines Erwachsenen zu folgen	Erste Anzeichen für **Nachdenken** über Ursache und Wirkung	**Sucht jetzt aktiv** nach verstecktem Spielzeug / Beginnt **Funktionen** von Gegenständen zu begreifen: versucht, sie »richtig« zu nutzen	Kann noch nach 24 Stunden einfache, bei Erwachsenen beobachtete **Handlungen nachahmen**
SPRACHE	Kommuniziert durch **Schreien** / Zieht Laute der **Muttersprache** denen anderer Sprachen vor	Beginnt zu **gurren** / **Erster Austausch**: reagiert mit Lauten auf Ansprache	**Artikuliert Bedürfnisse** durch verschiedenartige Schreie / Beginn des **Lippenlesens**: Bringt Lippenbewegung mit Vokalen in Zusammenhang	**Reagiert unterschiedlich** auf freundliche und ärgerliche Stimmen / Kann **lächeln**, ahmt lallend vorgesprochene Vokale nach	Laute nehmen **muttersprachliche Färbung** an	Experimentiert mit verschiedenen **Betonungen und Tonhöhen** / **Unterscheidet Laute** fremder Sprachen besser als Erwachsene	Beginnt zu lallen, verdoppelt Silben zu **»dada« oder »baba«** / Reagiert auf seinen **Namen**	Begreift einfache **grammatikalische Regeln**: zieht Sätze mit sinnvollen Pausen vor	Brabbeln beginnt **sprachliche Züge** anzunehmen, Laute ähneln denen der Muttersprache / Versteht **»Nein«**	Reagiert auf **einfache Aufforderungen** / Kann **»Mama«** und **»Papa«** sagen
SOZIALVERHALTEN	Zeigt **Interesse an Gesichtern** / Imitiert Augenblinzeln und **Zungeherausstrecken** / Beruhigt sich, wenn es **auf den Arm** genommen wird	Entwickelt **soziales Lächeln**: reagiert auf menschliche Stimmen und Gesichter	Sucht oder meidet den **Blick des Gegenübers** / **Erwartet Interaktion**: Kommuniziert über Mimik, Gestik und Laute	Kann durch **Mimik** Entzücken, Traurigkeit und Überraschung zeigen	**Begrüßt Betreuer** durch Strampeln und Zappeln / Drückt Freude durch lautes **Lachen und Quietschen** aus	Beginnt, fröhliche oder ärgerliche **Stimmen** dem entsprechenden **Gesichtsausdruck** zuzuordnen	**Emotionale Bindungen** zu einer Person oder mehreren beginnen sich zu verstärken	**Fremdelt**: verhält sich unterschiedlich gegenüber vertrauten und unbekannten Menschen	**»Affektverstärkung«**: blickt in ungewohnten Situationen zur Vertrauensperson, um in deren Mimik zu lesen, wie es reagieren soll	Liebt **Versteckspiele** / Erkennt, worauf eine Person **emotional reagiert** / Zeigt **Zuneigung**

Stufen der Entwicklung

Die hier gezeigten Stufen der körperlichen, geistigen und sozialen Reifung des Menschen dienen als Orientierungshilfe. Fachleute erstellen damit ein Profil des aktuellen Könnens und Wissens eines Kindes und können auch Hinweise finden, ob dieses Kind in irgendeinem Bereich besondere Unterstützung braucht. Laien müssen dazu wissen: Es ist völlig normal, dass ein Kind mal mehr oder auch weniger kann, als die Tabelle vorgibt. Und je älter es wird, desto vielfältiger sind seine Entwicklungsvarianten. Sie spiegeln die Individualität des Kindes wider, seine Lebensgeschichte und seine Kultur

Von Martin Paetsch [TEXT] und Siegmar Münk [ILLUSTRATION]

Etwa im Alter von **zwölf Monaten** verfügt das Kind über die nötige Gelenkigkeit, Muskelkraft und Balance für einen wichtigen Entwicklungsschritt: Es **erlernt das selbstständige Laufen**

Dreijährige sind motorisch bereits so geschickt, dass sie Dreirad fahren können, springen, **auf einem Bein hüpfen** und Treppen steigen

Mit sechs Jahren, zur Zeit des Schuleintritts, meistert das Kind bereits schwierige Bewegungsabläufe. **Es fährt Fahrrad ohne Stützräder,** läuft Rollschuh und spielt Fußball

Mit **etwa zehn bis zwölf Jahren** setzt bei Mädchen die Pubertät ein: Durch die hormonelle Umstellung **wachsen Brüste und Hüften,** kurz darauf die Geschlechtsorgane. Die Menstruation setzt im Schnitt mit 12,2 Jahren ein

Ab etwa **zwölf Jahren** wachsen beim Jungen Muskelmasse und Geschlechtsorgane; mit durchschnittlich 12,5 Jahren hat er den **ersten Samenerguss.** Gegen Ende der Pubertät ist der Stimmbruch erfolgt

Im Alter zwischen 16 und 19 Jahren ist das Längenwachstum abgeschlossen. Mädchen erreichen die **Erwachsenengröße** etwa zwei Jahre früher als Jungen

GEO-Grafik

Wahrnehmung / Denken

bis 11 Monate	Schaut Bilder an und weist mit dem Finger auf Gegenstände / Kann einen **Gegenstand identifizieren,** wenn dessen Name genannt wird
bis 12 Monate	**Sehqualität** entspricht der eines Erwachsenen
bis 18 Monate	Entwickelt **Symbolspiel:** deutet Gegenstände und Personen zu Spielfiguren um
bis 2 Jahre	**Ich-Bewusstsein** ist entwickelt: erkennt sich selbst im Spiegel
bis 3 Jahre	Kann **Puzzlespiele** mit drei oder vier Teilen lösen / Interessiert sich für **mechanisches Spielzeug,** Lichtschalter und Geräte
bis 4 Jahre	Entwickelt Zeitverständnis und **autobiografisches Gedächtnis** / Begreift, dass verschiedene Menschen ein Objekt aus **verschiedenen Perspektiven** sehen
bis 5 Jahre	Versteht, dass sich **eigene Gedanken und Gefühle** von denen anderer Personen unterscheiden / Kann bewusst lügen
bis 6 Jahre	Kann zunehmend **Schein und Wirklichkeit besser trennen:** versteht etwa Verkleidung / **Merkfähigkeit** wächst nun langsamer
bis 7 Jahre	Hohe **Kreativität** / Entwickelt **Metagedächtnis:** ist sich bewusst, dass Erlerntes auch wieder vergessen werden kann
bis 8 Jahre	**Komplexes Denken:** erwägt mehrere Herangehensweisen an ein Problem; kann eine Handlung im Geist umkehren
bis 9 Jahre	**Metakognition** ist weit entwickelt: Nachdenken über die eigenen Gedanken
bis 10 Jahre	Zeichnet perspektivisch und dreidimensional
bis 11 Jahre	Kann Aufmerksamkeit **besser fokussieren** und irrelevante Informationen ausblenden / Beginnt, **Lernstrategien** zu entwickeln und anzuwenden
bis 12 / 13 Jahre	Anfänge des **formalen Denkens:** kann systematisch Hypothesen aufstellen und überprüfen, versteht abstrakte Konzepte, bewertet und erläutert eigene Denkprozesse / Mit der Pubertät beginnt die **Identitätssuche:** entwickelt differenziertes Selbstbild, entdeckt persönliche Vorlieben und Hobbys, zeigt vermehrt Selbstzweifel (vor allem Mädchen) und destruktives Verhalten (vor allem Jungen)
bis 16 Jahre	Zunehmende **geistige Flexibilität** und Fortschritte im abstrakten Denken, betrachtet Probleme aus vielen Perspektiven, beschäftigt sich intensiv mit politischen, sozialen und religiösen Themen / Ausgeprägte Identitätssuche: hinterfragt Meinungen und Konventionen, entwickelt **eigene Vorstellungen und Werte**
danach	**Identität** beginnt sich zu festigen / Plant und trifft Entscheidungen für die **Zukunft**

Sprache

bis 11 Monate	Beginnt, vorgesprochene **Wörter nachzuahmen**
bis 12 Monate	Beginnt, **erste klare Wörter** zu sprechen
bis 18 Monate	Vokabular: bis zu 20 **Wörter**
bis 2 Jahre	**Benennungsexplosion:** Erreicht 50-Wörter-Marke, danach rapide Aneignung neuen Vokabulars / Bildet **Sätze aus zwei Wörtern**
bis 3 Jahre	Erfreut sich zunehmend an **Reimen und Liedern** / Formuliert einfache, grammatikalisch **korrekte Aussagesätze** / Vokabular: etwa 300 Wörter
bis 4 Jahre	Kann grammatikalisch **korrekte Fragen stellen** und Sätze aus fünf bis sechs Wörtern bilden / Entwickelt **Kritzelschrift**
bis 5 Jahre	Erzählt **komplexere Geschichten** / Vokabular: bis zu **8000 Wörter**
bis 6 Jahre	**Gebrauchte Sprache** weitgehend korrekt / **Kommuniziert erfolgreich,** ohne über Sprache zu reflektieren
bis 7 Jahre	**Korrigiert Fehler** spontan während des Sprechens / Setzt Buchstaben und Laute in Beziehung: **schreibt, wie man spricht**
bis 8 Jahre	Wendet erste **Rechtschreibregeln** an
bis 9 Jahre	Beherrscht grundlegende Rechtschreibregeln wie **Großschreibung** am Satzanfang / Kann grammatikalische Fehler erklären
bis 10 Jahre	Entwickelt Verständnis für **Metaphern,** Doppeldeutigkeiten und Sprachwitz
bis 11 Jahre	Beherrscht, **Geschichten** auf einen Höhepunkt hin zu erzählen
bis 14 / 15 Jahre	Lernt, sein **Sprachverhalten** verschiedenen Situationen besser anzupassen / Eignet sich **Jugendsprache** an
bis 16 / 17 / 18 Jahre	**Verfeinertes Sprachverhalten:** Schilderung abstrakter Sachverhalte, gegliedertes Argumentieren, um eigene Standpunkte darzulegen / Deutscher Wortschatz von etwa **80 000 Wörtern**

Soziales

bis 11 Monate	Reagiert mit lebhaftem **Protest,** wenn ihm ein Lieblingsspielzeug weggenommen wird
bis 12 Monate	Lernt durch Nachahmung **neue Verhaltensweisen** wie Klatschen und Winken
bis 18 Monate	**Begrüßt** und umarmt vertraute Personen / Erste **Anteilnahme,** aber auch Verstellung / Beginn des **Trotzverhaltens**
bis 2 Jahre	**Spielt** mit anderen Kindern / Zunehmende **Unabhängigkeit** von den Eltern
bis 3 Jahre	Entwickelt Schuldgefühle, **zeigt Zuneigung** zu vertrauten Spielpartnern / Eigensinnigkeit lässt nach: **kann beim Spielen kooperieren**
bis 4 Jahre	Spielt gern **Rollenspiele** / Kann kooperieren, **teilen** und schenken / Spiel wird zum **Wettbewerb** / **Erste Freundschaften**
bis 5 Jahre	Möchte **Freunden gefallen,** lernt andere Ansichten kennen / Konzept von »Gut« und »Böse« ausgebildet
bis 6 Jahre	Organisiert **Gruppenspiele,** versucht, Konflikte zu lösen / **Identifizierung mit dem eigenen Geschlecht:** zeigt zunehmend typisches Verhalten
bis 7 Jahre	Lehrer und Mitschüler werden neue **Bezugspersonen**
bis 8 Jahre	**Vergleicht seine Leistungen** mit denen anderer / **Zunehmende Gruppenaktivität:** verstärktes Interesse an organisierten Spielen und Ausflügen / **Entwickelt tiefere Freundschaften,** hat aber wenig Kontakt zu Gleichaltrigen anderen Geschlechts
bis 12 Jahre	**Konflikte mit den Eltern** nehmen zu, Entfremdung gegenüber Zärtlichkeiten in der Familie / Wachsendes **Interesse am anderen Geschlecht** / **Cliquenbildung:** bemüht sich um Anerkennung in der Gruppe
bis 16 Jahre	**Ausgeprägtes Sozialleben:** besucht mit Freunden Partys, Clubs und Konzerte / Zunehmend **eigenständige Tagesplanung** und verantwortliches Handeln / Hat im Durchschnitt ab 15 Jahren **zum ersten Mal Sex** / Beginnende **Loslösung vom Elternhaus**

bindungen schon mit etwa acht Monaten, wie Hirnforscher wissen.

Dann lichtet sich das Gestrüpp der bis zu 100 Billionen Verknüpfungen wieder; bei Kindern und Jugendlichen sinkt die Zahl der Synapsen um etwa 20 Milliarden am Tag. Manche Signalwege sterben ab, andere werden durch Erfahrungen des Kindes verstärkt. Eine liebevolle Umarmung festigt etwa die Verbindungen im emotionalen Zentrum, dem limbischen System tief im Gehirn; aber auch Gefühlskälte hinterlässt dort ihre Spuren. Das Durchblättern eines Bilderbuches wiederum stärkt Verbindungen, die optische Signale leiten. Und häufig gehörte Laute legen im Schläfenlappen jene feingesponnene Grundlage, die es erlaubt, charakteristische Silben einer Sprache zu Wörtern zusammenzusetzen. All das ist prägend für die Persönlichkeit des Kindes.

DIE VORSCHNELLE ÜBERTRAGUNG neurowissenschaftlicher Erkenntnisse auf die Erziehung führt jedoch leicht zu Fehlschlüssen, wie Patricia Kuhl selbst erfahren hat. Als sie vor zehn Jahren das Forschungsergebnis veröffentlichte, wonach Babys Laute aller Sprachen erfassen, beschallten ehrgeizige Eltern ihre Kinder mit Sprachkassetten. Etwas bewirken konnte das nicht, wie Kuhl später mithilfe der amerikanischen Babys entdeckte, die Mandarin hörten. Denn Kleinkinder lernen die Nuancen einer Sprache nur im direkten Kontakt mit den Eltern und anderen Bezugspersonen. Hörten sie den Text vom Band oder aus dem Fernsehapparat, blieb der Effekt aus.

schen nicht, so Meltzoff, „in Tuchstücke gestopfte und auf Stühle drapierte Hautsäcke sind", sondern dass sie Gefühle haben, Körperwärme. Keine Software, kein elektronisches Spielzeug kann das ersetzen."

Um das zu erkennen, verfügen Kinder über ein verblüffendes Instrument: die Imitation. Bereits in den 1970er Jahren führte der Kognitionspsychologe ein Experiment durch, das auf einer eher respektlosen Geste basierte: Der Forscher streckte Babys die Zunge heraus. Als Reaktion taten selbst Neugeborene es ihm bald gleich, obwohl sie die eigene Zunge noch nie erblickt hatten und nicht einmal besonders scharf sehen konnten.

Meltzoff erklärt sich die Reaktion damit, dass Menschen die Fähigkeit

Der Entwicklungspsychologe Andrew Meltzoff von der University of Washington erforscht das Imitationsverhalten von Kleinkindern: Nachahmung ist eine der Grundvoraussetzungen für soziales Lernen

Strecken Sie einem Baby die Zunge heraus. Es wird sich bei Ihnen revanchieren

Kuhls Mann, Andrew Meltzoff, hat das nicht sonderlich überrascht. Schließlich erforscht er, wie der Umgang mit Menschen die Lernbemühungen von Babys und Kleinkindern fördert. Demnach finden diese ohne Probleme heraus, dass ihre Mitmen

zur Entdeckung ihrer sozialen Umwelt anzuregen: Gesichter und Mimik, eine Stimme, Hände, Körperwärme. Keine Software, kein elektronisches Spielzeug kann das ersetzen."

Nutzlos ist die weitere Grundlagenforschung dennoch nicht. So könnten deren Ergebnisse eines Tages helfen, Lernschwierigkeiten eines Kindes bereits im Laufstall zu entdecken. Schon Ende 2005 veröffentlichte Meltzoff eine Studie, mit der er zeigen konnte, dass neun- bis elfmonatige Kinder, sobald sie den Blick einer Bezugsperson folgen können, auch deren Sprache erlernen. Sagt etwa die Mutter „Schau mal, das Feuerwehrauto!" und folgt das Kind ihrem Blick, so begleitet es die Entdeckung des Fahrzeugs häufig mit einem glücklichen Ausruf. Hat es hingegen große Schwierigkeiten, die Blickrichtung seiner Mutter zu erkennen, ist das ein Hinweis auf Probleme beim Spracherwerb.

AUCH DAS ZÄHLENLERNEN wollen Wissenschaftler im Rahmen des NSF-Projekts erforschen. Etwa Daniel Ansari, der deutsche Kognitionspsychologe, der am Center for Cognitive and Educational Neuroscience am Dartmouth College in Hanover im US-Bundesstaat New Hampshire arbeitet. „Im Alter von drei Jahren können Kinder oft schon Zahlenfolgen aufsagen", erklärt Ansari, „sie wissen aber noch nicht, was Zählen bedeutet." Dies zu lernen sei viel komplexer, als gemeinhin angenommen.

zur Nachahmung angeboren ist. Dies erlaube den Kleinkind die Schlussfolgerung, dass hinter den Handlungen der Menschen Absichten stecken. Schritt für Schritt, so Meltzoff, entwickeln Kinder die Einsicht, dass ihre Mitmenschen geschaffen sind wie sie selbst. So wird auch verständlich, dass ein erst drei Jahre altes Kind mitunter seine Mutter mit einer Umarmung tröstet – und nicht nur als Egomane handelt, wofür Kleinkinder lange Zeit gehalten wurden.

Speziell fördern lasse sich die Entwicklung sozialer Kompetenz allerdings kaum, sagt Meltzoff: „Eltern haben alles, was nötig ist, um Kinder

Ansaris Forschung soll dazu dienen, eine Rechenschwäche früh zu diagnostizieren. Derzeit studiert er, auf welche Weise ein Kind die Kunst des Zählens meistert. Besuchern demonstriert er dazu gern eines seiner Experimente: Ein dreijähriges Mädchen sitzt an einem Tisch. Ihr gegenüber hält eine Kollegin eine Handpuppe, einen grauen Hasen mit großen Schlappohren. Zwei rote Schalen stehen vor dem Plüschtier, die eine ist leer, die andere mit kleinen Plastikdinosauriern gefüllt.

Das Mädchen soll dem Tier eine bestimmte Anzahl Plastiktiere in die

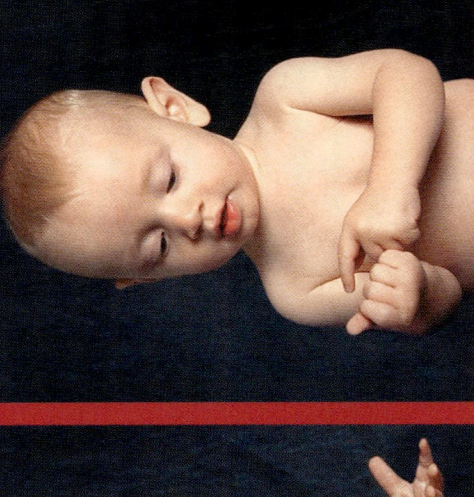

In den Handbewegungen von Babys – hier ein sechs Monate altes Kind – spiegelt sich der charakteristische Rhythmus der Sprache, die sie tagtäglich hören. Das entdeckte Laura-Ann Petitto vom amerikanischen Dartmouth College. Ein wichtiger Hinweis darauf, wie wertvoll Reime, Rhythmusspiele und der elterliche Singsang für den Spracherwerb sind

leere Schale legen – erst zwei, dann drei, vier, fünf und so weiter. Bis zur Zahl drei nimmt das Mädchen die Menge an Figuren sicher heraus. Ab vier greift es jedoch wahllos eine Hand voll – wie die meisten gleichaltrigen Kinder, die an der Untersuchung teilgenommen hatten. Für Ansari heißt das: Kleine Zahlmengen nehmen Kinder schon frühzeitig auf einen Blick wahr. „Simultanerfassung" nennt der Forscher das. Dreijährige haben jedoch keine Vorstellung davon, wie Zahlbegriff und Menge mathematisch zusammenhängen. Erst im Laufe der Zeit lernen sie, dass man beim Zählen etwa von Spielzeugfiguren jeder Einzelnen eine unterschiedliche Zahl zuordnet und dass die letzte die Gesamtmenge bezeichnet.

Ansaris Erkenntnisse weisen darauf hin, dass Kinder, die kleine Mengen optisch rasch abschätzen können, auch schneller lernen, richtig zu zählen. Wie das im Einzelnen zustande kommt, ist noch unklar – und eine jener Fragen, die Ansari beantworten will. Der Psychologe geht davon aus, dass diese Kinder frühzeitig die Verbindung zwischen Menge und Zahlwort herstellen. Damit sei auch ein Fundament gelegt, einfache Rechenoperationen wie Subtraktion und Addition zu begreifen.

Tanzen, Musizieren, zwei Sprachen beherrschen – und die dritte wird einfacher?

Kinder, denen Mathematik in der Grundschule schwer fällt, können – wie andere Untersuchungen belegen – oft schon die Anzahl kleiner Mengen nicht benennen; vielleicht ist ihre Simultanerfassung gestört. „Erkennt man dieses Problem rechtzeitig, lässt sich die Fähigkeit womöglich noch trainieren", sagt Ansari.

NICHT IMMER BEDARF ES psychologischer Grundlagenforschung, um tragfähige pädagogische Konzepte zu entwickeln. Mitunter reicht schon der Vergleich von Versuchsgruppen, um die beste Unterrichtsstrategie zu erkennen. Auf diese Weise erforscht die Neuropsychologin Laura-Ann Petitto, nur wenige Türen von Ansari entfernt, den Einfluss von Musikunterricht und frühem Erwerb einer Fremdsprache auf das Erlernen einer Drittsprache. Die bisherigen Ergebnisse ihrer Studie zeigen: Wer zweisprachig aufwächst und dazu früh ein Musikinstrument intensiv zu spielen lernt, der eignet sich auch weitere Sprachen vergleichsweise leicht an. Der Studie zufolge muss es aber nicht unbedingt ein Instrument sein; Tanzunterricht kann eine ganz ähnliche Wirkung entfalten (siehe auch Seite 152).

Demnächst will Petitto den Gehirnen ihrer Versuchspersonen mithilfe

Der deutsche Kognitionspsychologe Daniel Ansari beobachtet, ob das Klein-kind mit Symbolen dargestellte Zahlmengen unterscheiden kann

der funktionellen Magnetresonanz-Tomographie beim Lernen zusehen und so die beteiligten Gehirnareale näher erkunden. Eine Erklärung für ihre vorläufigen Ergebnisse hat sie schon: „Wer tanzt oder ein Musikinstrument spielt, muss seine Aufmerksamkeit rasch umstellen und Eindrücke verarbeiten können – eine generelle Fähigkeit, die auch für den Spracherwerb wichtig ist."

Sollten deshalb zweisprachige Kindergärten und Instrumentalunterricht Pflicht werden? „Es geht nicht darum, Menschen vorzuschreiben, wie sie ihre Kinder erziehen sollen", sagt Petitto. „Wir wollen überhaupt erst einmal Möglichkeiten aufzeigen, wie man Kinder fördern kann."

AUCH OHNE VERBORGENE Gehirnwindungen auszuloten, lässt sich an der Verbesserung des Lernens feilen. Wie wäre es mit einem Klassenzim-

mer, in dem jeder Schüler einen eigenen Lehrer hat? Einen, der nicht aus der Haut fährt, wenn der Schüler einen Fehler wiederholt. Der jeden Fortschritt mit Wohlgefallen betrachtet und Fehler geduldig korrigiert. Diese Vision versucht der Computerwissenschaftler und Psychologe Ken Koedinger am NSF-geförderten „LearnLab" zu verwirklichen.

Sein Team von der Carnegie Mellon University in Pittsburgh im US-Bundesstaat Pennsylvania hat bereits mehrere Jahre lang die Lernschritte von Kindern und Jugendlichen beim Lösen mathematischer Aufgaben erforscht. „Wer über ein mathematisches Problem nachdenkt, verfährt meist sprunghafter, als es der formale Lösungsweg auf dem Papier nahelegt", erklärt Koedinger. Von dieser Erkenntnis ausgehend, hat sein Team den virtuellen „Cognitive Tutor" entwickelt, ein Lernprogramm, das Schülern hel-

fen soll, sich besser in Algebra und Geometrie zurechtzufinden.

Offenbar mit Erfolg. Bereits mehr als 1800 Schulen in den USA nutzen die Software-Hilfe ergänzend zum Unterricht. Eine der Schulen liegt nur wenige Kilometer vom Campus der Carnegie Mellon University entfernt: im Pittsburgher Stadtteil Wilkinsburg, einem ärmlichen Schwarzenviertel. Die Schulen hier müssen alljährlich staatliche Leistungsstandards erfüllen, sonst drohen Konsequenzen bis zur Schließung.

Weiß ein Schüler nicht weiter, gibt der virtuelle Hilfslehrer Denkanstöße

Die Wilkinsburg Middle School und die im gleichen Gebäude befindliche High School hinken den Anforderungen hinterher. Der „Cognitive Tutor" für Algebra soll nun die Lehrqualität verbessern helfen. Den entwickeln Koedinger und seine Forschungsgruppe an diesen und anderen Schulen weiter – neben Hilfsprogrammen für Physik, Chemie und Geometrie. Als Gegenleistung erhält die Schule das Software-Paket kostenlos.

In Aktion zu erleben ist der virtuelle Hilfslehrer in einem Computerraum mit grauem Teppich, blauen Plastikstühlen und Neonröhren. Die Tafel an der Stirnseite ist blank wie die weiße Wand. An den Tischen sitzen 20 Mädchen und Jungen der 7. Klasse und blicken auf die Bildschirme. Dort sehen sie mehrere Fenster: eines zeigt die Aufgabenstellung; in ein weiteres tragen sie die Rechenergebnisse ein; das Dritte bewertet die Leistung – grüne Balken, die sich in Gold verfärben, sobald ein Lösungsschritt oder gar die Lösung selbst gefunden ist, eine Art „Wissensthermometer".

Ein Junge brütet still über der Frage, wie weit ein Schwertransporter, der mit 20 km/h über die Autobahn kriecht und bereits 100 Kilometer hinter sich hat, in weiteren zwei Stunden gefahren sein wird. Terry Schnur, der Mathematiklehrer, steht hinter dem

Schüler und gibt Tipps, wie dieser die Software nutzen kann.

Sie ersetzt den regulären Mathematikunterricht nicht, ergänzt ihn aber. Kommt ein Schüler nicht weiter, kann er das Programm um abgestufte Hinweise bitten, die von allgemein formulierten Denkanstößen – Wie kürzt man einen Bruch? – bis zur Preisgabe der Lösung reichen. Doch stets den Weg des geringsten Widerstands zu gehen ist nicht ratsam – klickt sich der Schüler einfach zum Ergebnis durch, registriert das Wissensthermometer das, und die Bewertung fällt rasch in den Keller.

Schnur ist begeistert von der Software, mit der er seit drei Jahren arbeitet: „Der Tutor fördert die Schüler gezielter, als ich es bei so vielen Kindern allein je könnte, und er informiert über den genauen Leistungsstand jedes Kindes." Tests haben gezeigt, dass Schüler mit den virtuellen

Ken Koedinger, Computerwissenschaftler, hat ein Lernprogramm entwickelt, das Schülern helfen soll, sich Algebra und Geometrie leichter anzueignen

Helfern um 50 Prozent schneller Algebra lernen, als es in einer Kontrollgruppe ohne die Lernsoftware gelingt; außerdem verbessert sie die Leistung – gemessen an der Zahl korrekter Lösungen – um bis zu 25 Prozent. Gute Aussichten für die Schüler von Wil-

kinsburg – vorausgesetzt, sie erscheinen überhaupt zum Unterricht. „Einige kommen aus schwierigen Familienverhältnissen", sagt der Lehrer knapp.

FÜR VERLÄSSLICHE ANTWORTEN

auf viele Fragen der Lernforscher ist es noch zu früh. Und von einer Neuausrichtung des Lernens in den Familien, an Kindergärten und Schulen sind die Wissenschaftler sicherlich noch Jahre entfernt. Doch der Optimismus der Amerikaner ist fast grenzenlos: „Die Ergebnisse der Lernforschung", sagt Joseph Bordogna, stellvertretender Direktor der NSF, „werden in den nächsten Jahrzehnten unser Erziehungssystem fundamental verändern." □

Hubertus Breuer, 38, lebt als freier Wissenschaftsjournalist in New York. Im Gespräch mit Ken Koedinger stellte er fest, dass es mit den eigenen Kopfrechenkünsten offenbar nicht mehr weit her ist. Zurück im Büro, hat er deshalb einen „Cognitive Tutor" auf seinem Computer installiert.

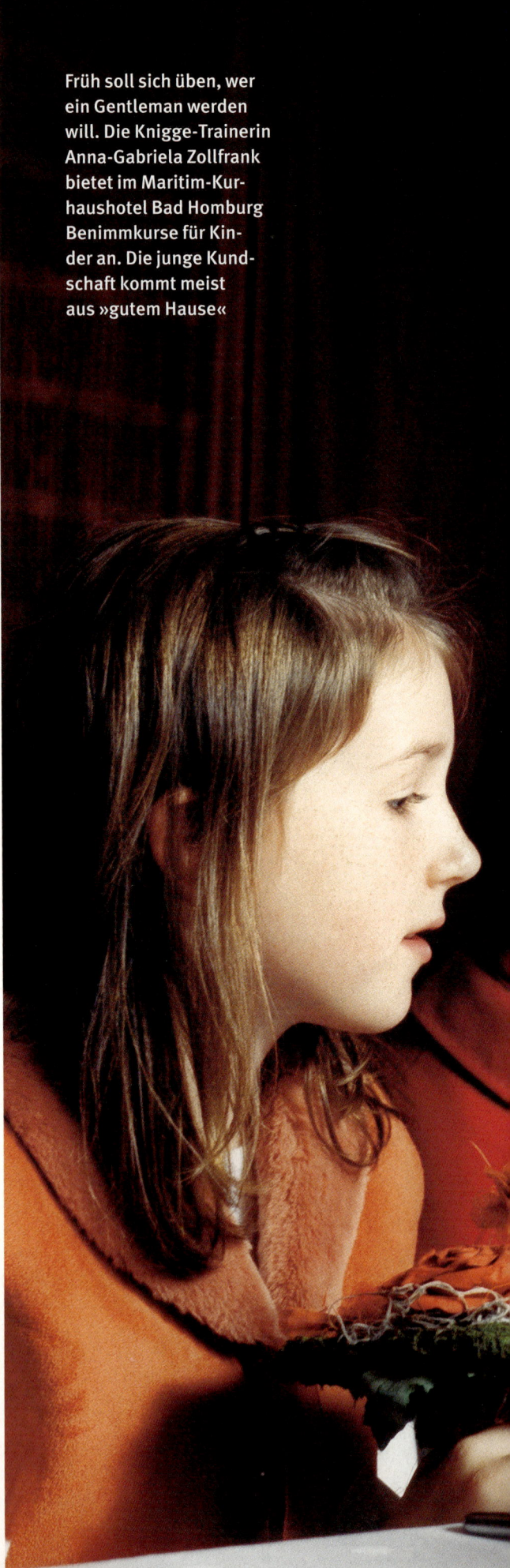

DER KULT UM DIE KLEINSTEN

»Baby-Einstein«, Kinder-Wellness, Früh-Englisch: Wenn es um die Zukunft ihres Nachwuchses geht, lassen manche Eltern wenig aus. Die Geschäfte mit dem Ehrgeiz blühen, doch Hirnforscher und Psychologen warnen vor übertriebener Frühförderung und raten zu mehr Intuition statt Instruktion

VON URSULA OTT (TEXT) UND MANFRED JARISCH (FOTOS)

Großeinsatz in Bergisch Gladbach. „I am running", ruft eine junge Mutter mit übertrieben artikulierter Stimme und rennt durch die frisch renovierten, in sanftem Gelb gestrichenen Räume der „Helen Doron Early English"-Schule. „One – two – three", deklamiert wenig später der Lehrer und hüpft schwitzend durch Hula-Hoop-Ringe. „This is my mouth", singen schließlich alle Erwachsenen und fassen sich an den Mund.

Fünf Kinder sitzen derweil auf bequemen Kissen am Boden und beobachten ungerührt, wie ihre Mütter sich abmühen. Ein Mädchen ist gerade erst aus dem Mittagsschlaf erwacht, ein anderes wurde per Taxi vom Spielplatz in die Sprachenschule gefahren, ein weiteres ist auf den Arm der Mutter geflüchtet.

Das Laufen fanden sie alle prima; durch die Ringe sind sie nur zögerlich gehüpft; „one – two – three" aber sagt keines der Kinder. Wie auch: Noch beherrschen sie das „eins – zwei – drei" nicht einmal in ihrer Muttersprache. Die Kinder sind zwischen zwei

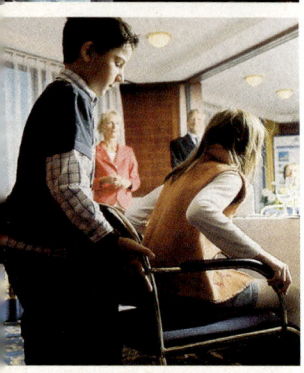

Wie überreiche ich Blumen? Soll ich ihr bei Tisch helfen, bequem Platz zu nehmen? Wann sage ich danke? Fragen, die am Ende des Trainingstages beantwortet sein wollen

und drei Jahre alt. Durch die „Beschallung" mit englischen Vokabeln, so der Lehrer, bilden sich neuronale Netze im Gehirn – „je früher, desto besser".

Unter diesem Motto hat sich in Deutschland ein unüberschaubarer Markt an Fördermaßnahmen entwickelt. Um Babys ab vier Monate will sich die Yamaha-Musikakademie kümmern, ab sechs Monate geht es zum Früh-Englisch, ab vier Jahre auf die Kumon-Mathematikschule. So sollen schon die Kleinsten fit gemacht werden für die Zukunft.

Für eine Zukunft, die vielen Eltern Sorgen bereitet: zu wenige Arbeitsplätze, Globalisierung, schlechtes Schulsystem. „Ich will bei meinem Kind nichts versäumen", sagt eine Mutter im Early-English-Kurs. „Ich habe es spät bekommen, und es wird auch bei einem Kind bleiben – ihm will ich alles bieten." Am liebsten, sagt sie, würde sie auch noch einen Spanisch- und einen Französisch-Kurs buchen für ihre dreijährige Tochter: „Für mich ist das Liebe, die ich weitergebe."

AN DIESER LIEBE verdient mittlerweile ein florierendes Gewerbe. Allein die über 40 Helen-Doron-Center, die in Deutschland seit 1999 im Franchise-System gegründet wurden, haben mittlerweile 30 000 Kleinkinder geschult. „Früh-Englisch ist absolut im Trend", sagt Ulrich Bonnet, 35, der sich Master Franchisor nennt. Der Center-Leiter in Bergisch Gladbach hat an den Elite-Universitäten im kalifornischen Berkeley und in Oestrich-Winkel studiert und für die „geniale Geschäftsidee" einen gut dotierten Job beim Autovermieter Avis aufgegeben.

Ulrich Bonnet ermittelte bei der Nürnberger Gesellschaft für Konsumforschung die Landkreise und Städte mit der höchsten Kaufkraft. Bergisch Gladbach

stand ganz weit oben. Also zog er mit Frau und seinen zwei Kleinkindern in die Stadt unweit von Köln. Und tatsächlich, an Kundschaft fehlt es nicht: darunter eine Unternehmergattin, die ihre zweijährige Tochter vorsorglich in Englisch schulen will, falls die Firma ihres Mannes in die USA expandiert; aber auch die alleinerziehende Verkäuferin, die sich die 39 Euro Monatsgebühr plus Unterrichtsmaterial für eine Stunde pro Woche mühsam zusammensparen muss. Ihre Motivation: „Damit mein Kind es mal leichter hat als ich."

Franchise-Nehmer Bonnet hat schon neue Pläne. Ist die ambitionierte Eltern-Klientel erst einmal auf den Geschmack gekommen, könnte man ihr auch eine Rückenschule anbieten: „Sport ist das erste Fach, was an deutschen Schulen ausfällt", so Bonnet. Früh-Mathematik und Yoga seien auch nicht schlecht. Und Baby-Massage. Die gebe es zwar schon, „aber im Keller von Altenheimen. Das wollen die Leute heutzutage nicht mehr."

Findige Hoteliers bieten sogar „Baby-Wellness" an. Im Maritim-Hotel im nordhessischen Kurort Bad Wildungen beispielsweise kostet das Kennenlern-Paket für junge Familien 295 Euro. Für 60 Euro im Angebot: eine Baby-Einzelbehandlung, „Zielgruppe: ab Geburt bis Kleinkindalter", heißt es im Prospekt. „Ausgebildete Fachkräfte" behandeln die Babys mit „zertifizierten Naturprodukten". Die wissenschaftliche Überhöhung darf nicht fehlen: Durch die „ausgesuchte Massagetechnik", so heißt es, würden die kindliche Entwicklung gefördert, der Stoffwechsel angeregt und die Gehirnentwicklung auf Touren gebracht.

Überhaupt, das Gehirn. Es lässt sich anscheinend nicht früh genug optimieren. Zum Beispiel mit der Produktserie „Baby Einstein": Bereits im Mutterleib, spätestens aber von Geburt an sollen die Kleinsten etwa mit Vivaldis „Vier Jahreszeiten" beschallt werden; mit einer Version – „speziell für Babys arrangiert" –, deren Tonlage an eine Spieluhr erinnert. Ab einem Alter von neun Monaten empfiehlt Verlagsleiter Gerhard Oberstebrink die DVD „Baby van Gogh". Damit sollen der Klientel die gelben Sonnenblumen des niederländischen Malers per Bildschirm nahe gebracht werden. „Das ist besser als ‚Tele-Tubbies'", meint Oberste-

Wozu an die frische Luft? Bäume, Wolken und Meer lassen sich auch auf »Entdeckerkarten« betrachten

brink. „Es kann ja nicht schaden, wenn Kinder schon früh mit vernünftigen Sachen konfrontiert werden." Selbst Bäume, Wolken und Meer müssen Kleinkinder nicht unbedingt im Original sehen. Dafür gibt es „Entdeckerkarten" aus Pappe. „Für die Kinder ist das Beste gerade gut genug", zitiert der Verlag der „Baby-Einstein"-Reihe keinen Geringeren als Johann Wolfgang von Goethe.

Als „Outsourcing von Erziehung" geißelt der Innsbrucker Kinderpsychologe Heinz Zangerle die zunehmende Kommerzialisierung und Verwissenschaftlichung der Kindheit. Eine Baby-Massage beim Fachmann vermittle den Eltern die Botschaft, dass selbst „das einfache Berühren eines Kindes ... eine höchst komplexe Fertigkeit ist, die nur durch Erlernen einer Technik adäquat zu beherrschen ist". Das schade der intuitiven Erziehung.

Und gerade diese Intuition ist entscheidend für die frühkindliche Förderung, hat die englische Psychologin Elizabeth Meins

Zum Vier-Gänge-Menü mit Traubensaft und Schnitzel gibt es gute Ratschläge. Etwa den, mit dem Besteck nicht in der Luft herumzufuchteln

Wellness für einen
Kindskopf: Im »ersten
österreichischen
Kids-Beauty-Center« im
Sporthotel Achensee
in Achenkirch können
sich schon Grund-
schüler von des Lebens
Last erholen

von der Universität Durham nachgewiesen. Wenn Mütter die Stimmungen und Bedürfnisse ihrer Babys richtig deuten, können diese ihren Gefühlen und Gedanken besonders gut Ausdruck verleihen und sich besser entwickeln. Die emotionale Intelligenz der Mütter sei in den ersten beiden Lebensjahren wichtiger als die Bildung, der Status oder das Einkommen der Eltern.

Jungen und Mädchen machen die Erfahrung, dass sie den Ansprüchen ihrer Eltern nicht genügen

„Kinder dürfen nicht programmiert werden", bestätigt der Siegener Pädagogik-Professor Hans Brügelmann. Die meisten seien von sich aus neugierig. Aber statt den Wissensdurst der Kinder zu stillen, „werden wir ihnen lästig mit unseren ständigen pädagogischen Angeboten und Kursen". Mehr Intuition statt Instruktion fordert auch Elsbeth Stern vom Berliner Max-Planck-Institut für Bildungsforschung: „Eltern müssen wieder lernen, darauf zu reagieren, was ihr Kind möchte." Und ihm nicht ständig neue Angebote machen – zumal deren Nutzen bislang in keiner Weise erforscht sei. Die renommierte Forscherin zweifelt an jenem Motto, das unausgesprochen fast jeden Kinderkurs rechtfertigt: „Was Hänschen nicht lernt, lernt Hans nimmermehr."

Plausibel ist das nur auf den ersten Blick: In den frühen Lebensjahren sind tatsächlich viele Neuronen miteinander verbunden. Später lösen sich ungenutzte Verbindungen wieder auf. Für den Spracherwerb heißt das: Als Babys können Kinder noch alle der weltweit bekannten 200 Sprachlaute erkennen. In jeder Sprache werden aber nur 30 bis 40 genutzt. Diese Spezialisierung führt zur Verstärkung genutzter Neuronenverbindungen und zum Abbau ungenutzter. Deswegen

können viele Erwachsene auch nicht mehr die richtige Aussprache des englischen „th" lernen.

Soll man Kinder also so früh wie möglich mit Fremdsprachen traktieren? „Ich würde dringend davon abraten", meint Elsbeth Stern. „Ich bin mir ziemlich sicher, dass solche Kinder niemals ordentlich sprechen lernen würden." Stern zieht eine Analogie zur Tierforschung: Öffne man Vogeleier frühzeitig, sähen die Tiere zwar besser als solche, die sich selbst von der Schale befreiten. Dafür könnten sie nicht hören. Denn jene Nervenzellen, die für das Hören zuständig waren, seien zu früh fürs Sehen umfunktioniert worden. Gegen eine natürlich entwickelte Zweisprachigkeit – wenn etwa der Vater Englisch spricht und die Mutter Deutsch – sei nichts einzuwenden; nur sollten die Eltern nicht laufend zwischen den Sprachen wechseln.

ALSO LIEBER ABWARTEN mit der Frühförderung? Geduld scheint vielen Eltern und Erziehern heutzutage schwer zu fallen. Ein Kind, das keine schönen Häuser malt, kommt in die Ergotherapie. Wer keine geraden Sätze spricht, wird beim Logopäden angemeldet. Und wer mit fünf noch ins Bett macht, wird zur Reittherapie geschickt.

Durch übertriebene Förderung leide die Eltern-Kind-Bindung, warnt der Göttinger Hirnforscher Gerald Hüther. Mit Sorge sieht er die „Instrumentalisierung der Kinder zur Erhöhung des eigenen Selbstwertes". Der Erwartungsdruck der Eltern führe zur „Angst des Kindes, es den Eltern nicht recht zu machen". Das sei „eine negative Lernerfahrung, die das Hirn speichert".

Die Erfahrung, nicht gut genug zu sein, macht etwa in Zürich mittlerweile die Mehrheit der Kinder, wie eine Untersuchung der dortigen Universität ergab (vergleichbare Zahlen für Deutschland gibt es nicht). Demnach erhielten 57 Prozent der Schülerinnen und Schüler bis zur 3. Klasse bereits eine Therapie, gingen zum Logo- oder Motopäden oder zum Rechenkurs. In den letzten zehn Jahren hat ihr Anteil um zehn Prozent zugenommen – ohne dass sich die Förderbedürftigkeit erhöht hätte. Im Gegenteil. „Kinder werden immer schlauer", sagt Remo Largo, der die Abteilung Wachstum und Entwicklung am Kinderspital Zürich geleitet hat. Der Intelligenzquotient der Kinder steige permanent, lediglich die Sprachkompetenz nehme ab.

Warum also die Förderwut? „Das ist auf die Existenzangst der Eltern zurückzuführen und ihre abnehmende Toleranz gegenüber Kindern, die langsamer oder einfach anders sind", meint Remo Largo. „Zudem können die Lehrer nicht mit der Unterschiedlichkeit der Kinder umgehen und weisen sie immer schneller in Sondermaßnahmen ab."

Viele der kleinen Patienten, die beim Essener Allgemeinmediziner Gerhard Otto in Behandlung sind, haben schon erstaunliche Schulerfahrungen hinter sich. Ein Kind bekam von seinem Lehrer immer wieder „Du bist ja eh doof" zu hören. Ein anderes musste in einem Grundschuljahr fünf Lehrerwechsel verkraften. Zu Dr. Otto kommen sie, weil sie hyperaktiv sind, schlecht schreiben oder lesen können. Otto behandelt sie mit seiner „Sunflower-Therapie" – einer aus England importierten Kombination aus klassischer Homöopathie, den alternativen Heilmethoden Kinesiologie und Osteopathie sowie dem Verhaltenstraining NLP.

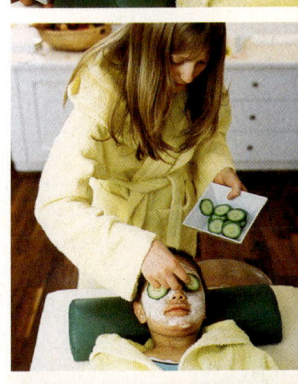

Peeling, Gesichtsmaske, Ernährungsberatung: Angesichts solcher Angebote kann schon mal die Sicht auf Wichtiges verloren gehen

Stricken war gestern, heute knüpfen Mütter lieber neuronale Netze für ihre Kinder: Die »Helen Doron Early English«-Schule in München-Gilching bietet »Bodybuilding« fürs Gehirn an – wie inzwischen 40 weitere dieser im Franchise System entstandenen Institute

Der kleine Sascha liegt auf der Pritsche und soll einen Kugelschreiber aufnehmen. Mit einem Griff zum Oberarm kontrolliert Otto die Muskelanspannung in Saschas Bizeps – sie ist schwach. Denn Kuli bedeute für Sascha „schreiben", und dabei, erklärt ihm der Arzt, „schaltet dein Gehirn ab". „Sollen wir es wieder anknipsen?", fragt Otto. Sascha nickt. Otto zieht, drückt und dreht an Saschas kleinem Körper. Noch einmal macht er den Muskeltest, und plötzlich scheint Sascha wieder Kraft im Arm zu haben. Trotz des Kugelschreibers.

Freizeit haben, lesen, einfach rumhängen? Dafür ist im Terminkalender vieler Kinder kein Raum

Wunderheilung? Hokuspokus? Die Eltern, die eine stundenlange Anfahrt und 80 Euro Honorar pro Behandlung in Kauf nehmen, sind dankbar. Sie berichten, dass die Kinder in der Schule mehr leisten, das sie das Medikament Ritalin gegen Hyperaktivität absetzen konnten. Vielleicht hilft allein schon, dass den Kindern endlich einmal jemand zuhört. Ihnen drei Tage die Cola verbietet, sie zum ersten Mal seit langem ausdrücklich lobt oder dass jemand mit Autorität der alleinerziehenden Mutter zuredet, sich nach der Heimkehr von der Arbeit fünf Minuten Ruhe zu gönnen, bevor die pubertierenden Söhne an der Reihe sind.

Die meisten kleinen Patienten von Dr. Otto gehen zusätzlich zur Nachhilfe, manche auch zur Ergotherapie, viele haben einen dicht gedrängten Terminkalender. Mehr Zeit denn je, kritisiert der Innsbrucker Psychologe Zangerle, verbringen Kinder in „organisierten, von Erwachsenen beaufsichtigten Aktivitäten". Vor der Haustür Fußball spielen, einfach nur im Zimmer herumhängen, Musik hören, sich auch mal zu langweilen – das war gestern.

Inzwischen ist Nachhilfe der größte Zeitfresser: Jeder zweite deutsche Schüler muss irgendwann Sonderschichten einlegen, etwa bei einem der 3000 privaten Institute. Über zwei Milliarden Euro zahlen Eltern dafür im Jahr.

OB SICH DER AUFWAND lohnt? Die jüngste Pisa-Studie hat ergeben: Kinder aus oberen sozialen Schichten haben gegenüber solchen aus Facharbeiterhaushalten bis zu sechsfach höhere Bildungschancen – vor allem, weil sie ohnehin vom Schulsystem bevorzugt werden.

Zur zusätzlichen privaten Unterstützung gehört weit mehr als Englisch, Rechtschreibung und Mathematik. Auch die so genannten Soft Skills sollten trainiert werden, meint die Knigge-Trainerin Anna-Gabriela Zollfrank. „Wer rechtzeitig lernt, sich korrekt zu benehmen, hat es im Leben später leichter."

Es ist durchaus nützlich, was sie den fünf Jungen und zwei Mädchen zwischen acht und 14 Jahren an einem Nachmittag im Maritim-Kurhaushotel in Bad Homburg nahe bringt: beim Essen mit dem Messer nicht herumzufuchteln, den Tischnachbarn nicht zu unterbrechen, das Handy auszuschalten.

Doch ganz freiwillig scheint an diesem sonnigen Samstagnachmittag keines der Kinder hier zu sein: Chiara ist müde vom Tennis-Match, Christian fühlt sich nicht wohl im gebügelten Hemd und dem blauen Jackett. Aber seine Mutter ist sich sicher: „Es hilft, wenn ihm mal jemand anderes sagt, dass er nicht ständig das letzte Stück Brot aus dem Korb nehmen soll."

Mit Schoko-Talern als Belohnung sammeln die drei „Teams"

Knigge-Punkte. Artig üben sie, dass man weder „Klo" noch „Toilette" sagen darf. Dass man einer Dame, wenn sie von jenem Ort ohne Namen an den Tisch zurückkehrt, den Stuhl zurechtrückt. Und Dominik bietet von sich aus an: „Ich halte eine Tischrede."

„Die Kinder kommen durchweg aus gutem Hause", sagt die Knigge-Lehrerin Anna-Gabriela Zollfrank. Eigentlich schade – nötiger hätten das Höflichkeits-Training jene Kinder, bei denen zu Hause nicht nur das Handy, sondern auch der Fernsehapparat angeschaltet bleibt. Um die Eltern auch solcher Kinder hat sich Zollfrank mehr als 20 Jahre lang gekümmert, ihnen Small Talk und Manieren beigebracht. Dann aber, 2004, hat sie Kinder als Zielgruppe entdeckt.

Und wenn angesichts rückläufiger Kinderzahlen die potenzielle Kundschaft wieder schwindet? Im Maritim-Hotel Bad Wildungen, wo Baby-Wellness boomt, wurde bereits der nächste Trend ausgemacht: „Vierbeiner-Reha". Was dem Kind nutzt, kann dem Hund nicht schaden: Ganzkörper-Massage, Bewegungsübungen und Vorsorge-Check, auf Wunsch auch für Welpen. Fehlt nur noch, dass Junghunde Früh-Englisch bellen lernen. □

Was will die Tante von mir? Die Helen-Doron-Lehrkraft Carolin Schweisfurth redet in Englisch auf das Kind ein

Ursula Ott, 42, bemühte sich vergebens, ihren beiden Kindern einige der beschriebenen Fördermaßnahmen schmackhaft zu machen. Die „Baby Einstein"-DVD fiel als „stinklangweilig" durch. Und ein Benimmkurs kam gar nicht erst infrage. Kommentar ihres Sohnes Leo, 8: „Damit nervst du uns morgens beim Frühstück schon genug."
Der Fotograf **Manfred Jarisch**, 39, ist erst seit kurzem Vater und angesichts der zahllosen Frühförderungs-Angebote überwältigt.

 **(Heshun)**

Die Ausnahme: Eine ordentliche Wandtafel, Steinfußboden, Heizung, Fenster und genügend Kreide – die Grundschule des Dorfes Heshun zeigt, dass den Einwohnern Bildung besonders viel wert ist

 **(Weizhuba)**

Die Regel: In der Grundschule von Weizhuba pfeift der Wind durchs Klassenzimmer. Lehrer und Eltern mussten selbst die Tafeln mit ärmlichen Mitteln anfertigen – aus schwarz angemalten Holzbrettern

Für Millionen chinesische Familien ist das Schulgeld für die Kinder der größte Haushaltsposten. GEO WISSEN hat den Alltag zweier Grundschüler in der Provinz begleitet. Wohlstand ist beiden fremd. Aber der eine, Li Gengming, hat das Glück, in einer Vorzeigegemeinde zu wohnen. Der andere, Yu Yonghai, lebt in einem typischen Dorf

DER HARTE WEG FÜR
CHINAS SCHÜLER

VON HENRIK BORK (TEXT) UND SHUJIN LIU (FOTOS)

Es ist noch dunkel an diesem Tag, als Li Gengming früh um halb sieben zur Schule aufbricht. Der Erstklässler bückt sich nach seinem rosafarbenen Tornister mit Mickymaus-Motiv, der auf dem gestampften Lehmboden der Bauernkate liegt, steigt über die Türschwelle in den Hof und schaltet seine Taschenlampe ein. In ihrem Lichtkegel zeichnen sich ein prall mit Reis gefüllter Sack und zwei rötlich leuchtende Punkte ab – die Augen des Hofhundes.

Der Schulweg des Siebenjährigen führt über steil ansteigende, mit rauen Lavasteinen gepflasterte Gassen. Um den Ackerboden in der Ebene nicht als Wohngebiet zu vergeuden, haben die Bauern die Häuser des über 500 Jahre alten Dorfes Heshun eng an einen Hügel gebaut. Hoch oben, wie auf einem Ehrenplatz weit über den Reisfeldern, Ententeichen und Ziegeldächern, thront die zweistöckige Zhongxin-Grundschule. Sie ist auffällig groß, mit weißen Kacheln verblendet und solide gebaut. Weithin sichtbar kündet sie von einer Tradition, für die dieses Dorf

Universität", sagt Zhen Jiben, Vizedirektor des Erziehungsamtes im Kreis Tengchong. Etwa einem Dutzend weiterer Schüler gelingt der Wechsel an Lehrerbildungsstätten oder andere höhere Lehreinrichtungen. „Das sind weit mehr Kinder als im Landesdurchschnitt", sagt der Beamte stolz.

LI GENGMING BEGINNT seinen Schultag mit dem Frühstück. Hinter dem Hauptgebäude hockt er sich auf den geteerten Boden neben dem Küchenausschank und schlürft eine Schüssel Xidoufen – mit Sojasauce, Sesam und Chiliöl gewürzte Maisnudeln. Das Essen ist einfach und nicht besonders nahrhaft. Das war in dieser entlegenen Gegend Chinas schon immer so, und darin liegt paradoxerweise ein Grund für die Wissbegier der Menschen von Heshun.

Schon kurz nach der Gründung des Ortes in der Ming-Zeit konnten die Reisfelder der Ebene nicht mehr alle Einwohner ernähren. Trotz der fruchtbaren Böden, die jene sanft geschwungenen, längst erloschenen Vulkane

Lernen zählt im Konfuzianismus zu den Grundtugenden. Die Menschen in Heshun nehmen es damit sehr genau

bis ins weit entfernte Beijing bekannt geworden ist: Die Bauern von Heshun legen besonderen Wert auf die Erziehung ihrer Kinder.

In Megastädten wie Beijing, Shanghai oder Guangzhou mag das eine Selbstverständlichkeit sein. Schließlich zählt Lernen zu den Grundtugenden des Konfuzianismus. Schon in der Kaiserzeit hing der gesellschaftliche Aufstieg in China von Fleiß und dem Bestehen von Beamtenprüfungen ab. Doch in einem Bauerndorf wie Heshun, in der südwestchinesischen Provinz Yunnan nahe der Grenze zu Myanmar gelegen, ist das Streben nach Bildung eher ungewöhnlich.

„Jedes Jahr schaffen drei oder vier unserer Schüler die Aufnahmeprüfung für renommierte Hochschulen wie die Beijing-Universität oder die Qinghua-

hinterlassen haben, die sich als grüne Hügel in der Landschaft abzeichnen. Manche Bauern verdingten sich daher als Lastenträger oder Pferdetreiber auf der nahe gelegenen Handelsroute nach Burma (heute Myanmar), der Südwestlichen Seidenstraße, auf der schon vor zwei Jahrtausenden Stoffe und Gewürze bis nach Rom transportiert wurden. Auch der Großvater von Li Gengming zählte zu diesen frühen Wanderarbeitern. Mit seinem in Burma verdienten und heimgeschickten Geld brachte er die in Heshun zurückgebliebene Familie mühsam durch.

Nachdem die Strecke in den späten 1930er Jahren zur Burma-Straße ausgebaut worden war, handelten manche Dorfbewohner mit Jade – und kamen zu Wohlstand und Bildung. „Für uns war es seit frühester Zeit notwendig,

和顺

Schwer bepackt, durch steile Gassen gelangt der siebenjährige Li Geng-ming zur Grundschule von Heshun. Auf seinen Tornister und die bunten Hefte ist er besonders stolz. Die Morgenwäsche muss Gengming im Hof erledigen, das Schlaf-zimmer mit seinen Eltern teilen

mit Ausländern zu kommunizieren", meint Zhang Licai, Vizerektor der Zhongxin-Grundschule. „Und dafür waren Wissen und Erziehung wichtig." Die Heimkehrer brachten Bücher mit, spendeten für den Bau von Schulen und hielten ihre Kinder zum Lernen an.

UM VIERTEL VOR NEUN tritt Li Gengming unter der Nationalflagge im Schulhof zur Morgengymnastik an. Anschließend setzt er sich – weil er der Kleinste ist – in die erste Reihe seines Klassenzimmers, beugt sich über ein Schreibheft mit karierten Seiten und malt Schriftzeichen nach, die seine Lehrerin mit Kreide an die Tafel schreibt. Auch die anderen 26 Jungen und Mädchen hocken auf einfachen Holzschemeln vor niedrigen, etwas wackeligen Tischen. Bis auf die Wandtafel, ein primitives Pult für die Lehrer und einen Propaganda-Schriftzug über der Tafel und an der Rückwand ist das Klassen-

einer der sechsstufigen Grundschulen. Doch selbst diese Basisausbildung müssen viele der rund 200 Millionen Grund- und Mittelschüler vorzeitig abbrechen, weil ihre Eltern das Schulgeld nicht aufbringen können oder Hilfe in der Landwirtschaft brauchen. Es sei „harsche Realität, dass eine beachtliche Anzahl von Landkindern aufgrund finanzieller Schwierigkeiten die Schule verlassen müssen", hieß es kürzlich in der chinesischen Tageszeitung „China Daily".

Die kommunistische Führung hatte nach Gründung der Volksrepublik im Jahr 1949 zwar eine neunjährige Schulpflicht eingeführt und die Alphabetisierungsrate von 20 auf heute über 90 Prozent gesteigert. Doch entgegen der Propaganda, in der viel von „Fürsorge für die Massen" und „Chancengleichheit" die Rede ist, vernachlässigt sie noch immer die Bildung der Landbevölkerung. Seit Mitte der

Der Erfindungsreichtum der Behörden ist groß: Sogar eine »Hart-arbeitende-Lehrer-Gebühr« wurde erhoben

zimmer kahl. Und doch ist dieser geräumige, solide gebaute Klassenraum viel mehr, als die meisten Schulkinder in Chinas Dörfern jemals kennen lernen. Viele Schulen sind nicht mehr als windschiefe Hütten, ohne Fensterscheiben, ausreichende Heizung und Beleuchtung. „Uns geht es besser, weil wir von reichen Auswanderern unterstützt wurden", sagt Yin Xingrui, die Lehrerin.

In vielerlei Hinsicht ist Heshun bis heute ein typisches chinesisches Dorf, dessen Bewohner von Reis- und Gemüseanbau sowie von der Kleintierzucht leben. Ungewöhnlich ist, dass hier schon in den 1940er Jahren ausnahmslos alle Kinder zur Schule gingen – selbst Mädchen, was damals eher die Ausnahme war und auch heute nicht überall üblich ist. „In Heshun müssen die Kinder nicht Wasserbüffel hüten oder auf den Feldern helfen", sagt Yin Xingrui. „Alle Eltern schicken ihre Kinder zur Grundschule."

Laut offiziellen Angaben beginnen in China 98,95 Prozent aller Kinder auf

1980er Jahre, als die Wirtschaftsreformen an Schwung gewannen, hat sich die Zentralregierung schrittweise aus der Verantwortung für die Schulen zurückgezogen.

Die regionalen und dörflichen Behörden müssen inzwischen drei Viertel des Schulbudgets selbst aufbringen – und bitten in den meisten Fällen die Eltern zur Kasse. Verarmte Schuldirektoren und unterbezahlte Lehrer behelfen sich in Selbstbedienungsmanier mit allen möglichen „Gebühren". So berichtete die „Beijing Evening News", dass an einigen Schulen der westlichen Provinz Xinjiang eine „Fahrrad-Aufpass-Gebühr", eine „Trinkwasser-Gebühr" eine „Frische-Blumen-Gebühr" und eine „Hart-arbeitende-Lehrer-Gebühr" erhoben wurde.

ZUM MITTAGESSEN läuft Li Gengming nach Hause. Am Wegrand haben Bauern blaue Plastikplanen ausgebreitet, auf denen goldgelber Dami in der Sonne trocknet, ungeschälter Reis. Frauen schleppen Bündel aus Brenn-

喂猪坝

Stunde um Stunde malt Yu Yonghai Schriftzeichen ab; statt Ranzen haben die Schüler von Weizhuba nur selbst genähte Stofftaschen. Auf dem Weg zum Mittagessen trifft der Achtjährige seinen Vater, der Bambus aus den Bergen holt. Ihr Zuhause ist zugig, die Wände bestehen aus Bast und Sperrholzplatten

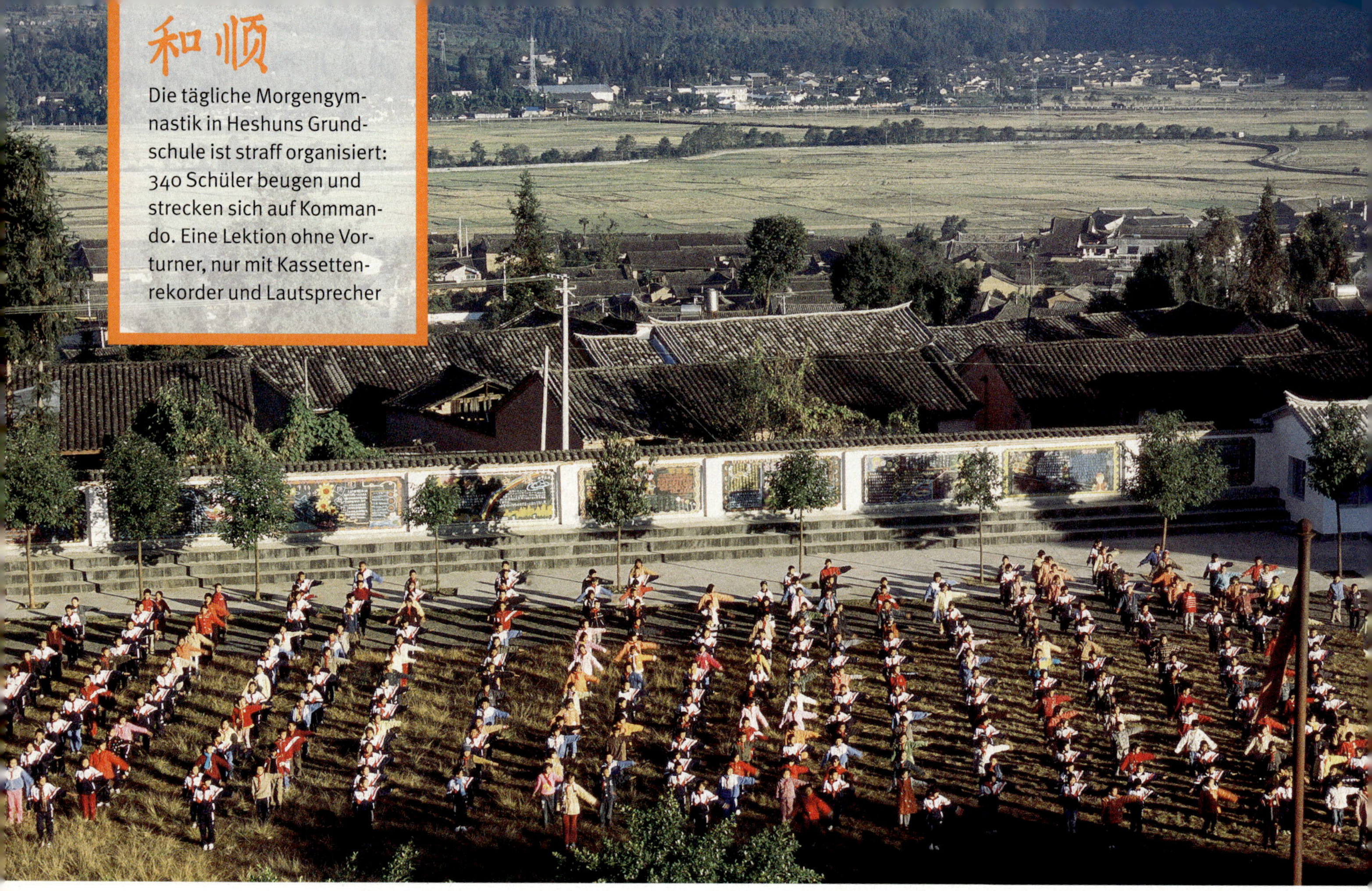

和顺

Die tägliche Morgengymnastik in Heshuns Grundschule ist straff organisiert: 340 Schüler beugen und strecken sich auf Kommando. Eine Lektion ohne Vorturner, nur mit Kassettenrekorder und Lautsprecher

holz und Mehlsäcke auf Tragestangen durch die engen Gassen. Zwei Männer wuchten Baumstämme von einem Lastwagen der Marke „Freund des Bauern" auf die Erde. Li Gengmings Mutter Hu Xinyan kommt mit geschulterter Hacke vom Feld und eilt an den Herd. Es gibt, wie meistens, Pfannkuchen aus Maismehl, die im Wok ausgebacken werden.

Reich ist in Li Gengmings Familie seit Generationen niemand geworden. Von dem Ertrag ihrer Felder werden zwar alle satt, doch Gengmings Vater muss nebenbei Taxi fahren. Nur deshalb braucht die Familie nicht an der Erziehung der Kinder zu sparen. 280 chinesische Yuan, rund 28 Euro, zahlt sie monatlich für Schulgebühren und Lehrmaterial. Zusammen mit dem Schulgeld für die zwölfjährige Tochter Li Jinghong, die in die 6. Klasse geht, gibt die Familie die Hälfte ihres monatlichen Haushaltsbudgets für die Schulbildung aus. Noch wesentlich teurer werden später die Mittelschule (7. bis 9. Klasse) und die Höhere Mittelschule (10. bis 12. Klasse). „Wir sparen schon jetzt dafür", sagt die Mutter.

Mittlerweile sind die Kosten für den Schulbesuch zu einem der größten Ausgabeposten für chinesische Bauern geworden. Viele Familien müssen sich für die Ausbildung ihrer Kinder verschulden. Und auch mit dem Abschluss der Schule endet die finanzielle Belastung keineswegs. Denn Mitte der 1990er Jahre hat die chinesische Regierung im Rahmen ihrer Bildungsreformen auch die kostenfreie Universitätsausbildung abgeschafft. Für ein Studienjahr müssen Chinesen derzeit rund 10 000 Yuan (1000 Euro) Gebühren zahlen. Das ist mehr als ein durchschnittlicher Netto-Jahresverdienst einer Familie, der laut offiziellen Angaben für Stadtbewohner im Jahr 2004 bei 9422 Yuan lag, für Landbewohner sogar bei nur 2936 Yuan.

DER JÜNGSTEN ERZIEHUNGSSTUDIE der Unesco zufolge hat China zwar mehr als 15 Millionen Studierende. Bezogen auf die Bevölkerungszahl aber sind es nicht einmal halb so viele wie

Im Chor lesen die Schüler die Schriftzeichen auf der Tafel. An der Wand darüber heißt es: »Brav lernen, dann macht ihr täglich Fortschritte!«

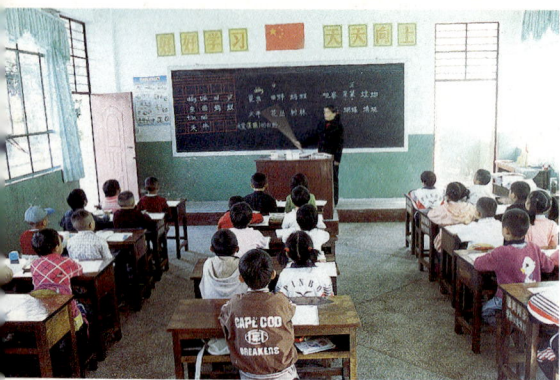

Auch in Weizhuba gehört täglicher Frühsport zum Unterricht. Doch in dieser Zwergschule gibt die Lehrerin noch persönlich die Anweisungen und turnt die Übungen vor

in Deutschland. Vor allem höhere Bildung ist in China noch immer selten und eben auch kostspielig.

Ein früherer Parteisekretär aus der Stadt Hubei schrieb in dem populären Buch „Dem Premierminister die Wahrheit erzählen", dass in seinem Heimat-

dass das mangelhafte Erziehungssystem ein Grund für das gewaltige Wohlstandsgefälle zwischen Stadt und Land sowie den reichen Ost- und armen Westprovinzen ist. Dieses Gefälle wiederum ist einer der Hauptgründe für die zunehmenden sozialen Span-

Instrumente fehlen in Weizhuba. Daher gleicht eine Musikstunde der anderen: Die Lehrerin klatscht den Takt, die Kinder singen Volkslieder

Bis zum Jahr 2010 will die Zentralregierung das Schulgeld für die ersten neun Klassen auf dem Lande abschaffen

dorf nur jedes fünfte Kind eine weiterführende Schule besuche, ein geringerer Anteil als noch vor 30 Jahren. Derzeit investiert China rund 3,4 Prozent des Bruttosozialprodukts in sein Bildungswesen, weniger als die durchschnittlich 4,1 Prozent in Entwicklungsländern – und gerade einmal halb so viel wie mittlerweile Brasilien, Malaysia und Mexiko.

Die neue chinesische Führung unter Präsident Hu Jintao und Premier Wen Jiabao hat allerdings erkannt,

nungen. Im Jahr 2005 verkündete Premier Wen, dass auf dem Lande ab 2010 eine kostenfreie Grund- und Mittelschulbildung bis zur 9. Klasse geplant ist, ab 2015 auch in den Städten. Dadurch soll sich die soziale Stabilität erhöhen. Allerdings haben schon in der Vergangenheit die Schulen und örtlichen Beamten Bestimmungen der Zentralregierung häufig ignoriert – sei es wegen schlechter Kommunikation oder aus Inkompetenz, vor allem aber aus finanziellen Gründen. Li Geng-

mings Mutter hat von der neuen Politik gehört, zuckt jedoch nur mit den Achseln. „Für uns wird das wohl zu spät sein", sagt sie.

Der Stolz des Dorfes Heshun ist seine fast 80 Jahre alte Bibliothek. Im Stil eines Tempels erbaut, beherbergt sie

和顺

Die Erstklässler von Heshun wandern – wie fast jeden Tag – gemeinsam zu einem nahen Teich, suchen sich einen sonnigen Platz und üben das Malen von Schriftzeichen. Später, im Sportunterricht, messen sie spielerisch ihre Kräfte

70 000 Bücher, die meisten inzwischen allerdings veraltet. Vier in Burma reich gewordene Händler aus dem Ort hatten damals zusammengelegt, die Bücher in Shanghai gekauft und sie ins burmesische Rangun (heute Yangon) verschifft. Von dort ließen sie die Bände mit Pferden über die Bergpässe und Waldpfade der Südlichen Seidenstraße bis in ihr Heimatdorf transportieren.

Wie sehr die Bauern von Heshun ihre Bibliothek lieben lernten, zeigt die Geschichte der Bücher in den Kriegs- und Revolutionswirren. „Als 1942 die Japaner kamen, versteckte mein Vorgänger die Bücher auf einem nahe gelegenen Berg", erzählt der Bibliothekar Cun

tingham University" ihren Betrieb aufgenommen, ein Ableger der Universität Nottingham. Für eine Studiengebühr von 50 000 Yuan im Jahr können die Studenten dort bei britischen Dozenten lernen. Allein in Beijing gibt es mittlerweise Dutzende private Hochschulen, die allerdings noch keine akademischen Grade verleihen dürfen.

In den Metropolen des Landes sind auch erste Elitekindergärten entstanden, in denen bereits Dreijährige auf den Bildungswettbewerb vorbereitet werden. Im „New Century Kindergarten" in Shanghai lernen die Kinder von Anfang an Englisch. Der Besuch des privaten Internats „Huijia-Schule" in

Der Großteil eines Schultages vergeht mit sturem Auswendiglernen, und die Lehrer kennen nur Frontalunterricht

Yingguan. Und später, als im Zuge der Kulturrevolution die Rotgardisten in Heshun einfielen, hatte wieder der damalige Bibliotheksvorsteher die rettende Idee. „Er ließ die Außenmauern der Bibliothek weiß kalken und malte revolutionäre Parolen wie ‚Lang lebe der Vorsitzende Mao' darauf", so Cun. „Da ließen sie unsere Bücher in Frieden."

All diese Gefahren hat die kleine Dorfbibliothek überstanden, doch nun gibt es eine neue Bedrohung – den aufstrebenden Tourismus. Ein findiger Unternehmer und am Gewinn beteiligte örtliche Parteibeamte haben die Zugkraft der „größten Dorfbibliothek Chinas" entdeckt. Täglich laufen bis zu 700 chinesische Touristen durch die Lesesäle. „Wir haben die Nationalisten, die Japaner und die Kulturrevolution überstanden. Aber jetzt kann man hier nicht mehr in Ruhe lesen", beschwert sich der Bauer Liu Chenhua, der nach der Feldarbeit zur Lektüre der Lokalzeitung vorbeigekommen ist.

ANDERNORTS HAT CHINAS rasante wirtschaftliche Entwicklung jedoch auch positive Auswirkungen im Bildungsbereich. Wer genug Geld hat, muss seine Kinder für eine gute Ausbildung nicht länger ins Ausland schicken. In der Provinz Zhejiang an der Ostküste Chinas hat die „Ningbo Not-

Beijing kostet pro Jahr 40 000 Yuan in der Mittelstufe und 60 000 Yuan in der Oberstufe. 5500 Söhne und Töchter wohlhabender Eltern werden dort unterrichtet, 50 Klavierübungsräume und ein schuleigenes Hallenbad stehen zur Verfügung. Die Reformen in China lassen in den kommenden Jahren einen neuen Bildungsmarkt entstehen – und hoffentlich auch neue Unterrichtsformen. Denn ein Großteil des Tages

Seine Hausaufgaben macht Li Gengming daheim an einem Tisch im Hof des Bauernhauses. Die Großmutter ist meist in der Nähe und hilft ihm, wenn er mal nicht weiterweiß

喂猪坝

Die Schüler aus Weizhuba haben einen Grundriss angelegt und spielen »Schlafen im eigenen Haus«. Im nahen Fluss fangen die Kinder Fische mit der Hand. Yu Yonghai sitzt bei den Hausaufgaben meist auf dem Boden, neben dem zum Trocknen ausgelegten Reis

in normalen Grund- und Mittelschulen besteht noch immer aus sturem Auswendiglernen. Im Chor plappern die Kinder jahrhundertealte Gedichte, konfuzianische Klassiker oder patriotische Liedertexte nach – ob sie den Inhalt verstehen oder nicht. Die meisten Lehrer unterrichten im autoritären Frontalstil, ohne die Kinder zu selbstständigem Lernen anzuleiten oder ihre Kreativität zu wecken.

EINEN ANDEREN UNTERRICHTSSTIL

hat die Mehrzahl der Chinesen auf dem Lande nie kennen gelernt. Von Bedingungen wie in dem „Lerndorf" Heshun können die meisten nur träumen. Um den Kontrast zu erleben, muss man nur 80 Kilometer Richtung Nordwesten fahren. Zwischen den grünen Kegelbergen, die dort die Grenze zu Burma markieren, liegt in einem kleinen Tal das Dorf Weizhuba, auf Deutsch „Schweinezüchterebene".

Früh am Morgen sitzt der achtjährige Yu Yonghai vor der Hütte seiner Eltern im Gras, vor sich das aufge-

Eine Heizung gibt es in der Schule von Weizhuba nicht. Daher wärmen sich die Kinder im Winter in jeder Pause in der Sonne auf

köpfige Familie Tag für Tag satt zu bekommen. Rund 900 Kilo Reis erntet ihr Mann jedes Jahr auf drei kleinen Feldern. Etwa 500 Kilogramm muss er jedes Jahr zusätzlich erwerben, mit dem Verkauf von Tieren. Da bleibt kaum Geld übrig für die Schulbildung der Kinder.

Im Dorf gibt es nur eine winzige Grundschule, in der die Lehrerin Yang

Die Lehrerin Yang Lifen ist selbst nur neun Jahre zur Schule gegangen. In Weizhuba unterrichtet sie alle Fächer

schlagene Lehrbuch „Kekelian", Übungen der chinesischen Sprache für die 2. Klasse. Er hat weder einen Tisch zum Arbeiten noch Papier oder Stifte zum Üben. Die aus Sperrholzbrettern zusammengenagelte Hütte ist an den Seiten mit geflochtenem Bast abgedichtet, im Inneren ein Gemeinschaftsraum mit offener Feuerstelle, über der ein verkohlter Kessel baumelt. Daneben sind zwei winzige Schlafstellen notdürftig mit Brettern abgetrennt.

Shui Mei, die 42-jährige Mutter von Yonghai, fehlt nicht nur die Zeit, sich um die Hausaufgaben ihres Sohnes zu kümmern. Sie könnte es auch gar nicht, gehört sie doch zu den 87 Millionen Analphabeten in China. Und als Angehörige der Jingpo-Minderheit spricht sie kein Mandarin, das in allen Grundschulen gebräuchliche Hochchinesisch. Sie kocht gerade ein einfaches Frühstück aus Kohlsuppe, Bohnen und Reis. Nur mit Mühe gelingt es ihr, die fünf-

Lifen die 1. und 2. Klasse unterrichtet. Es ist ein einfaches Holzhaus, die Fenster sind unverglast. Um acht Uhr morgens setzt sich Yu Yonghai auf seinen Holzschemel. Die ersten Sonnenstrahlen, die in den halbdunklen Klassenraum fallen, bringen noch keine Wärme. Jedes der Kinder hält daher eine mit heißem Wasser gefüllte Infusionsflasche aus Plastik in den Händen, welche die Lehrerin aus einem nahe gelegenen Krankenhaus besorgt hat. In der großen Pause drängen sich Lehrerin und Schüler dicht an die Rückwand des Klassenraums, die inzwischen von der Sonne ein wenig aufgewärmt worden ist.

Yang Lifen ist selbst nur neun Jahre zur Schule gegangen. Sie verdient umgerechnet 30 Euro im Monat und unterrichtet alle Fächer: Chinesisch, Mathematik, Zeichnen, Basteln, Musik und Sport. Im Musikunterricht klatscht sie rhythmisch in die Hände und bringt

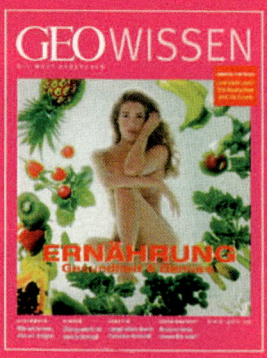

Die Kräutersuppe, die Yu Yonghai trinkt, soll gegen das Zahnweh helfen, das ihn seit einiger Zeit plagt. Sein zwölfjähriger Bruder Yu Yongbao wäscht die gefangenen Fische. Ihre Mutter verkauft sie auf dem Markt

den Kindern Lieder bei, Musikinstrumente gibt es nicht. Für den Sportunterricht wartet sie, bis es wärmer geworden ist, dann lässt sie die Kinder um die Wette laufen. Später basteln sie aus Baumzweigen und Steinen kleine Häuser und spielen „Schlafen im eigenen Haus".

Längst nicht alle Kinder von Weizhuba besuchen die Schule. „Wir haben eine ganze Reihe von 13- und 14-Jährigen, die weder lesen noch schreiben können", sagt der Lehrer Cao Faqiang. „Statt zum Unterricht zu kommen, müssen sie Kühe und Schweine hüten

Ab der 3. Klasse müssen die Kinder zu einer weit entfernten Schule. Erst am Wochenende kehren sie in ihr Dorf zurück

oder Brennholz sammeln." Von der 3. Klasse an findet der Unterricht aufgrund der mangelnden Ausbildung der Lehrer nicht mehr in Weizhuba statt.

Am frühen Montagmorgen, die Berge der Umgebung sind nur als dunkle Schatten zu ahnen, macht sich der älteste Sohn der Familie, der zwölfjährige Yu Yongbao, auf den Fußmarsch zur „Zentralen Minderheiten-Grundschule". Er kann die 6. Klasse nur deshalb besuchen, weil er von einer privaten chinesischen Hilfsorganisation, dem „Projekt Hoffnung", mit 50 Yuan im Monat unterstützt wird. Eine Stunde lang läuft der Junge über eine gewundene, ungeteerte Landstraße, bis er die Schule erreicht. Er wird die Woche über dort bleiben, in einem kleinen Wohnheim schlafen und erst am Freitag wieder heimkehren.

Im Vergleich dazu erscheint es fast als Luxus, wie Li Gengming in Heshun

seinen Schultag beendet. Nach mehreren Stunden Lesen, Schreiben und Rechnen ist es schon wieder dunkel, als sich Gengming um sieben Uhr abends mit seiner Taschenlampe auf den Heimweg macht.

Daheim setzt er sich an einen niedrigen Tisch vor den Hausaltar im Gemeinschaftsraum der Familie. Über dem Tisch baumelt eine nackte Glühbirne, die nur eingeschaltet wird, solange er und seine Schwester Hausaufgaben machen.

„Ich möchte Pilot werden, wenn ich groß bin", sagt Gengming. „Dann kann ich in unserem Hof landen." Seine Mutter lacht. „Letzte Woche wollte er noch Rettungswagenfahrer werden", sagt sie. Über eines aber sind sich Mutter und Sohn einig: Der Junge soll einmal zur Universität gehen, „damit ich", wie Gengming sagt, „nicht Bauer werden muss und ein schweres Leben habe".

Um neun Uhr abends, kurz nachdem Gengmings Mutter die Glühbirne ausgeknipst hat, geht die Familie schlafen. □

Henrik Bork, 43, Korrespondent der „Süddeutschen Zeitung" in Beijing, bereist China seit 20 Jahren und hat dabei viele arme Bauerndörfer kennen gelernt. An lange Autofahrten und Fußmärsche hat er sich gewöhnt. Dagegen fiel ihm in Weizhuba die Verständigung schwer. Bork kann zwar perfekt Mandarin, die Bauern im Dorf sprechen jedoch nur Dialekt. Die Kinder und Grundschullehrer haben bei den Interviews gedolmetscht. Für die chinesische Fotografin **Shujin Liu,** 33, war es der erste Reportage-Auftrag für GEO.

TYPISCH MÄDCHEN, TYPISCH JUNGE

Der kleine Unterschied, darüber sind sich Forscher mittlerweile einig, existiert schon von Geburt an. Größer wird er erst durch gesellschaftliche Rollenmodelle und die elterliche Erziehung

»Ich Tarzan, du Jane!«
Die Fotos auf diesen und
den folgenden Seiten zeigen
kindliche Rollenspiele.
Wenn etwa kleine Jungs versuchen, einander mit ihrem
noch kaum ausgeprägten
Bizeps zu beeindrucken, ein
Mädchen selbstverliebt
seine Bewegungen und sein
Aussehen im Spiegel be-
trachtet. Aufnahmen, die
sichtbar machen, wie beide
Geschlechter von Kindes-
beinen an tradierte Verhaltensweisen übernehmen

VON ALEXANDRA RIGOS

Am 5. Mai 2004 sägte David Reimer den Lauf seiner Schrotflinte
ab, packte die Waffe ins Auto,
steuerte den Parkplatz eines Super-
markts in seiner Heimatstadt Win-
nipeg an und brachte sich dort um. Es
war der verzweifelte Abschluss eines
verworrenen Lebens, das einer see-
lischen Achterbahnfahrt glich – und
als wegweisendes Fallbeispiel in die
Geschlechterforschung einging.

Denn David Reimer, 1965 als älterer
Bruder eines eineiigen Zwillingspaars
geboren, hatte im Alter von acht Monaten wegen einer verpfuschten Be-
schneidung seinen Penis eingebüßt.

Ein US-amerikanischer Psychologe riet
den Eltern zu einer Geschlechtsum-
wandlung. So wurde das verstümmelte
Kind mit 22 Monaten nochmals ope-
riert und wuchs fortan als Brenda auf.

Eher schlecht als recht fügte Brenda
sich in die Rolle des Mädchens. Sie zog
das Spielzeug ihres Zwillingsbruders
ihren Puppen vor und verabscheute
Rüschenkleider. Sie prügelte sich häufig, wollte im Stehen pinkeln und wurde
weder von Jungen noch von Mädchen
akzeptiert. Als die Außenseiterin mit
14 Jahren von ihrer wahren Identität
erfuhr, zögerte sie nicht, sich abermals
umoperieren zu lassen. Brenda wurde

zu David. Dieser suchte sich einen kno-
chenharten Job im Schlachthaus, hei-
ratete und adoptierte die drei Kinder
seiner Frau. Glücklich wurde er nie.*

Von Wissenschaftlern wurde David
alias Brenda als Kronzeuge für zwei
höchst unterschiedliche Theorien vereinnahmt. In den 1970er Jahren galt
sein Fall als Beweis für die These,
Menschen kämen – abgesehen von den
Geschlechtsorganen – neutral auf die
Welt und entwickelten erst durch soziale Prägung eine männliche oder
weibliche Identität. Als Ende der 1990er
Jahre allerdings Reimers tragische Entwicklung ans Licht kam, diente sein

* Ausführliche Fallbeschreibung siehe GEO WISSEN Nr. 26 »Frau und Mann«, Seite 100 ff.

Fall plötzlich als Beleg für das Gegenteil: Die Wesensunterschiede zwischen Jungen und Mädchen seien angeboren, typisch männliches und weibliches Verhalten von Natur aus unterschiedlich.

BIOLOGISTISCHE ERKLÄRUNGEN erfreuen sich seit einiger Zeit großer Beliebtheit. Nicht zuletzt, weil sie in der Ära von Molekulargenetik und Hirnforschung den Zeitgeist treffen – der sich in Bestsellern mit Titeln wie „Warum Männer nicht zuhören und Frauen schlecht einparken" manifestiert.

Oft berufen sich die Verfechter des „kleinen Unterschieds" dabei auf die Evolutionspsychologie. Deren Argumentationslinie ist bekannt: Die Ur-Männer waren als Jäger viel unterwegs und griffen zur Waffe. Deshalb entwickelten sie ein gutes räumliches Vorstellungsvermögen und können heute besser einparken. Zudem rivalisierten sie um die Gunst der Frauen und sind daher manchmal begnadete Selbstdarsteller. Ihre Gefährtinnen hingegen kümmerten sich um den Nachwuchs, entwickelten soziale Fähigkeiten, Einfühlungsvermögen und schwatzten den ganzen Tag.

Solche Erklärungsmuster klingen auf den ersten Blick verführerisch plausibel. Dabei weiß niemand, wie das Sozialleben unserer Urahnen tatsächlich ausgesehen hat. Und im Rückblick lässt sich für jede beliebige Situation eine schlüssige Deutung finden.

Was aber weiß die Wissenschaft sicher über den Ursprung typisch männlicher und weiblicher Verhaltensweisen? Fest steht, dass sich die Anatomie der Gehirne unterscheidet; jene von Männern wiegen in Relation zum Körpergewicht mehr als die von Frauen, und Bereiche, die mit Aggression und Sexualverhalten in Verbindung stehen, sind bei Männern größer. Dafür haben Frauenhirne mehr Bereiche mit dicht gepackten Nervenzellkörpern. Außerdem sind bei ihnen die beide Hirnhemisphären stärker miteinander verbunden als bei Männern.

Schon lange vor der Geburt stehen die Denkorgane beider Geschlechter

Nur Klischees? Mädchen sind kommunikativer als Jungen und stecken gern die Köpfe zum Tuscheln zusammen.

Während Jungen lieber – und sei's nur imaginär – das Steuer in die Hand nehmen und kleine Helden spielen

unter dem Einfluss verschiedener Geschlechtshormone. Die bestimmenden Signalstoffe sind bei Frauen die Östrogene, bei Männern das Testosteron. Diese Substanzen sorgen bereits im Mutterleib dafür, dass sich männliche und weibliche Körpermerkmale ausbilden. Auch nach der Geburt zirkulieren große Mengen Sexualhormone durch den Babykörper. Erst im Alter von etwa sechs Monaten versiegen die Hormone – bis zur Geschlechtsreife. Mediziner nennen den frühkindlichen Hormonrausch „Mini-Pubertät"; seine Funktion ist bislang unklar.

Einiges spricht dafür, dass die Botenstoffe in den frühen Lebensphasen für bestimmte mentale Weichenstellungen verantwortlich sind. So wachsen Mädchen, die als Föten aufgrund einer angeborenen Störung der Nebennierenrinde von männlichen Hormonen überschwemmt werden, zu wah-

Zu viel männliche Hormone – und Mädchen werden zu Rabauken

ren Rabauken heran. Selbst wenn die Ärzte ihren Hormonspiegel nach der Geburt mit Medikamenten normalisieren, lieben sie Raufereien und Spielzeugautos, verschmähen Puppen und entwickeln später vergleichsweise oft lesbische Neigungen.

In Anbetracht der hormonellen und anatomischen Unterschiede liege es auf

der Hand, dass die beiden Geschlechter „vom ersten Tag an anders" seien. So argumentiert in seinem gleichnamigen Buch der britische Psychologe Simon Baron-Cohen von der University Cambridge: „Das weibliche Hirn ist so verdrahtet, dass es überwiegend auf Empathie ausgerichtet ist, das männliche hingegen größtenteils auf das Begreifen und den Aufbau von Systemen."

Baron-Cohen stützt seine Theorie auf Versuche, bei denen er einjährigen Kindern Filme vorführte, die wahlweise Gesichter oder Autos zeigten. In einem weiteren Experiment präsentierte er Neugeborenen auf der Entbindungsstation mal ein menschliches Antlitz, mal ein Mobile. Stets, so der

Forscher, hätten die kleinen Jungen länger die Gegenstände angeschaut, die Mädchen hingegen die Gesichter. Seine Londoner Kollegin Melissa Hines will sogar herausgefunden haben, dass ähnliche Verhaltensmuster bereits bei relativ schlichten Primaten wie der Grünen Meerkatze zu beobachten sind: Männliche Tiere spielten häufiger mit Lastwagen, weibliche mit Puppen.

ALLERDINGS SIND BARON-COHENS
Ergebnisse umstritten – andere Wissenschaftler haben sie bislang nicht wiederholen können. Die renommierte Entwicklungspsychologin Elizabeth Spelke von der Harvard University verweist auf zahlreiche andere Studien, die keine Unterschiede bei den

kognitiven Fähigkeiten von Mädchen und Jungen ausgewiesen haben; beide Geschlechter zeigten sich gleich interessiert an Gesichtern, Lastwagen und anderen Gegenständen. „Tausende von Babystudien aus 30 Jahren Forschung enthalten keine Indizien für einen Vorteil der Männer bei der Wahrnehmung, beim Lernen oder bei der Einschätzung von Objekten, Bewegungen und mechanischen Vorgängen", resümiert Spelke.

Die Wissenschaftlerin räumt auch mit der küchenpsychologischen Ansicht auf, wonach Frauen sprachbegabter seien, Männer hingegen besser räumlich denken könnten. Die Unterschiede seien subtiler: Tests, bei denen eine flüssige Ausdrucksweise gefragt

ist, fallen Frauen leichter; Männer finden schneller Wortanalogien. Männer können besser Objekte vor dem inneren Auge rotieren lassen, Frauen sich eher an deren Anordnung im Raum erinnern. Frauen rechnen besser, Männer sind beim Verstehen von Textaufgaben im Vorteil. Unter dem Strich schneiden beide Geschlechter bei Intelligenztests gleich gut ab.

Jedoch ist die Ausdifferenzierung bei Männern größer: Es gibt relativ mehr Hochbegabte unter ihnen, aber auch mehr mit einem IQ im untersten Bereich. Die Verteilung der Intelligenz bei Frauen ist gleichmäßiger. Das könnte erklären, weshalb mit größerer Wahrscheinlichkeit ein Mann zu einer Persönlichkeit wie Albert Einstein wird;

nicht aber, warum so wenige Mädchen Maschinenbau studieren.

Doch wenn beide Geschlechter nach der Geburt mit ähnlichen Voraussetzungen an den Start gehen – woher rühren dann die mit zunehmendem Alter deutlicher zutage tretenden Verhaltensunterschiede? Elizabeth Spelke hält sie in erster Linie für sozial bedingt: Die Menschen in ihrer Umgebung hegten unterschiedliche Erwartungen an die Geschlechter – vor allem aber würden Mädchen und Jungen allen emanzipatorischen Fortschritten zum Trotz noch immer verschieden behandelt. Ein Beispiel dafür ist die Abteilung für Babybekleidung in Kaufhäusern: rosafarbene Sachen für die Mädchen, blaue für die Jungen.

Ein berühmtes psychologisches Experiment beweist, wie Menschen – oft unbewusst – Jungen und Mädchen unterschiedlich wahrnehmen: Man nehme ein Baby, kleide es geschlechtsneutral und filme es beim Spielen. Dann

Gene und Umwelt – gleichermaßen prägen sie die Persönlichkeit

führe man das Video seinen Versuchspersonen vor, taufe das Kind einmal David, einmal Jessica, und frage, was er oder sie wohl gerade empfindet. Ergebnis: Bei eindeutigen Verhaltensweisen kommen die Beobachter zu übereinstimmenden Einschätzungen. Bei

Gewiss, auch Jungen spielen mit Teddys, aber für solch liebevolle Fütterungsversuche können sich vor allem Mädchen begeistern. Ob Frauen deshalb in Pflegeberufen überrepräsentiert sind? So wie Männer in technischen Berufen – auf die Spur gebracht durch den frühzeitigen Umgang mit der Holzeisenbahn?

doppeldeutigen Reaktionen der Kinder zeigen die Stereotypen im Hinterkopf Wirkung: Schnellt zum Beispiel ein Springteufelchen hoch, so reagiert David in den Augen der Betrachter ärgerlich, Jessica hingegen hat Angst. Dass Eltern auf solche vermeintlichen Verhaltensunterschiede verschieden reagieren, liegt auf der Hand.

Wie sich das wiederum auf die keimende Persönlichkeit des Kleinkindes auswirkt, ist nicht genau bekannt. Letztlich ist die Frage, ob Frauen und Männer als solche geboren oder aber von der Umwelt erst dazu gemacht werden, Teil einer Debatte, die seit Jahrzehnten die Gemüter von Eltern, Biologen und Psychologen bewegt: Prägen die Gene das menschliche Ver-

halten – oder ist die Umwelt der entscheidende Faktor?

Die Fachwelt ist sich mittlerweile weitgehend darin einig, dass Erbanlagen und Umwelteinflüsse zu annähernd gleichen Teilen die Persönlichkeitsentwicklung bestimmen. Diese Einsicht kam einer wissenschaftlichen Revolution gleich, hatte man sich ein neugeborenes Kind doch lange Zeit als eine Art leeres Gefäß vorgestellt, in das Eltern und Erzieher Fähigkeiten, Vorlieben und Eigenarten gewissermaßen einfüllten.

Es waren vor allem Studien an Zwillingen, die das Gedankengebäude ins Wanken brachten. Eineiige Zwillinge sind einander ähnlicher als zweieiige, obwohl auch diese gewöhnlich unter

gleichen Bedingungen aufwachsen; und Zwillinge, die unmittelbar nach der Geburt getrennt wurden, ähneln sich nicht weniger als solche, die ihre Kindheit gemeinsam verlebten. Dagegen zeigen Adoptivgeschwister, die im selben Haushalt wohnen, später im Leben so viel oder wenig Übereinstimmung wie zwei zufällig ausgewählte Menschen.

Diese Befunde bedeuten nicht, dass die Gene alles sind. Denn eineiige Zwillinge, deren Erbgut identisch ist, zeigen in Persönlichkeitstests nur etwa 50 Prozent Übereinstimmung. Die restlichen 50 Prozent müssen demnach auf Umwelteinflüsse zurückgehen. Nur ist dafür offensichtlich nicht das Elternhaus an sich entscheidend, sondern es sind jene Erfahrungen, die jedes Kind für sich macht: eine Krankheit oder eine Urlaubsreise, der nette Mathematiklehrer, die Rolle in der Clique, der Peergroup. Diese Einflüsse sind jedoch meist zufällig und kaum steuerbar. Kein Wunder, dass Eltern sich nur ungern mit dieser Sichtweise anfreunden.

Zudem sind Erbanlagen keine passiven Betriebsanleitungen für den Organismus, sondern haben ihrerseits Einfluss auf die Umwelt, die sich ihr Träger wählt: Ein neugieriges Kind zieht es in die Welt hinaus, wo es andere Erfahrungen macht als ein furchtsames, das lieber zu Hause kuschelt. Umgekehrt können Einflüsse der Umwelt, zum Beispiel Stress, das Erbgut verändern: etwa durch das An- und Abschalten bestimmter Gene. Im Extremfall kann ein traumatisches Ereignis den Charakter eines Menschen schlagartig verändern. Diese Wandlung lässt sich – das zeigen Aufnahmen vom Gehirn – sogar an dessen Funktionsweise ablesen.

AUCH DIE WAHL DER PEERGROUP wirkt sich stark auf die Persönlichkeit junger Menschen aus. Eltern von Söhnen oder Töchtern im Kindergartenalter wissen, dass ihre Sprösslinge mitunter Rollenvorstellungen äußern, die Traditionalisten ein beifälliges Nicken entlocken würden. Spätestens mit fünf oder sechs Jahren wollen die meisten Mädchen nicht mehr mit Jun-

Die Gruppe der Gleichaltrigen, die Peergroup, prägt die Persönlichkeit von Kindern besonders stark. Schon früh pochen Jungen und Mädchen auf klare Geschlechterrollen

gen spielen, finden Jungs die Mädchen blöd – zumindest solange genug Spielkameraden des eigenen Geschlechts vorhanden sind.

Im Kindergarten und später auf dem Schulhof steht die Gruppenidentität weit über individuellen Vorlieben: Kaum ein Junge würde öffentlich mit Puppen spielen – das ist Weiberkram. Und Mädchen lästern über das Herumtoben der Buben, selbst wenn sie daheim regelmäßig die Wohnung auf den Kopf stellen. Da können Mütter noch so fleißig das Familienauto repa-

Eine geschlechtsneutrale Erziehung? Sie wäre zum Scheitern verurteilt

rieren, während der Vater Gemüse putzt – gegen den Einfluss der Peergroup haben Eltern keine Chance.

Diesen für Erziehungsberechtigte vielleicht deprimierenden Sachverhalt belegt auch eine Studie an Kindern, die in den 1950er Jahren in einem israelischen Kibbuz aufwuchsen. Dort war absolute Gleichberechtigung die Devise; also versuchte man, Mädchen und Jungen in speziellen Kinderhäusern strikt geschlechtsneutral aufzuziehen – ohne Erfolg. Der US-Kulturanthropologe Melford Spiro beobachtete, dass die Kinder trotzdem die klassischen

Spielzeugvorlieben entwickelten. Und als der Forscher die Kibbuz-Töchter 20 Jahre später wieder aufsuchte, um zu sehen, ob sie zu besonders emanzipierten Frauen herangewachsen waren, hatten sich viele unterdessen ganz bewusst für die traditionelle Rollenverteilung entschieden.

OFFENBAR VERFESTIGEN SICH mit den Jahren die feinen Geschlechterunterschiede aus früher Kindheit – durch soziale Verstärkung vor allem seitens Gleichaltriger. Frauen entwickeln andere Fähigkeiten, entscheiden sich für andere Lebensentwürfe, wählen andere Berufe als Männer. Im Durchschnitt jedenfalls.

Die Statistik hat allerdings ihre Tücken: Die Häufigkeit bestimmter Ausprägungen des Intelligenzquotienten oder des räumlichen Denkens bildet – grafisch dargestellt – in einer großen Gruppe Menschen eine Kurve, die wie eine Glocke aussieht. Legt man zwei solcher Kurven für Männer und Frauen übereinander, so ist die Überlappung enorm, wenn auch nicht deckungsgleich. In aller Regel sind die Unterschiede zwischen zwei Individuen viel stärker ausgeprägt als jene zwischen den Geschlechtern.

Überdies neigen Menschen dazu, die Differenzen zwischen Männern und Frauen übertrieben wahrzunehmen.

Die Psychologin Janet Hyde von der Universität Wisconsin kam nach der Auswertung von 46 Meta-Studien, die wiederum eine Vielzahl von Analysen zusammenfassten, zu dem Schluss, dass die Geschlechterunterschiede nur in wenigen Bereichen wie Weitwurf, häufigem Wechsel von Sexualpartnern oder körperlicher Aggressivität nennenswert ausfielen. Von den 124 Einzelstudien zeigten 78 Prozent keine oder nur geringe Differenzen zwischen Männern und Frauen. Dem gängigen Mars-und-Venus-Klischee hält Hyde ihre „Hypothese der Geschlechterähnlichkeit" entgegen – und warnt vor negativen Folgen in Familie und Arbeitswelt, die ein einseitiger Blick auf die Verschiedenartigkeit von Männern und Frauen mit sich bringe.

Männlichkeit und Weiblichkeit sind gewiss nicht beliebig austauschbar, wie auch das Schicksal des unglücklichen David Reimer gezeigt hat. Der kleine Unterschied existiert und kommt – wie die Persönlichkeit des Menschen als Ganzes – teils durch Erbanlagen, teils durch Umwelteinflüsse zustande. Vor allem aber ist er eines: klein. ☐

Klischeevorstellungen über Geschlechterrollen hat die Berliner Autorin **Alexandra Rigos**, 38, schon immer gern unterlaufen: Bevor die Mutter einer Tochter sich dem Schreiben zuwandte, hat sie Maschinenbau studiert.

Der harte Boden als Untergrund, einige Requisiten und viel Fantasie: Der Fotograf Jan von Holleben hat die »Flying Kids« für diese Reportage inszeniert

BEWUSSTSEIN DURCH BEWEGUNG

Ob Krabbeln, Rennen oder Schwimmen – körperliche Aktivität formt den Geist und ist unerlässlich für ein stabiles Selbstbild. Ist die Motorik in der frühen Kindheit gestört, können die Folgen noch im Erwachsenenalter spürbar sein. Kurse für Kleinkinder zielen darauf ab, Entwicklungsdefizite auszugleichen. GEO-WISSEN-Autor Volker Stollorz hat ein Training in Köln miterlebt

Auf der roten Matte liegen acht Säuglinge. Sie strampeln mit Armen und Beinen. Ihren Gesichtern ist anzusehen, mit wie viel Spaß sie bei der Sache sind. „Berühren Sie Ihr Baby", ermuntert Chava Shelhav die sechs Mütter, einen Vater und einen Großvater. „Sprechen Sie es deutlich an. Ertasten Sie Arme, Hände, Finger, Beine, Füße und dann die Zehen!" Die Erwachsenen setzen die freundlichen Anweisungen zunächst zaghaft und flüsternd um; Scheu statt Zuversicht prägt den Umgang mit den Kindern. Als sie die Becken der Säuglinge anheben und locker wieder auf die Matte plumpsen lassen sollen, fassen sie die kleinen Körper an wie ein kostbares Stück Porzellan. „Keine Angst, Babys sind nicht zerbrechlich", versichert Shelhav. „Der Rücken darf ruhig spüren, dass er Rücken ist."

Mit ihren 36 Jahren Erfahrung als Bewegungstherapeutin in Israel, den USA und in Deutschland gelingt es Chava Shelhav spielerisch, den Umgang der Erwachsenen mit ihren Kindern zu entkrampfen. Hier, am Zentrum für Frühbehandlung und Frühförderung in Köln-Kalk, leitet die 65-Jährige einen „Child'Space"-Kurs. Für Eltern, die etwas über die motorische Entwicklung von Kindern im ersten Lebensjahr lernen wollen.

Beim Lied vom kleinen Hampelmann sind die Stimmen der Erwachsenen schon deutlicher zu hören. Besonders eine Mutter gibt sich viel Mühe, hält ständig Blickkontakt zu ihrem Kind. Doch kaum soll es nach dem Lied auf den Bauch gedreht werden, klagt sie: „Das mag er gar nicht." Tatsächlich fängt der Kleine in Bauchlage an zu quengeln; er kann kaum den Kopf heben. Fünf Monate, erzählt die Mutter, habe das Baby fast nur auf dem Rücken verbracht. Ungewöhnlich kam ihr das nicht, ihr sei es nur um das Wohlbefinden des Kindes gegangen. Shelhav legt ihre Hände um den Kopf des Jungen, fühlt, ohne dies der Mutter zu sagen, dass sein Hinterkopf schon merklich abgeflacht ist. Und bringt das Kind in die für es ebenfalls ungewohnte Seitenlage.

ist, dass der Mensch nie aufhört, neue Wege gehen zu lernen", lautet ein Motto von Child'Space. Chava Shelhav hat dieses Konzept der Bewegungsförderung zunächst für die Arbeit mit behinderten Kindern entwickelt. Seit 2002 leitet sie in Köln eine Fortbildung für Feldenkrais-Lehrer und Krankengymnasten. Rund 35 von ihr ausgebildete Therapeuten arbeiten inzwischen in Deutschland mit solchen Eltern-Kind-Kursen. Für jede der wichtigen Bewegungsphasen im ersten Lebensjahr bieten sie sechs bis acht spielerische Treffen an.

Die Methode gründet auf der Überzeugung, dass schon im ersten Lebensjahr die Weichen dafür gestellt werden, wie sich ein Mensch später selbst wahrnehmen wird, was er bei Bewegungen fühlt und wie es um seine Lernfähigkeit steht. Entsprechend ihrem individuellen Entwicklungstempo können Kinder in den Kursen neue Bewegungsmuster erlernen. Auch gilt es, spielerisch die Intuition der Eltern im Umgang mit ihren Kindern zu stärken und frühe Hinweise auf Entwicklungsverzögerungen zu erkennen.

Verzögerungen in der Motorik fallen oft erst in der Schule auf

Motorik-Experten wissen, dass Kinder durch ständige Bewegung, in Kontakt mit sich und der Welt, ihr Selbstbild aufbauen: eine Vorstellung von einer Persönlichkeit, verbunden mit einem individuellen Körpergefühl. Dazu gehören oft diffuse Ängste oder kleine Ungeschicklichkeiten, die sich als Gewohnheiten schon früh im Selbstbild verankert haben und nur schwer aufzubrechen sind. So erzeugen etwa bestimmte Haltungen und Bewegungen Unlust oder Schmerzen und werden vermieden. Meist fällt das erst auf, wenn in der Schule dauerhafte Konzentration, langes Sitzen und feinmotorische Geschicklichkeit gefordert sind.

In vielen Fällen wissen weder das Kind noch die Eltern und Therapeuten, wann und wodurch solche Bewegungsmuster entstanden sind. Orthopäden fahnden dann nach Beckenschiefständen und verschreiben Einlagen, obwohl sich auf diese Weise allenfalls Symptome behandeln lassen. „Bewegungsübungen zur rechten Zeit hätten dem Kind viele andere Therapieversuche erspart", sagt Shelhav. „Wenn sich schon ein Baby auf vielfältige Weise bewegt, erlangt es ein stabiles Selbstgefühl, was ihm wiederum hilft, sein Leben zu meistern."

Wenn Kleinkinder selbst stehen können, ist das ein Aufbruch in eine neue Welt

Die große Bedeutung von Bewegung spiegelt sich auch in der Sprache wider: Begreifen bedeutet für Neugeborene, Dinge greifen zu lernen; Selbstständigkeit entsteht, wenn Kleinkinder selbst stehen können. Eine aufrechte Haltung zu erlernen umfasst mehr, als eine starke Rückenmuskulatur zu entwickeln.

SHELHAV FOLGT in ihren Kursen den Einsichten von Moshé Feldenkrais, einem promovierten Naturwissenschaftler und Spitzen-Judoka. Etliche seiner schon in den 1940er Jahren entwickelten Ideen, wonach ein reifes Selbstbewusstsein durch viel Bewegung entsteht und ein Schlüssel zur Charakterbildung ist, werden auch von aktuellen Forschungsergebnissen vielfach bestätigt.

Schon intuitiv erscheint es plausibel, dass Bewegungslernen verknüpft ist mit Gefühlen, Wahrnehmung, Motivation und Denken. Aber wie eng dies im jungen Gehirn miteinander verschmolzen ist, war selbst Experten lange Zeit unklar. So ist beispielsweise der Erwerb neuer motorischer Fähigkeiten im Gehirn direkt verknüpft mit der Art und Weise, wie Menschen die Welt sehen.

Schon Ungeborene entwickeln bei ihren fast schwerelosen Bewegungen im Mutterleib erste Stufen eines nicht sprachlichen Selbstbewusstseins: In der

ersten Hälfte der Schwangerschaft verändert der Fötus bis zu 25-mal pro Stunde seine Position, verursacht durch unwillkürliche Schreitbewegungen, mit deren Hilfe sich die Füßchen an der Gebärmutterwand abstoßen. Auf diese Weise kann sich der Fötus drehen, was nicht nur Muskeln und Sinne trainiert, sondern auch der Gehirnentwicklung hilft: Berührt eine der Hände zufällig das Gesicht, so nimmt das Ungeborene durch solche „doppelten Berührungen" Selbstkontakt auf, lernt, dies von Fremdberührungen zu unterscheiden. Daher erleben bereits Neugeborene ihren Körper als getrennt von der übrigen Welt.

WIE WICHTIG DIE ERSTEN Erfahrungen für die sich entwickelnde Motorik eines Kindes sind, haben Entwicklungspsychologen erst in den letzten Jahrzehnten erkannt. Die Ausbildung des Bewegungsrepertoires galt lange Zeit nicht einmal als echter Lernvorgang. Viele Ärzte sehen darin bis heute eine Abfolge von Reifungsschritten, die einem exakt festgelegten genetischen Programm folgen.

Demnach entstehen schon im Mutterleib durch Strampeln und Schreiten, durch Gähnen, Lächeln oder das Lutschen am Finger unwillkürliche Bewegungsmuster – Fertigkeiten, die nach der Geburt langsam ausreifen. Erst wenn höhere Hirnstrukturen sinnvoll verdrahtet sind, lernt das Nervensystem, die Reflexe zu kontrollieren und durch komplexere Bewegungen zu ersetzen. Folgerichtig suchen Kinderärzte meist nur gezielt nach Störungen von Reflexen, offensichtlichen Knochenfehlstellungen oder ungewöhnlichen Bewegungsmustern, die Hinweise auf Hirnschäden geben können. Erreicht ein Kind bestimmte Meilensteine der Entwicklung in den erwarteten Zeitabschnitten, gilt es als normal entwickelt und gesund.

Dieses Stufenmodell der motorischen Entwicklung ist zwar nicht falsch, aber ergänzungsbedürftig. „Von Natur aus erkundet der Mensch, sobald er geboren ist, unermüdlich all seine Bewegungsmöglichkeiten", sagt

Mijna Hadders-Algra vom Institut für Entwicklungsneurologie der Universität Groningen. Der Körper hat jedoch derart viele Freiheiten bei seinen frühen Bewegungen, dass im Gehirn nicht alle Möglichkeiten programmiert sein können. Daher sucht sich das Nervensystem durch Ausprobieren jene im Gehirn entstandenen Erregungsmuster, die dem Ziel – zum Beispiel nach etwas zu greifen – am besten dienen.

Kinder lernen Bewegungen demnach durch „prüfendes Herausfinden": Wohin soll ich greifen? Was passiert mit meiner Balance, wenn ich den Arm hebe? Wohin verlagert sich mein Ellbogengelenk, wie verschiebt sich das Schultergelenk? Was geschieht, wenn ich zusammen mit den Armen zugleich ein Bein strecke? Je nach Erfahrung bahnen sich im Gehirn unterschiedliche Nervenverbindungen einen Signal-

weg, denn die Plastizität des Denkorgans ist enorm. Wüchsen Kinder auf dem Mond auf, so würden sie aufgrund der geringen Schwerkraft vermutlich zuerst hüpfen statt gehen lernen.

BEI UNTERSUCHUNGEN fallen inzwischen fünf bis acht Prozent aller Grundschulkinder durch eine eingeschränkte Motorik auf; sie können etwa schlecht auf einem Baumstamm balancieren oder nur ganz langsam rückwärts gehen. Muss ein Kind dann ungewohnte Aufgaben bewältigen, sucht es unwillkürlich nach Vermeidungsstrategien. Kann es nur mit Mühe fangen, wird es sich am Ballspielen eher nicht beteiligen. Das führt schnell zu Hänseleien, und das Selbstwertgefühl sinkt. Erlebt sich das Kind dadurch als fehlerhaft, verspannt sich der Körper womöglich und wird unbeweglicher – und das alles nur wegen

einer kleinen Bewegungsstörung, die am Anfang stand.

Auch mancher Erwachsene bekommt die Folgen einer motorischen Unzulänglichkeit in der Kindheit mitunter schmerzhaft zu spüren – zum Beispiel, wenn er sich den Kopf häufig am geöffneten Kofferraumdeckel seines Autos oder in flachen Treppenhäusern stößt. Ursache ist in solchen Fällen oft eine ungenügende Raumorientierung.

Zum Glück braucht es wenig, eine stabile Bewegungsentwicklung zu fördern. Weil sich Kleinkinder von Natur aus gern bewegen. Es reicht schon ein warmer Boden, um krabbelnd die Umgebung zu erkunden; ein mit Kugeln gefüllter Haltering für das gezielte Greifen; ein weicher Ball, um die Auge-Hand-Koordination zu erlernen; eine Rassel, die den Orientierungssinn stimuliert. Am wichtigsten

SECHS SCHRITTE ZUM AUFRECHTEN GANG

1. DREHEN
Sich selbst aus der Balance zu bringen, macht Babys etwa vom vierten Monat an großen Spaß. Auf diese Weise lernen sie, ihren Körper zu drehen. Wenn sich das auf dem Rücken liegende Kind mit beiden Händchen am Finger eines Erwachsenen festhält, kann man es spielerisch hin- und herrollen und so seine Balance schulen.

2. KRIECHEN
Liegt ein Gegenstand in der Nähe, probieren Babys mitunter schon im vierten Monat unterschiedliche Bewegungen aus, um dorthin zu gelangen, vor allem durch Rollen und Kriechen. Oft gelingt das nicht, und das Kind bewegt sich zunächst rückwärts. Wer ihm in dieser Phase ständig Gegenstände in die Hand gibt, bremst damit die Experimentierlust.

3. GREIFEN
Den Blick, das Greifen und die Körperhaltung aufeinander abzustimmen, ist ein wichtiger Meilenstein der Entwicklung vom fünften Monat an. Erstmals wird die Nahwelt – im Wortsinne – begreifbar. Mit Vergnügen bewegt sich das Baby nun auf Gegenstände zu und greift gezielt nach ihnen. Sorgen Sie für eine anregende Umgebung.

4. SITZEN
Es ist eine kippelige Angelegenheit, selbstständig aus der Bauchlage in den Hand-Knie-Stand und dann zum Sitzen zu kommen. Die meisten Babys stützen sich mit etwa einem halben Jahr noch mit einer Hand ab. Eltern sollten ihr Kind nicht hinsetzen, bevor es das nicht aus eigener Kraft schafft.

5. AUFSTEHEN
Das Kind zieht sich etwa vom neunten Monat an zunächst an Möbeln hoch und versucht dann, meist seitwärts erste Schritte zu machen; so gewinnt es das Gefühl für das Gleichgewicht. Halten Sie Ihr Kind dabei nicht fest: Es gehört zum Aufstehenlernen, dass man häufig auf den Po plumpst.

6. GEHEN
Die ersten freien Schritte: Das Kleinkind lernt meist mit einem Jahr, sich größere Räume zu erobern. Nun sind Motivation und Geduld seitens der Eltern gefragt. Damit Kinder die richtige Balance finden, ist es besser, ihnen bei den ersten Schritten unter die Arme zu greifen, als sie an die Hand zu nehmen.

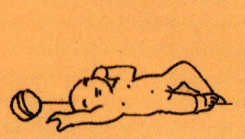
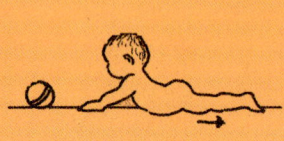

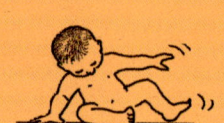

aber sind die gemeinsame Zeit, die Kinder und Eltern spielend auf dem Boden verbringen, und handfeste Berührungen.

IM KÖLNER KURS LENKT die Trainerin die Aufmerksamkeit der Eltern auf eines der Mädchen. Am Boden sitzend, testet es sein Gleichgewicht. Es kippelt, dreht sich ein wenig, fällt fast, rollt sich dann geschickt zur Seite, kippt einmal das Becken zurück, streckt ein anderes Mal die Beine, um Halt zu finden. „Es lernt Übergänge. In jeder Lage findet es einen Ausweg, den es zuvor nicht kannte", sagt Shelhav und ermuntert die Eltern, die Experimentierlust ihrer Kinder in Ruhe zu beobachten.

Ein gesundes Gehirn, sagt Shelhav, bringe den Körper bewusst immer wieder aus der Balance, um mithilfe anderer Bewegungen ein neues Gleichgewicht zu finden. Dadurch entstünden Variationen, die im Gehirn eine innere Ordnung ausgereifter Bewegungsmuster bildeten. Vergleichbar einem Tanz, dessen Regeln sich erst beim Tanzen ergeben.

Als das Mädchen plötzlich aus der Balance gerät, stützt seine Mutter es intuitiv. So stärkt sie das Gefühl des Kindes, dass es etwas riskieren darf. Auf diese Weise kann sich das für Kinder so wichtige Urvertrauen entwickeln.

Manchmal ist Eingreifen gefragt, oft aber nur Abwarten. So etwa bei dem sieben Monate alten Jungen, der versucht, durch Robben und Rollen zu einem Ball zu gelangen. Ständig verlagert er seine Körperhaltung, und man meint dem Gehirn dabei zusehen zu können, wie es nach Bewegungen sucht, die zum Ziel führen. Weil ihm das nicht gleich gelingt, fängt er an zu nörgeln.

Schiebt ihm seine Mutter nun sofort den Ball zu, nimmt sie dem Kind die wichtige Erfahrung, dass es ein selbst gesetztes Ziel erreichen kann. Stattdessen prägt sich in sein Selbstbild ein: Wenn ich hilflos bin, wird mir schon jemand helfen. Auch wer sein Kind bei den ersten selbstständigen, noch wackeligen Schritten an der Hand hält, statt ihm nur leicht unter die Arme zu

greifen, kann damit die Ausbildung eines stabilen Gleichgewichts beim Gehen erschweren.

Dass zur Balance viel mehr gehört, als zwei Füße im Wechsel auf dem Boden abzurollen, entdeckt jeder, der das normale Bewegungsmuster verlässt und versucht, auf den Fersen zu gehen.

Manche Kinder können sich erst im Alter von zehn Jahren flüssig bewegen

Sofort gerät der ganze Körper in Bewegung, das Becken knickt nach hinten, der Rumpf beugt sich vor. Selbst der Kopf reckt sich nach vorn, um das Gleichgewicht zu halten.

Fünf bis zehn Jahre Übung bedarf es, bis Kinder in der Lage sind, sich in allen Situationen flüssig und kontrolliert zu bewegen, gewissermaßen auf Autopilot zu stellen. „Das Gehirn ist ständig mit der Haltungskontrolle im Raum beschäftigt", sagt die Neurologin Mijna Hadders-Algra. Die Fähigkeit dazu konnte sich evolutionär entwickeln, als die Vorfahren des *Homo sapiens* sich aufrichteten und auf zwei

Beinen zu gehen begannen. Dazu mussten im Gehirn neue und von den Beinen unabhängige Bewegungsmuster für die Hände entstehen, die in der Folgezeit vermehrt zum Greifen eingesetzt werden konnten.

Diese Umstellung im Haltungssystem stellt den Menschen bis heute vor große Herausforderungen. Weil Menschenkinder viel unreifer auf die Welt kommen als Menschenaffen-Nachwuchs, macht ihnen die Schwerkraft mehr zu schaffen. Ein weiterer Grund, weshalb die Balance zu halten für Babys vergleichsweise schwer zu erlernen ist. So reagieren Kinder schon kurz nach der Geburt mit spontanen Kontraktionen der Bauch- und Rückenmuskulatur, wenn sie im Bewegungslabor auf einer Platte, die Gewichtsverschiebungen registriert, leicht nach vorn oder hinten gekippt werden. Mit vier bis sieben Monaten entwickeln sich dann das gezielte Greifen und die Augen-Hand-Koordination. Erst mit rund einem Jahr kann ein Kind Positionsänderungen aktiv ausbalancieren.

Wie wichtig Haltungskontrolle ist, hat die Groninger Forscherin Had-

ders-Algra bei Kindern beobachtet, die vor dem normalen Geburtstermin zur Welt gekommen sind. „Frühchen" entwickeln vergleichsweise häufig winzige Störungen bei der Haltungskontrolle. Sie rollen sich beim Krabbeln seltener, lernen mitunter verzögert die Balance beim Gehen. Selbst im Schulalter findet sich bei ihnen oft noch ein ungeschickter Gang; einige sind im Sportunterricht unbeholfen, und manchen fällt das Stehen auf einem Bein schwer. Woran das liegt, weiß bislang niemand genau zu sagen.

Eine entscheidende Rolle könnte die verkürzte Zeit im Mutterleib spielen – in der ersten Turnhalle im Leben eines Kindes. Der schroffe Übergang von der dunklen, wohligen und fast schwerelosen Umgebung auf eine der Schwerkraft ausgesetzte Matte im Inkubator sei für vorzeitig entbundene Kinder eine „schwere Verletzung der angeborenen Umwelterwartung des unreifen Gehirns", sagt Heidelise Als von der Kinderklinik der Harvard University in Boston. Die Schwierigkeit, sich im Brutkasten überhaupt zu bewegen, der ständige Stress und die zu früh einströmenden Sinnesreize erschwerten die Entwicklung des jungen Gehirns.

Die gebürtige Deutsche träumt seit Jahren davon, die funktionale, kühle Atmosphäre pädiatrischer Intensivstationen in eine Art „zweiten Mutterleib" zu verwandeln. Zumindest ein Anfang dazu ist in Boston gemacht. Das Licht auf den Stationen ist abgedimmt, das Schlafbedürfnis der Kleinen wird, wann immer möglich, geachtet. Der Geräuschpegel ist niedrig, weil der Alarm der Überwachungsgeräte zentral in einem Nebenraum registriert wird, Ärzte und Schwestern flüstern bei der Visite. Und Physiotherapeuten ermuntern die Eltern, ihre Kinder jeden Tag spielerisch mit gezielten Übungen in Bewegung zu versetzen.

Der Erfolg dieses „Newborn Individualized Developmental Care and Assessment Program" ist messbar. In der Fachzeitschrift „Pediatrics" konnte das Team um Als im Dezember 2005 erstmals detailliert nachweisen, wie sich

nicht nur die Hirnstruktur, sondern gut neun Monate später auch die motorischen Fertigkeiten der untersuchten Frühchen erheblich besser entwickelt hatten als bei einer Kontrollgruppe.

AUCH MIJNA HADDERS-ALGRA in Groningen erforscht, ob sich hinter motorischen Koordinationsstörungen im Schulalter womöglich subtile Haltungsfehler verbergen, die sich schon zu Beginn des Lebens eingeschlichen haben. Da Frühchen die Schwerkraft eher zu spüren bekommen als termingerecht geborene Säuglinge, entwickeln sie manche Bewegungsmuster zunächst rascher, etwa das Greifen. Sie müssen dabei allerdings stärker ihre Stützmuskeln aktivieren, um die Haltung zu stabilisieren.

Bewegungsförderung hilft, vor allem wenn sie schon im ersten Lebensjahr einsetzt

Das hat Folgen: Nach vier bis sechs Monaten ist bei vielen Frühchen die Beweglichkeit des Körpers beim Greifen eingeschränkt. Es wirke, als „frieren diese Kinder ihren Rumpf stärker ein als andere, um direkter greifen zu können", sagt Hadders-Algra. Solche Auffälligkeiten könnten später das Erlernen komplexer Bewegungsabläufe erschweren, vermutet die Forscherin.

Wie und wann Kindern am besten zu helfen ist, wollen die Groninger Forscher mithilfe eines neuen Diagnoseverfahrens herausfinden. Es soll schon bei zwei bis vier Monate alten Säuglingen winzige Störungen im Bewegungsfluss aufspüren. Bei dem Test liegen die Kinder entspannt auf dem Rücken. Ihre Spontanbewegungen werden gefilmt, um die Qualität dieser unwillkürlichen, den ganzen Körper umfassenden Bewegungen zu analysieren. Die beim Strampeln entstehenden Muster erlauben den Experten gewissermaßen einen Einblick in die Arbeitsweise des reifenden Gehirns.

Normalerweise sind spontane Bewegungen von Armen und Beinen

»ICH BIN CHAVA – DU BIST LEON«

Das Fallbeispiel eines 19 Monate alten Jungen zeigt, wie wirksam Bewegungstherapie auch bei schwerbehinderten Kindern sein kann

Weil Leon* bei der Geburt zu wenig Sauerstoff bekommen hat, ist eine Hälfte seines Gehirns ausgefallen. Der Junge könne kaum sehen, weder sitzen noch laufen, sagt seine Mutter. Er liege meist auf dem Rücken, krabbele nicht, könne das Gewicht seines Kopfes nicht halten, schreie viel und spreche nicht.

Leon ist überrascht – er lächelt erstmals

„Hallo, Leon", begrüßt Chava Shelhav den Jungen. Sie blickt ihm direkt in die Augen, nimmt ihm die klobige Brille ab. „Ich bin Chava", sagt sie laut und langsam. „Du bist Leon." Mit der flachen Hand klopft sie den ganzen Körper des Kleinen ab, tastet über die verkrampften Ärmchen. Schließlich bringt sie das Kind in eine Art Schneidersitz, umschließt seinen Körper mit ihren Beinen. Nun klopft sie mit beiden Händen rhythmisch auf seinen Bauch und summt dazu ein Lied. Shelhav streichelt mit der Hand des Kindes dessen Nase, Lippen und Mund. Ein Lächeln huscht erstmals über das Gesicht von Leon, dann befällt ihn ein Krampf. Noch ein Versuch. Leon ertastet mithilfe der Therapeutin seine Lippen, lockert dabei die Fäuste. „Wo ist deine Zunge?", fragt Shelhav den Jungen, der daraufhin beginnt, wie selbstverständlich an seinen Fingern zu lecken. Scheinbar zufrieden brabbelt er los.

Die Teilnehmer des Ausbildungskurses für Therapeuten erleben staunend, dass die Methode augenscheinlich selbst bei einem Kind funktioniert, das nach Ansicht von Experten über kein Bewusstsein verfügt. „Was willst du mir sagen?", fragt Shelhav das röchelnde Kind, das scheinbar etwas mitteilen will. Niemand im Raum versteht die Laute, Shelhav aber sagt: „Ich höre, was du sagen willst. Das Lecken ist angenehm, nicht?" Leon brabbelt weiter, entspannt sich. Seine Mutter ist begeistert, erzählt, sie habe ihren Sohn bisher nie brabbeln hören. Bei der Tiefenmassage der Gesichtsmuskeln, zu der ihr die Physiotherapeutin geraten hatte, habe er stets geweint. „Dann mag er das nicht so gern", sagt Shelhav und empfiehlt: „Nehmen Sie seine Hände zur Massage, dann spürt er sich besser."

Der Kopf hebt sich, dank der eigenen Muskeln

Es ist dieser scheinbar simple Perspektivwechsel, der neue Erfahrungen eröffnet. Leon sitzt inzwischen bei seiner Mutter. Sein Kopf hängt noch immer schlaff zur Seite. Shelhav bringt das Kind ganz vorsichtig aus der Balance. Dabei unterstützt sie unmerklich einen Arm, damit der Rumpf nicht in sich zusammensinkt. Langsam lässt sie Leon zurückwippen in den Schoß seiner Mutter. Das Kind pendelt mit dem Oberkörper hin und her, den Kopf schräg nach unten. Es scheint in sich hineinzulauschen. Dann, nach einer langen Zeit, hebt sich der Kopf, langsam. Es sind die eigenen Muskeln, die ihn erstmals aufrichten. Immer wieder bringt Leon seinen Rumpf nach vorn, spannt nun Rücken- und Bauchmuskeln stärker an. Die Spastik in der Hand ist für den Moment verschwunden. Und der Kopf? Der Muskeltonus hat sich gebessert, das Kind kann allein im Schneidersitz sitzen, dabei den Kopf halten und seinen Rumpf hin- und herbeugen. „Ich bin überwältigt", sagt Leons Mutter und weint vor Glück. Im Übungsraum entlädt sich die Spannung. Eine Krankengymnastin, bei der das Kind in Behandlung war, erzählt, alle bisherigen Sitzungen hätten keine Fortschritte gebracht. Chava Shelhav wird mit Fragen bestürmt. Was ist hier geschehen? Wie konnte es in so kurzer Zeit gelingen? Es gelte, sagt sie, die Aufmerksamkeit von der blockierten Region im Körper abzulenken und im motorischen System neue Anknüpfungspunkte zu finden. So entstehe ein Selbstbild im Kind, das neue Bewegungen erlaube. Und weshalb hat sie ihm die Brille abgenommen? „Leon brauchte nicht zu sehen. Er sollte sich spüren, wie er sich noch nicht kannte."

Volker Stollorz

* Name ist der Redaktion bekannt

„komplex, fließend und stark variabel", so Hadders-Algra. Zwei Typen deutlich veränderter Spontanbewegungen können die Forscher derzeit unterscheiden: Stark abweichende oder gar fehlende Spontanbewegungen; diese weisen meist auf einen vorgeburtlichen Hirnschaden hin. Umstritten ist noch, ob auch die weniger deutlich abweichenden Bewegungsmuster Zeichen für spätere Störungen sind.

Trotz der neuen Erkenntnisse, trotz aller bereits praktizierten Frühförderung mithilfe von Ergotherapie, PEKIP (Prager-Eltern-Kind-Programm), Sensomotorischer Integration, Psychomotorik oder Rückenschulen – bislang lässt sich nicht eindeutig sagen, wann und in welcher Intensität eine Förderung bei welchen Kindern einsetzen sollte.

Hadders-Algra ist überzeugt, dass eine intensive Unterstützung vor allem

dann optimal wirkt, wenn sie im Alter zwischen drei und 15 Monaten beginnt. Eine noch laufende Studie soll das belegen: 20 Kinder, die im Alter von etwa drei Monaten deutlich ungewöhnliche Spontanbewegungen zeigten, wurden von Physiotherapeuten behandelt, um ihr Bewegungsrepertoire zu erweitern. Eine Kontrollgruppe erhielt die wie bisher übliche kinderärztliche Betreuung. Entwicklungstests sollen zeigen, ob die intensive Begleitung der Babys tatsächlich besser ist als schlichtes Abwarten.

Die Israelin Chava Shelhav will demnächst an der Universität Tel Aviv in Zusammenarbeit mit einer Krankenkasse eine Studie beginnen, um die Effektivität ihrer Child's-Space-Methode wissenschaftlich zu untermauern. Die Eltern des Kurses in Köln-Kalk haben ihr Urteil schon gefällt. Bei dem Lied „Drei kleine Fische"

singen am Ende der Stunde alle begeistert mit. Das Kind mit dem abgeflachten Hinterkopf hat in der Stunde spielerisch erfahren, dass es auch auf dem Bauch liegend die Welt erobern kann. Und seine Mutter hat ebenfalls etwas über sich gelernt: Nur wer sich vorwagt, kann den Grundstein für Neues legen. ☐

Volker Stollorz, 42, ist freier Wissenschaftsjournalist in Köln. Jahrelang stieß er sich ständig den Kopf, wenn er sich zu rasch auf tief hängende Wohnzimmerlampen zubewegte. Seit er ahnt, dass ein motorisches Defizit aus Kindertagen die Ursache sein könnte, eckt er nur noch selten an. Und macht mit seinem Sohn regelmäßig Feldenkrais-Übungen. Der deutsche Fotograf **Jan von Holleben**, 28, lebt und arbeitet in London.

Weitere »Flying Kids« des Fotografen Jan von Holleben finden Sie unter: www.geo.de/vanholleben

WELCHEN **ERZIEHUNGSSTIL** HABEN SIE?

ENTWICKELT VON PROFESSORIN DR. SIGRID TSCHÖPE-SCHEFFLER, FACHHOCHSCHULE KÖLN; ILLUSTRATIONEN VON LEA TRAUB

Dieser Eltern-Orientierungs-Test dient zur besseren Wahrnehmung der eigenen Stärken im Umgang mit Kindern. Er basiert auf der »Pädagogik der Achtung«

Vertrauen, Respekt, Mitbestimmung, Struktur und Förderung gelten für Sigrid Tschöpe-Scheffler als die „Fünf Säulen der Erziehung". Auf dieser Grundlage hat die Kölner Professorin mit ihrem Team den hier vorgelegten Eltern-Stärken-Test entwickelt, der durch Fragen zum sozialen Netzwerk ergänzt wird.

Mithilfe des Tests können Sie sich über Ihre Stärken auf diesen Feldern orientieren – und darüber, was Sie noch besser machen können. Nur wer sich selbst gut kennt und gelernt hat, sowohl Stärken als auch Schwächen wahrzunehmen, ent-

wickelt die nötige Sensibilität für das Verhalten von Kindern.

Was der Test nicht kann:
Er vermag keine endgültige Aussage darüber zu treffen, welcher Elterntyp Sie sind. Daher wird in der Testauswertung auch nicht ein „richtiger Erziehungsstil" oder eine „perfekte Erziehungsmethode" nahe gelegt. Die Auswertung ist vor allem als Anregung zur Selbstreflexion gedacht. Von dem Test profitieren können Sie jedoch nur, wenn Sie die folgenden 36 Fragen wahrheitsgetreu beantworten.

So wird's gemacht:

Kreuzen Sie zu den 36 Aussagen jene Antwort an, die Ihrer Auffassung am nächsten kommt.

1 = der Aussage **stimme ich voll zu**
2 = der Aussage **stimme ich eher zu**
3 = der Aussage **stimme ich eher nicht zu**
4 = der Aussage **stimme ich nicht zu**

• **Wenn Sie mehrere Kinder erziehen, konzentrieren Sie sich beim Ausfüllen bitte auf eines, da Eltern mit jedem Kind – je nach dessen Alter und Temperament – etwas anders umgehen.**

• **Falls Sie Ihre Kinder zu zweit erziehen, machen Sie doch beide den Test – und sprechen Sie über das Ergebnis.**

• **Sie können den Test auch machen, indem Sie sich vorstellen, wie Sie als Kind Ihre Eltern erlebt haben. Das kann Ihnen Hinweise auf Ihre Erziehungsgeschichte geben.**

1. Belastungen, Unangenehmes und Pflichten versuche ich möglichst von meinem Kind fern zu halten, damit es noch lange Kind bleiben kann. Die harte Realität der Erwachsenenwelt kommt noch früh genug.

| 1 | (2) | 3 | 4 |

2. Ich finde es richtig, dass Eltern entscheiden und Kinder lernen, sich anzupassen.

| (1) | 2 | 3 | 4 |

3. Wenn ich will, dass eine Regel eingehalten wird, begründe ich meinen Standpunkt und sage meinem Kind klipp und klar, was ich von ihm erwarte.

| (1) | 2 | 3 | 4 |

4. Wenn im Alltag etwas Außerplanmäßiges passiert, z. B. mein Kind krank wird oder ich selbst krank werde, dann habe ich jemanden, der mich spontan unterstützen kann.

| 1 | 2 | (3) | 4 |

5. Ich kann mich auf mein Kind (seinem Alter entsprechend) verlassen und weiß, dass es sich vernünftig verhält, auch wenn ich nicht dabei bin.

| (1) | 2 | 3 | 4 |

6. Spiel und Spaß haben wenig mit Lernen zu tun. Sie verhindern die richtige Einstellung zum Lernen.

| 1 | 2 | 3 | (4) |

7. Wenn meinem Kind etwas nicht gelingt und es deshalb traurig wird oder sich ärgert, tröste ich es und mache ihm Mut, es noch einmal zu versuchen.

| (1) | 2 | 3 | 4 |

8. Ich versuche, Erziehungsschwierigkeiten möglichst allein zu lösen. Gespräche mit anderen verunsichern mich meist nur.

| 1 | 2 | (3) | 4 |

9. In Konfliktsituationen mit meinem Kind habe ich oft das Gefühl, überfordert zu sein. Ich weiß dann einfach nicht mehr, was ich noch machen soll.

| 1 | (2) | 3 | 4 |

10. Im Familienalltag ist es mir nicht nur wichtig, meinen Standpunkt deutlich zu machen. Ich bitte auch mein Kind, mir seine Meinung zu sagen.

| 1 | (2) | 3 | 4 |

11. Ich vermeide es, meine Fehler vor meinem Kind einzugestehen, da es dadurch den nötigen Respekt vor mir verlieren könnte.

| 1 | 2 | 3 | (4) |

12. Ich fühle mich häufig mit der Kindererziehung überfordert und weiß nicht, wo ich geeignete Unterstützung bekommen kann.

| 1 | 2 | (3) | 4 |

13. Es fällt mir schwer, damit umzugehen, dass mein Kind mich immer weniger braucht und beginnt, eigene Wege zu gehen.

| 1 | 2 | 3 | (4) |

14. Ich habe oft das Gefühl, dass mein Kind macht, was es will.

| 1 | 2 | (3) | 4 |

15. Ich unterstütze am liebsten die Hobbys meines Kindes, in denen es das lernt, was es später einmal für sein Leben gut nutzen kann.

| 1 | (2) | 3 | 4 |

16. Ich möchte, dass mein Kind möglichst früh lernt, Probleme allein zu bewältigen und Verantwortung dafür zu übernehmen. Ich unterstütze es zwar dabei, vermeide aber, eigene Lösungsvorschläge zu machen.

| 1 | (2) | 3 | 4 |

17. Ich versuche oft, die Welt aus den Augen meines Kindes zu sehen. Das hilft mir, mein Kind besser zu verstehen.

| 1 | (2) | 3 | 4 |

18. Wenn mir mal die Hand ausrutscht oder ich etwas Kränkendes gesagt habe, entschuldige ich mich bei meinem Kind.

| (1) | 2 | 3 | 4 |

19. Wenn mein Kind traurig oder wütend ist, beschwichtige ich es. Meist ist es ja nicht so schlimm, und gerade Kinder vergessen ihren Kummer schnell.

| (1) | 2 | 3 | 4 |

20. Mir fällt es schwer, mich zu öffnen und ganz persönliche Probleme anderen anzuvertrauen.

| 1 | 2 | (3) | 4 |

21. Ich achte darauf, dass mein Kind viele Freiräume hat, das zu tun, woran es Freude hat.

| 1 | (2) | 3 | 4 |

22. Ich habe in meinem Freundes- und Familienkreis verlässliche Ansprechpartner, bei denen ich immer Verständnis und Unterstützung finde, wenn es mir mal nicht gut geht.

| 1 | (2) | 3 | 4 |

23. Da ich besser als mein Kind beurteilen kann, was ihm gut tut, versuche ich selbstverständlich, es in die richtige Richtung zu lenken.

| 1 | (2) | 3 | 4 |

24. Ich bin meinem Kind gegenüber meistens konsequent und setze Regeln auch dann durch, wenn mir mein Kind dabei ein bisschen leid tut.

| 1 | (2) | 3 | 4 |

25. Es ist mir sehr wichtig zu erkennen, welche Begabungen mein Kind hat, um diese dann besonders zu fördern.

| 1 | 2 | (3) | 4 |

26. Die heutigen Kinder werden es schwer haben, einen qualifizierten Beruf auszuüben, daher muss ich mein Möglichstes tun, um mein Kind zu guten Leistungen anzuhalten.

| 1 | (2) | 3 | 4 |

27. Ich finde es wichtig, dass Entscheidungen, die die ganze Familie betreffen (z. B. Urlaubsplanung), von allen Familienmitgliedern gemeinsam getroffen werden. Die Meinung der Kinder wird dazu auch angehört und berücksichtigt.

| 1 | (2) | 3 | 4 |

28. Kinder sollten bei der Lösung von Konflikten mit einbezogen werden, dann fällt es ihnen leichter, sich an Vereinbarungen zu halten.

| 1 | 2 | (3) | 4 |

29. Es kommt häufig vor, dass ich meinem Kind Konsequenzen androhe, die ich nicht einhalte.

| 1 | 2 | 3 | (4) |

30. Wenn mein Kind etwas Neues ausprobiert und es nicht recht gelingen will, dann helfe ich ihm gleich, um ihm das Gefühl von Misserfolg zu ersparen.

| 1 | 2 | (3) | 4 |

31. Es geht nicht nur darum, Kindern Wissen zu vermitteln, sondern ihnen die Chance zu bieten, eigene Fragestellungen und Lösungen zu entwickeln.

| 1 | (2) | 3 | 4 |

32. Manchmal hilft nur ein Klaps, um einem Kind Grenzen deutlich zu machen.

| 1 | 2 | 3 | (4) |

33. Wenn mein Kind ein Problem hat, traurig, enttäuscht oder wütend ist, kann ich ihm am besten helfen, indem ich zuhöre und versuche, mein Kind zu verstehen.

| (1) | 2 | 3 | 4 |

34. Es muss bestimmte Familienrituale geben, die allen Familienmitgliedern ein Gefühl von Zugehörigkeit und Sicherheit geben.

| (1) | 2 | 3 | 4 |

35. Wenn mein Kind sich mit anderen Kindern streitet, schalte ich mich häufig ein und versuche, die Parteien auseinander zu bringen.

| 1 | 2 | (3) | 4 |

36. Ich habe gute Kontakte zu den Erzieherinnen/Erziehern bzw. Lehrerinnen/Lehrern meines Kindes und würde auch Erziehungsprobleme offen mit ihnen besprechen.

| 1 | (2) | 3 | 4 |

Die Auswertung

1. Übertragen Sie Ihre Antworten auf den folgenden Seiten in die Kästchen mit den Punktwerten.

2. Zählen Sie die Punkte zusammen.

3. Übertragen Sie die Ergebnisse in die dazugehörige Säule.

Bitte umblättern!

Scale:
stimme **voll zu** (1) · stimme **eher zu** (2) · stimme **eher nicht zu** (3) · stimme **nicht zu** (4)

Nr.	1	2	3	4
1.	0	(1)	2	3
5.	(3)	2	1	0
13.	0	1	2	(3)
17.	3	(2)	1	0
30.	0	1	(2)	3
33.	(3)	2	1	0

Nr.	1	2	3	4
7.	(3)	2	1	0
11.	0	1	2	(3)
18.	(3)	2	1	0
19.	(0)	1	2	3
27.	3	(2)	1	0
32.	0	1	2	(3)

Nr.	1	2	3	4
2.	(0)	1	2	3
10.	3	(2)	1	0
16.	3	(2)	1	0
23.	0	(1)	2	3
28.	3	2	(1)	0
35.	0	1	(2)	3

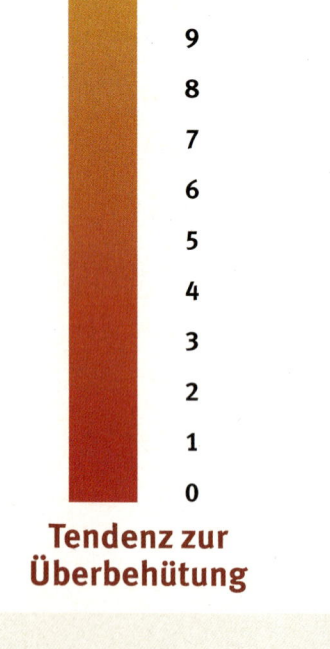

Liebevolle Zuwendung, Vertrauen

18 · 17 · 16 · 15 · **(14) Nahd.** · 13 · 12 · 11 · 10 · 9 · 8 · 7 · 6 · 5 · 4 · 3 · 2 · 1 · 0

Tendenz zur Überbehütung

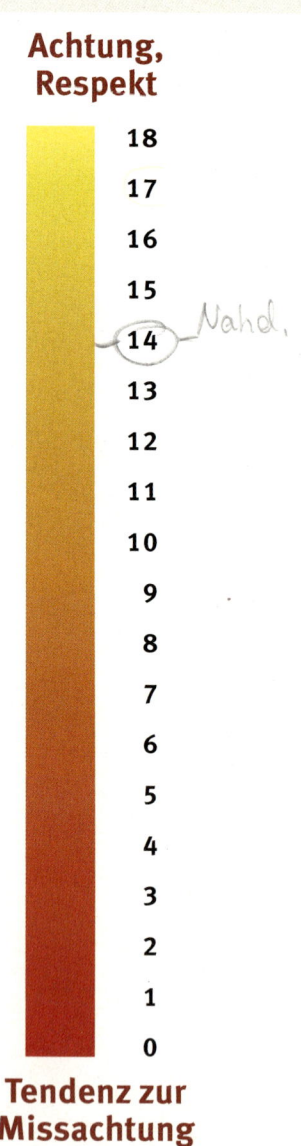

Achtung, Respekt

18 · 17 · 16 · 15 · **(14) Nahd.** · 13 · 12 · 11 · 10 · 9 · 8 · 7 · 6 · 5 · 4 · 3 · 2 · 1 · 0

Tendenz zur Missachtung

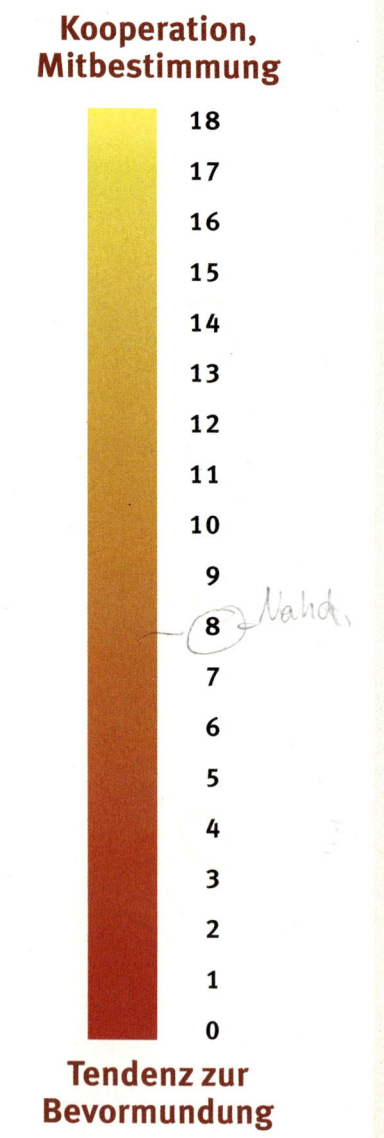

Kooperation, Mitbestimmung

18 · 17 · 16 · 15 · 14 · 13 · 12 · 11 · 10 · 9 · **(8) Nahd.** · 7 · 6 · 5 · 4 · 3 · 2 · 1 · 0

Tendenz zur Bevormundung

	1	2	3	4		1	2	3	4		1	2	3	4
3.	③	2	1	0	6.	0	1	2	③	4.	3	2	①	0
9.	0	①	2	3	15.	0	①	2	3	8.	0	1	②	3
14.	0	1	②	3	21.	3	②	1	0	12.	0	1	②	3
24.	3	②	1	0	25.	3	2	①	0	20.	0	1	②	3
29.	0	1	2	③	26.	0	①	2	3	22.	3	②	1	0
34.	③	2	1	0	31.	3	2	①	0	36.	3	②	1	0

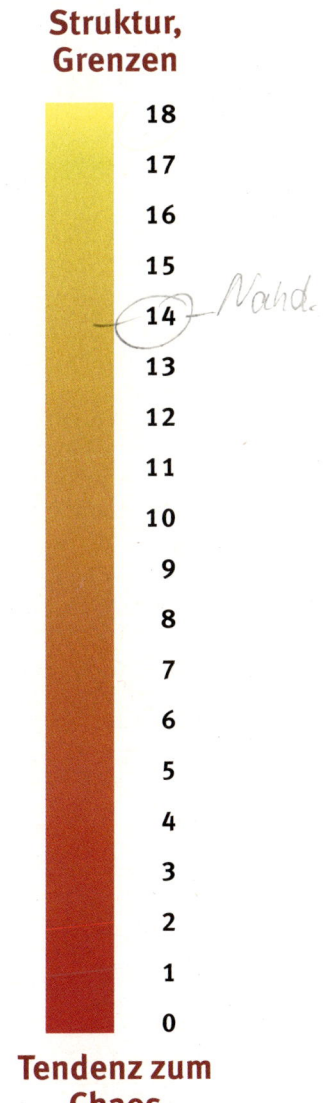

Struktur, Grenzen

14 — Nahd.

Tendenz zum Chaos

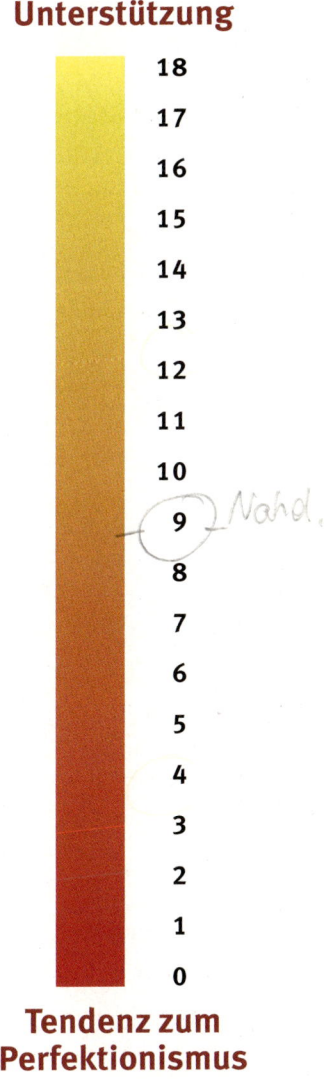

Förderung, Unterstützung

9 — Nahd.

Tendenz zum Perfektionismus

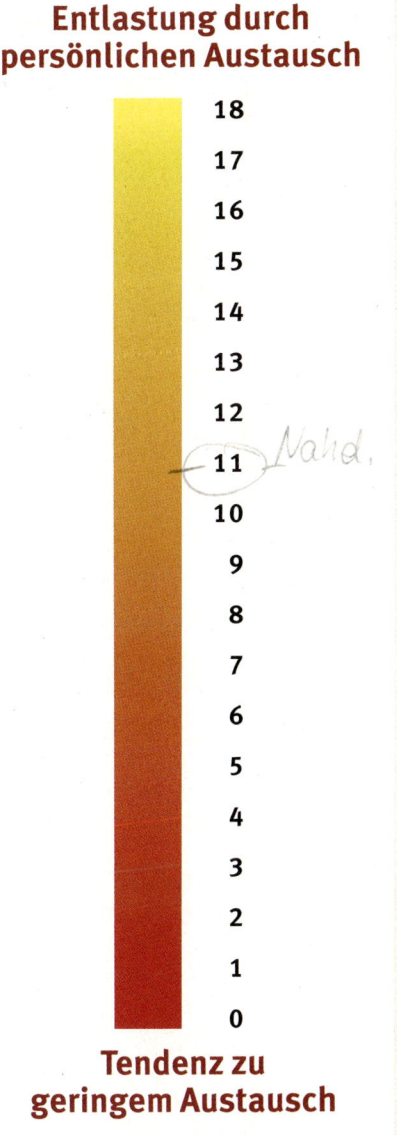

Entlastung durch persönlichen Austausch

11 — Nahd.

Tendenz zu geringem Austausch

Die Auswertung:

Je weiter Ihre Punktzahl zum oberen oder unteren Ende der Säule tendiert, desto stärker ist die entsprechende Erziehungsdimension bei Ihnen ausgeprägt. Ein Kreuz im gelb-orangefarbenen Bereich symbolisiert Ihre Stärken (Punktzahl 18 bis 9), eines im roten Bereich Ihre Entwicklungsmöglichkeiten (Punktzahl 8 bis 0).

Lesen Sie nun zu jeder der sechs Säulen den Ihrer Punkzahl zugeordneten Auswertungstext. Wenn Ihre Punktzahlen im Bereich 10 bis 8 liegen, könnten beide Auswertungstexte für Sie interessant sein. Die „Schlüsselbegriffe" am Ende der Auswertung können helfen, Ihre Entwicklungspotenziale freizusetzen.

1. Säule

Liebevolle Zuwendung, Vertrauen

18 BIS 9 PUNKTE

Die liebe- und vertrauensvolle Zuwendung zu Ihrem Kind ist eine Ihrer großen Stärken. Ihr Interesse an den Gedanken und Sichtweisen Ihres Kindes ermöglicht es Ihnen, eine liebevolle Beziehung aufzubauen. Wenn Ihr Kind Fortschritte macht, freuen Sie sich mit ihm. Ihr Stolz und Zuspruch ermutigen es, selbstständiger zu werden: Es weiß, dass Sie nicht traurig zurückbleiben, sondern ihm erlauben, Erfahrungen zu sammeln. Sie geben Ihrem Kind das Gefühl, für die Menschen, die es liebt, wichtig zu sein und geliebt zu werden. Durch Ihre Liebe gewinnt Ihr Kind Sicherheit, Selbstvertrauen und Lebensmut; es fühlt sich angenommen.

Anregung:

Die elterliche Selbstreflexion ist ein wichtiger Baustein für eine gelingende Erziehung. Es gehört mit zu den schwierigsten Aufgaben in der Erziehung, eigene Wünsche, Entwürfe und Vorstellungen vom Kind und dessen Leben zurückzustellen – zugunsten der Achtung seiner individuellen Persönlichkeit.

Tendenz zur Überbehütung

8 BIS 0 PUNKTE

Weil Sie Ihr Kind lieben, sorgen Sie sich sehr um sein Wohlbefinden und möchten es vor allen Unannehmlichkeiten beschützen. Für die Entwicklung eines Säuglings ist das lebensnotwendig, aber je älter ein Kind wird, desto mehr muss es lernen, dass Schwierigkeiten, Pflichten und Unangenehmes zum Leben gehören. Es braucht Hilfe zur Selbsthilfe. Äußerungen wie „Dazu bist du noch zu klein!" oder „Lass mal, ich mache das!" erziehen die Kinder dazu, träge zu werden und Verantwortung abzugeben. Die Bewältigung altersangemessener Aufgaben kann das Gefühl stärken, selbst etwas schaffen zu können. Zumutungen geben Mut zum Leben. Je älter Ihr Kind ist, desto mehr benötigt es Freiräume, in denen es sein Können entdecken und seine Grenzen erfahren kann. Vertrauen Sie darauf, dass Ihr Kind von sich aus zu Ihnen kommen wird, wenn es Rat und Unterstützung braucht.

Anregung:

Könnte es sein, dass Sie Ihr Kind aufgrund eigener Ängste zu sehr einschränken? Was könnte schlimmstenfalls passieren in Situationen, die Sie als riskant einstufen? Lohnt es sich, das Kind um Erfahrungen und Erfolge zu bringen, um es vor dieser Gefahr zu bewahren? Trauen Sie Ihrem Kind zu, für seine Belange auch selber Lösungen finden zu können? Schaffen Sie

es, ihm zuliebe auch mal Ihre Angst auszuhalten?

Schlüsselbegriffe:

Mitsorge statt Überbehütung; Freiräume ermöglichen statt (über-)ängstliche Einschränkung; Selbstständigkeit fördern statt Abhängigkeiten unterstützen; Anteilnahme statt „fürsorgliche" Belagerung.

2. Säule

Achtung, Respekt

18 BIS 9 PUNKTE

Ihre besondere Stärke ist es, Ihr Kind als eigenständige Persönlichkeit wahrzunehmen und zu achten. Sie spüren, dass Ihr Kind nicht erst zu einem Menschen erzogen werden muss, sondern bereits vom ersten Lebenstag an ein eigenständiges Wesen ist. Einen Menschen wahrzunehmen, heißt auch, ihn in seinen Eigenarten und seinem Anderssein zu respektieren. Das scheint Ihnen mit Ihrem Kind gut zu gelingen. Ihr Kind bekommt Anerkennung, und Sie geben ihm das Gefühl: „So, wie du bist, bist du in Ordnung." Damit kann es sich zu einer eigenständigen Persönlichkeit entwickeln. Zur Achtung gehört auch, Formen der Verständigung zu finden, die das Kind nicht klein machen, es demütigen. In Konfliktsituationen finden Sie meist den richtigen Ton und die richtige Art, Ihrem Kind zu vermitteln, dass seine Handlungen zwar im Moment nicht in Ordnung sind, Sie es aber dennoch als Person uneingeschränkt wertschätzen.

Anregung:

Nehmen Sie weiterhin Ihr Kind als Person mit Eigen-Sinn wahr. Gehen Sie auch künftig mit Interesse und Sensibilität auf die Fragen Ihres Kindes ein.

Tendenz zur Missachtung

8 BIS 0 PUNKTE

Sie wissen meist gut, was Sie als Erwachsener wollen und brauchen. Und Sie haben klare Vorstellungen, was Ihr Kind zu tun oder zu lassen hat. Bei Meinungsverschiedenheiten möchten Sie vor allem Ihre Vorstellungen durchsetzen, anstatt gemeinsam mit Ihrem Kind nach Kompromissen zu suchen. Vielleicht sind Sie überlastet oder ein sehr lebhafter Mensch, dem es schwer fällt, in emotionalen Situationen besonnen zu reagieren? Es ist jedoch kein Zeichen von Schwäche, auf die Argumente von Kindern einzugehen. Grenzen zu setzen meint nicht, die kindlichen Sichtweisen zu missachten oder es z. B. durch Beschimpfungen oder Schweigen zu erniedrigen. Kinder, die noch lernen müssen, mit Ungeduld oder Wut umzugehen, nehmen es sich sehr zu Herzen, wenn sie von Eltern missachtet oder abgewertet werden. Sie brauchen – für ihre Selbstachtung und damit auch für die Achtung anderer – ein liebevolles Gegenüber, das mit Nachsicht und Verständnis reagiert. Im Alltag fehlt oft die Zeit, sich auf die Bedürfnisse des Kindes einzustellen, ihm aufmerksam zuzuhören oder seine Sorgen mit ihm zu teilen. Dadurch passiert es schnell, dass uns Kinder lästig werden oder wir sie zur Seite schieben, ohne es zu merken. Auch manche Art, wie wir in Konflikten mit ihnen umgehen, sie z. B. beschimpfen oder demütigen, verletzt die Seele des Kindes. Erwachsenen fällt es oft schwer, sich für eigenes Fehlverhalten bei Ihren Kindern zu entschuldigen. Das ist jedoch keine Niederlage, sondern ein Beweis dafür, dass Sie die Würde des Kindes achten. Es bedarf oft einer genauen Beobachtung und Selbstwahrnehmung, um zu erkennen, mit welchen Worten und Verhaltensweisen wir Kinder verletzen.

Anregung:
Beobachten Sie sich: In welchen Situationen neigen Sie dazu, Ihr Kind nicht ernst zu nehmen und ihm das Gefühl zu geben, nicht erwünscht zu sein? Verstärken Sie den Blick darauf, was Ihr Kind gut kann. Blicken Sie einmal in Ihre eigene Kindheit zurück: In welchen Situationen haben Sie sich damals gedemütigt, abgewertet oder vernachlässigt gefühlt? Dieser Perspektivwechsel hilft nachzuempfinden, wie sich Ihr Kind fühlen könnte. Fragen Sie sich, wie Sie in Stresssituationen reagieren, und überlegen Sie, welche

Alternativen es geben könnte. Elternkurse bieten eine gute Möglichkeit, gemeinsam neue Verhaltensweisen zu entwickeln und respektvolle Wege im Umgang mit dem Kind zu finden.

Schlüsselbegriffe:
Wertschätzung statt Geringschätzung; Respekt statt Demütigung; Wahrnehmung der kindlichen Bedürfnisse statt Beleidigung; Selbstbeobachtung und Überlegung, welche Alternativen es zu den bisherigen Erziehungsweisen geben könnte.

3. Säule

Kooperation, Mitbestimmung

18 BIS 9 PUNKTE

Sie gehen partnerschaftlich mit Ihrem Kind um, beziehen es in Entscheidungen ein, interessieren sich für seine Sichtweisen und geben ihm damit das Gefühl, wichtig zu sein. Auf diese Weise gewinnt Ihr Kind Selbstvertrauen und wird ermutigt, eigenständig Lösungen für seine Belange zu entwickeln. Nicht immer ist es nötig, alles miteinander „auszuhandeln". Im Interesse des Kindes müssen Eltern auch Grenzen vorgeben. Wichtig ist dabei, diese vorher mit dem Kind zu besprechen und sie ihm einsichtig zu machen. Sollten Sie in Säule vier eine „Tendenz zum Chaos" haben, könnte es sein, dass Sie sich zu sehr scheuen, verbindliche Regeln vorzugeben. Eine klare Orientierung, was erlaubt ist und was nicht, ist für ein Kind jedoch genauso wichtig wie die Erfahrung, einbezogen zu werden und mitbestimmen zu dürfen.

Anregung:
Fragen Sie sich weiterhin, in welchen Bereichen es wichtig ist, die Meinung Ihres Kindes einzubeziehen. Fragen Sie sich aber auch, wo Sie Ihre eigene Position vertreten sollten. Was sind Ihre Werte? Was ist Ihnen wichtig? Es gibt auch Situationen, in denen Sie Ihre Erziehungsautorität deutlich machen und Ihrem Kind Orientierung geben müssen. Hier kann zu viel reden und diskutieren dazu führen, dass Ihr Kind das

Gefühl hat, zu „siegen". Es ist sinnvoll, Familienregeln zusammen mit dem Kind festzulegen und zu vereinbaren, welche Folgen ein Verstoß nach sich zieht. Sie müssen dann aber auch konsequent sein. So lernt Ihr Kind, Verantwortung für sein Verhalten zu übernehmen.

Tendenz zur Bevormundung

8 BIS 0 PUNKTE

Sie geben Ihrem Kind klare Vorgaben hinsichtlich seines Verhaltens und seiner Entwicklung. Das kann hin und wieder notwendig sein. Aber wie sieht es mit der Meinung Ihres Kindes aus? Kinder haben ein Recht darauf, ihre Sicht der Dinge zu vertreten. Möglicherweise treffen Sie viele Entscheidungen über den Kopf Ihres Kindes hinweg und entwickeln diese nicht oft genug mit ihm gemeinsam. Doch wissen Sie es tatsächlich immer besser als Ihr Kind? Es kann in dem Fall nicht lernen, was es heißt, Verantwortung für sich und sein Leben zu übernehmen. Es ist entmutigt und wird wenig Eigeninitiative entwickeln, weil es gelernt hat, dass es immer andere gibt, die besser wissen, was es zu tun hat. Kinder wollen kooperieren, aber sie müssen es lernen. Am besten gelingt dies, wenn sie in den Familienalltag und in Entscheidungen einbezogen werden und ihre Meinung berücksichtigt wird.

Anregung:
Überprüfen Sie, welche Freiräume Sie Ihrem Kind im Alltag schenken können. Fragen Sie sich, ob Ihre Ziele und Verhaltensvorgaben für Ihr Kind wichtig und gut sind. Vielleicht sind Sie es selbst, der klare Verhaltensvorgaben benötigt, um nicht die Orientierung zu verlieren. Suchen Sie nach Möglichkeiten und Situationen, in denen Sie mit Ihrem Kind gemeinsam Entscheidungen treffen können? Überlegen Sie sich, wann und warum Sie über seinen Kopf hinweg bestimmen und ob es wirklich so schlimm wäre, wenn Ihr Kind etwas anderes tun würde, als Sie für richtig halten.

Schlüsselbegriffe:
Minimale statt maximale Lenkung; Übergabe von Verantwortung statt Ein-

schränkung von Verantwortung; loslassendes Begleiten statt Verbote und Kontrolle; Selbst- und Mitbestimmung statt Fremdbestimmung; Unterstützung und Ermutigung statt Drohungen.

4. Säule

Struktur, Grenzen

18 BIS 9 PUNKTE

Klarheit ist Ihre Stärke. Sie kennen Ihre eigenen Werte und Grenzen gut und sind auch in der Lage, Ihrem Kind klare Grenzen zu setzen. Sie sind Ihrem Kind gegenüber verbindlich, es kann sich immer auf Sie verlassen. Es kennt Ihre familiären Rituale und Regeln und weiß, dass bei Nichteinhaltung Konsequenzen folgen. Ihre familiären Absprachen gelten für alle Familienmitglieder, auch für Sie als Vorbild. Durch Ihre Klarheit schaffen Sie es, zwischen dem Fehlverhalten und der Person Ihres Kindes zu unterscheiden. Sie geben eher Rückmeldungen wie „Mir gefällt es nicht, dass du nicht zur verabredeten Zeit nach Hause kommst" statt „Immer kommst du zu spät nach Hause". Wenn Sie hohe Werte bei dieser Säule und niedrige Werte bei der Säule „Kooperation" und/oder „Achtung" haben, könnte es allerdings sein, dass Sie manchmal zu starre Strukturen vorgeben.

Anregung:
Behalten Sie Ihre Klarheit bei, indem Sie Ihrem Kind in der „Ich-Form" Stimmung und Gefühle mitteilen, ohne dabei autoritär zu sein. Seien Sie weiterhin geduldig und kompromissbereit. Schenken Sie Ihrem Kind Orientierung, Sicherheit und Kontinuität, die, gepaart mit Liebe, Vertrauen und Verständnis, wichtige Stützpfeiler einer gelingenden Beziehung zwischen Eltern und Kindern sind.

Tendenz zum Chaos

8 BIS 0 PUNKTE

Oft legen Sie, abhängig von Ihrer Stimmung, spontan fest, wie weit Ihr Kind gehen darf und was verboten ist. Manchmal gibt es Situationen, in denen Sie for-

dernd und bestimmend sind, dann wieder lassen Sie die Dinge laufen. Flexibel reagieren zu können, ermöglicht Ihnen und Ihrem Kind, jede Situation neu zu prüfen und auszuhandeln. Der Nachteil ist, dass weder Ihr Kind noch Sie eine klare Orientierung haben. Zu viele Unklarheiten können Eltern und Kinder verunsichern und überfordern. Das kann dazu führen, dass Eltern immer hilfloser und Kinder immer dominanter werden. Vielleicht haben Sie Angst, Grenzen zu setzen, weil Sie denken, Ihr Kind könne Sie dann weniger lieben? Liebe und Orientierung gehören aber zusammen. Gerade weil Sie Ihr Kind lieben, sollten Sie ihm helfen, sich in einer Gemeinschaft zurechtzufinden und auf die Bedürfnisse anderer Rücksicht zu nehmen. Auch für Sie selbst wäre das Leben leichter, wenn wichtige Anliegen eindeutig geregelt wären. Dabei sind Eltern Vorbild: Sie sollten zuverlässig und berechenbar sein, für einen strukturierten Tagesablauf sorgen und die erwünschten Verhaltensregeln auch selbst beherzigen.

Anregung:
Machen Sie sich klar, welche Bedürfnisse und Familienwerte Ihnen besonders wichtig sind, welche Erziehungsziele Sie haben. Fragen Sie auch Ihr Kind nach seinen Bedürfnissen und Vorstellungen. Welche Alternativen gibt es, wenn sich

die Bedürfnisse nicht vereinbaren lassen (z. B. Ihr Kind hört laute Musik, Sie brauchen Ruhe)? Besprechen Sie Alternativen, und entwickeln Sie Familienregeln. Legen Sie auch gemeinsam die Konsequenzen bei Nichteinhaltung fest. Reden Sie in regelmäßigen Familiensitzungen über Erfolge und Probleme.
Schlüsselbegriffe:
Konsequenz statt Inkonsequenz; Struktur statt Chaos; Grenzen setzen statt Grenzenlosigkeit; Rituale und Regeln statt Unverbindlichkeit; Verlässlichkeit statt Unberechenbarkeit.

5. Säule

Förderung, Unterstützung

18 BIS 9 PUNKTE

Es ist Ihre Stärke, der angeborenen Neugierde Ihres Kindes kreativ und einfühlsam zu begegnen. Ihnen ist klar: Bildung bedeutet nicht allein, Wissen zu vermitteln, sondern Erfahrungen aller Art zu ermöglichen. Durch Ihre weit gefächerten Interessen bieten Sie Ihrem Kind vielfältige Anregungen und begleiten es auf seiner Forschungsexpedition in die Welt. Lernen ist wichtig, aber Freude daran gehört für Sie unbedingt dazu. Ihr Kind darf die Welt auch „auf eigene Faust" erkunden. In der Familie als „Lehr- und Lernwerkstatt" kann es Erfahrungen machen und austauschen. Die dabei entstehende Lernmotivation nimmt es in den Kindergarten und in die Schule mit. Die Botschaft lautet: Lernen heißt, sich anzustrengen, und das kann Freude machen.
Anregung:
Unterstützen Sie Ihr Kind weiterhin dabei, seine Neugierde zu stillen und Einfälle in die Tat umzusetzen. Dann wird es Fortschritte machen und eines Tages feststellen: „Ich bin mein eigener Lehrer!" Ihr Kind erfährt dadurch Sicherheit und kann auf Neues mit Freude und Interesse zugehen. Eine wichtige Aufgabe von Eltern ist es, ihren Kindern Erfahrungsräume zu ermöglichen. Achten Sie darauf, dass

sein Interesse und die Freude am Lernen nicht von einer unangemessen großen Informationsflut erstickt werden.

Tendenz zum Perfektionismus

8 BIS 0 PUNKTE

Eine Aufgabe des Elternseins nehmen Sie besonders ernst: Ihr Kind gut vorzubereiten auf eine leistungsorientierte Gesellschaft. Sie sorgen für viele Bildungsaktivitäten, fordern es häufig auf, zu lernen und zu experimentieren, und geben auch ungefragt Wissen weiter. Ihr Kind soll besonders in den Ihnen wichtigen Bereichen Ehrgeiz und Leistung zeigen. Sie wollen das Beste für Ihr Kind – wollen aber auch das „beste" Kind, das all seine Möglichkeiten ausschöpft. Achten Sie darauf, dass Ihr guter Wille nicht in Perfektionismus umschlägt. Wenn Sie ausschließlich die Zukunftschancen Ihres Kindes im Blick haben, verfallen Sie schnell in ein „Höchstleistungsprogramm" und sind enttäuscht, falls Ihr Kind den Ansprüchen nicht genügt. Eltern mit dieser Verhaltenstendenz haben oft große Angst, etwas falsch zu machen. Es ist jedoch normal, dass auch Eltern Fehler machen – aus denen Sie und Ihr Kind gemeinsam lernen können.

Anregung:
Überprüfen Sie – im Gespräch mit anderen Eltern, Erzieherinnen oder Lehrern – Ihre Ansprüche und Erwartungen. Sind diese für Ihr Kind womöglich zu hoch? Könnte es sein, dass Sie eher aufgaben- und zielorientiert statt unterstützend und entwicklungsorientiert sind? Lassen Sie Ihrem Kind viel Raum für eigene Experimente und Kreativität, auch wenn das Ergebnis, aus Ihrer Sicht, manchmal nicht perfekt ausfällt.

Schlüsselbegriffe:
Eine anregende Umgebung statt übermäßiges Leistungsstreben; Unterstützung der Neugier statt ehrgeiziger Drill; Bereitstellung von Welt- und Lebenszusammenhängen statt Zukunftsorientierung; Beantwortung von Fragen statt endlose Erklärungen und Informationsüberflutung.

6. Säule

Entlastung durch persönlichen Austausch

18 BIS 9 PUNKTE

Ihre große Stärke liegt darin, offen auf andere Menschen zuzugehen und vertrauensvolle Beziehungen aufzubauen. Ihre Einsicht, nicht perfekt sein zu müssen, hilft Ihnen, mit anderen über eigene Schwierigkeiten zu sprechen. Das entlastet, etwa weil Sie erleben, dass es anderen Menschen oft ähnlich geht wie Ihnen. Das eröffnet eine Chance zur persönlichen Weiterentwicklung. Durch Ihren Umgang mit anderen gelingt es Ihnen, ein stabiles Netzwerk aus Menschen aufzubauen, denen Sie vertrauen können. Für eine entwicklungsfördernde Beziehung zu Ihrem Kind sind Ausgeglichenheit, Geduld und Leichtigkeit wichtige Stützpfeiler. Ihre sozialen Kontakte lassen Sie Kraft für den Familienalltag schöpfen. Durch Ihr Vorbild helfen Sie auch Ihrem Kind, Kontakte zu anderen aufzubauen.

Anregung:
Nutzen Sie Ihre Stärke, offen auf andere Menschen zuzugehen. Gerade in Krisensituationen ist es wichtig, Menschen zu haben, die einfühlsam zuhören und echte Anteilnahme zeigen. Das Gefühl, verstanden zu werden, bietet die Chance, kreative Lösungswege bei Schwierigkeiten zu entwickeln. Krisenbewältigung kann so zu einer persönlichen Weiterentwicklung führen. Um Ihre Kontakte dauerhaft zu festigen, könnten Sie sich fragen, ob es in Ihrem Netzwerk eine gute Balance von „geben" und „nehmen" gibt.

Tendenz zu geringem Austausch

8 BIS 0 PUNKTE

Zur Bewältigung Ihrer Familienaufgaben greifen Sie eher selten auf Hilfe und Unterstützung anderer zurück. Das kann, wenn es keine grundsätzliche Einstellung ist, ein Zeichen von Selbstverantwortlichkeit und Eigeninitiative sein. Es ist womöglich ein zu

hoher Anspruch an sich selbst, der zu Überforderung führen kann. Haben Sie Menschen in Ihrer Umgebung, die in schwierigen Alltagssituationen spontan für Sie einspringen, oder Menschen, denen Sie einfach mal Ihr Herz ausschütten können? Oder fühlen Sie sich häufig mit Ihren Fragen, Sorgen oder Ängsten allein gelassen? Um Ihrem Kind die Aufmerksamkeit und Geduld entgegenbringen zu können, die es für eine gesunde Entwicklung benötigt, sind Ausgeglichenheit und Gelassenheit wichtige Stützpfeiler. Durch die Pflege sozialer Kontakte bieten Sie Ihrem Kind ein gutes Vorbild und erleichtern es ihm, selbst Kontakte aufzubauen.

Anregung:
Sehen Sie es nicht als Schwäche, sondern als Stärke an, andere um Unterstützung zu bitten. Hinter dem Anspruch, die Anforderungen des Alltags möglichst allein bewältigen zu können, verbirgt sich häufig ein Gefühl der Unzulänglichkeit und die Ansicht, nur man selbst sei den Anforderungen nicht gewachsen. Entlastend kann der Austausch mit anderen Eltern sein. Sie werden häufig die Erfahrung machen, dass nicht Sie allein bestimmte Probleme haben. Im Gespräch können unterschiedliche Erfahrungen und Sichtweisen ausgetauscht werden und dazu beitragen, die eigene Situation aus einem anderen Blickwinkel zu betrachten. In vielen Elternkursen spielt der Austausch zwischen Eltern eine zentrale Rolle; dort können Sie die stärkende Wirkung eines verständnisvollen Umgangs miteinander erfahren.

Schlüsselbegriffe:
Hilfe annehmen können statt Eigenständigkeit demonstrieren; Offenheit statt Zurückgezogenheit; Vertrauen statt Misstrauen; sich und andere wertschätzen statt Geringschätzung; Eigeninitiative entwickeln statt darauf warten, dass andere auf Sie zukommen. □

Der Test wurde unter der Leitung von **Prof. Dr. Sigrid Tschöpe-Scheffler** in Zusammenarbeit mit Elli Jonuz, Andre Bornhöfft und Stephanie Mörs-Hoffmann entwickelt und ist als Buch erschienen: S. Tschöpe-Scheffler (Hrsg.): **Perfekte Eltern und funktionierende Kinder? Vom Mythos einer richtigen Erziehung.** Verlag Barbara Budrich.

Für HILFE ist es NIE ZU SPÄT

Welche Folgen hat der Verlust familiärer Bindungen für kleine Jungen und Mädchen? Lassen sich Schäden, die durch Vernachlässigung entstanden sind, wieder wettmachen? In einem weltweit einzigartigen Forschungsprojekt untersuchen amerikanische Wissenschaftler in der rumänischen Hauptstadt Bukarest, wie sich Heimkinder im Vergleich zu Adoptivkindern und leiblichen Kindern entwickeln

Endlich wieder zu Hause: Weil die Familie hungerte, kam Monica (2. v. l.) gleich nach ihrer Geburt ins Waisenhaus. Nach zweieinhalb Jahren holten ihre Eltern das heute fünfjährige Mädchen zurück in den Kreis seiner elf Geschwister

Rumäniens Behörden haben seit dem Ende der Diktatur die staatliche Kinderbetreuung allmählich verbessert. Im karg ausgestatteten, mit vergitterten Fenstern gesicherten »Centrul Sfânta Maria« in Bukarest ist inzwischen die Abteilung für die unter Zweijährigen geschlossen. Die älteren Jungen und Mädchen hingegen leben nach wie vor in großen Gruppen mit wechselnden Betreuerinnen. Persönliches Spielzeug – etwa ein Kuscheltier für die Nacht im Schlafsaal – ist nicht vorhanden

Zum Schutz der Mädchen und Jungen haben die Behörden Fotos verboten, auf denen ältere Heim- oder Pflegekinder erkannt werden könnten. So spielten die fünf Kinder aus »Sfânta Maria« für die Aufnahme »Blinde Kuh«. Corina Pârvu (unten und Mitte) und Dana Voinea (ganz unten) haben vor kurzem Pflegekinder adoptiert, malen und kuscheln mit ihnen

VON SUSANNE PAULSEN (TEXT)
UND SIBYLLE BERGEMANN (FOTOS)

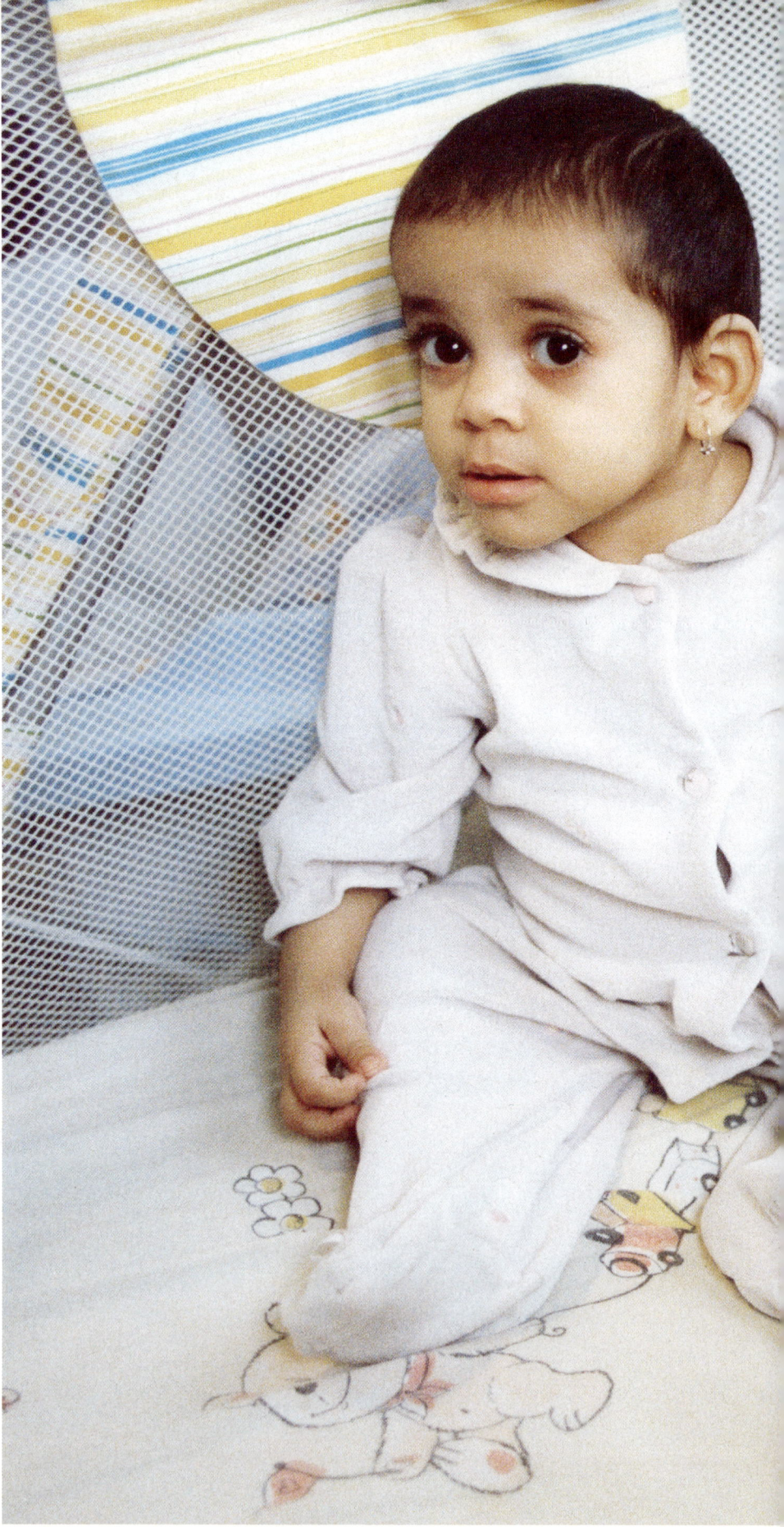

Den festen Schuppen im Westen von Bukarest, hingeduckt am Rande einer weiten Brache, nennt sie „Haus". Der Erdboden im kleinen Hof mit dem Zaun aus Betonplatten ist hart getrampelt. Draußen spielt der Wind mit Plastikfetzen, wilde Hunde stöbern nach Futter. Allein der Wandbehang mit dem Jesusmotiv im Wohnzimmer bringt ein wenig Farbe in diese Szene.

Magdalena Constantinescus* Gesicht ist anzusehen, dass sie in 41 Lebensjahren mehr ausstehen musste als andere. Was ist das Wichtigste im Leben? Ohne zu zögern sagt sie: „Die Kinder. Zu essen sollen sie haben, gesund sein und zur Schule gehen."

Vor gut fünf Jahren brachte Magdalena Constantinescu ihr siebtes Kind zur Welt, Monica. Sie ließ das Mädchen in der Klinik zurück. Die Eltern mögen geahnt haben, dass ein Baby mehr braucht als warme Mahlzeiten. Doch das Dach der Hütte war undicht, es war eiskalt, und die Familie hungerte.

Ein Mensch braucht keine persönlichen Bindungen, hieß es lange Zeit

Monica kam aus der Entbindungsklinik in ein Waisenhaus, wurde später in ein zweites verlegt, das „Centrul Sfânta Maria". Der Staat bot dem Säugling, was das bitterarme Rumänien des Jahres 2000 seinen verlassenen Kindern bieten konnte oder wollte. Viel war es nicht. Monica wurde warm gehalten und ernährt. Zäh klebten die ideologischen Überreste der Ceausescu-Ära in vielen Köpfen: Der Mensch ist von Geburt an ein Gruppenwesen, hieß es bis zur Revolution 1989; er braucht keine individuellen Bindungen. Die Pfleger wechselten ständig. Jemanden zum Lieben, jemanden, an den sie sich hätte halten können im endlosen Alltag, hatte Monica nicht.

Erst im Juli 2002 holten ihre Eltern sie zurück. Da war sie zweieinhalb Jah-

* Die Namen der Eltern und Kinder sind von der Redaktion geändert

Die anderthalbjährige Gina ist von ihrer Mutter kurz nach der Geburt im »Spitalul Alfred Rusescu« krank zurückgelassen worden. Die Klinik werde von solchen Fällen geradezu überrollt, sagt ein Arzt

re alt. Die Mutter trug ihre einjährige Schwester Paula auf dem Arm. Mittlerweile hat Monica elf Geschwister zwischen einem Jahr und 19 Jahren.

„DAS GEHIRN ENTWICKELT sich in Abhängigkeit von den Erfahrungen – und jene der ersten drei Jahre sind grundlegend", sagt Charles A. Nelson. „Wenn man Babys oder Kleinkinder vernachlässigt, ihre Emotionen und ihre Neugier nicht pflegt, dann webt sich dieses Schicksal in das Geflecht der Nervenzellen im Gehirn ein." Der Entwicklungspsychologe von der renommierten Harvard Medical School in Boston beschäftigt sich seit Jahrzehnten mit dem Zusammmenhang von Lebensweise und Hirnentwicklung, betreut gut 20 internationale Forschungsprojekte, von Chile bis Spitzbergen.

Sein rumänisches Projekt zeigt die Folgen von Vernachlässigung sehr deutlich. Monica und 135 weitere Kinder sind Teil einer wissenschaftlichen Studie. Sie alle waren zum Start des Projekts im April 2001 jünger als zweieinhalb Jahre und hatten mindestens die Hälfte ihres Lebens im Heim verbracht. Damals befragten die Forscher die Betreuer nach dem Verhalten und Entwicklungsstand der Kinder, machten Videoaufnahmen, testeten den Gesundheitszustand, den IQ, das Spiel- und Bindungsverhalten.

Dann ließen sie einen Zufallsgenerator entscheiden: Die Hälfte der Kinder kam zu speziell geschulten, von den Amerikanern bezahlten Pflegeeltern, die übrigen blieben im Heim. In regelmäßigen Abständen haben die Wissenschaftler den Entwicklungsstand der Kinder dokumentiert und ihn verglichen mit Bukarester Jungen und Mädchen, die bei ihren biologischen Eltern aufwuchsen.

MONICA HATTE PECH. Sie kam in die Heimgruppe. Diese Kinder profitierten erst nach und nach von den Anstrengungen der Behörden, das Leben der staatlich betreuten Jungen und Mädchen zu verbessern: Die meisten von ihnen wurden in ihre Familien

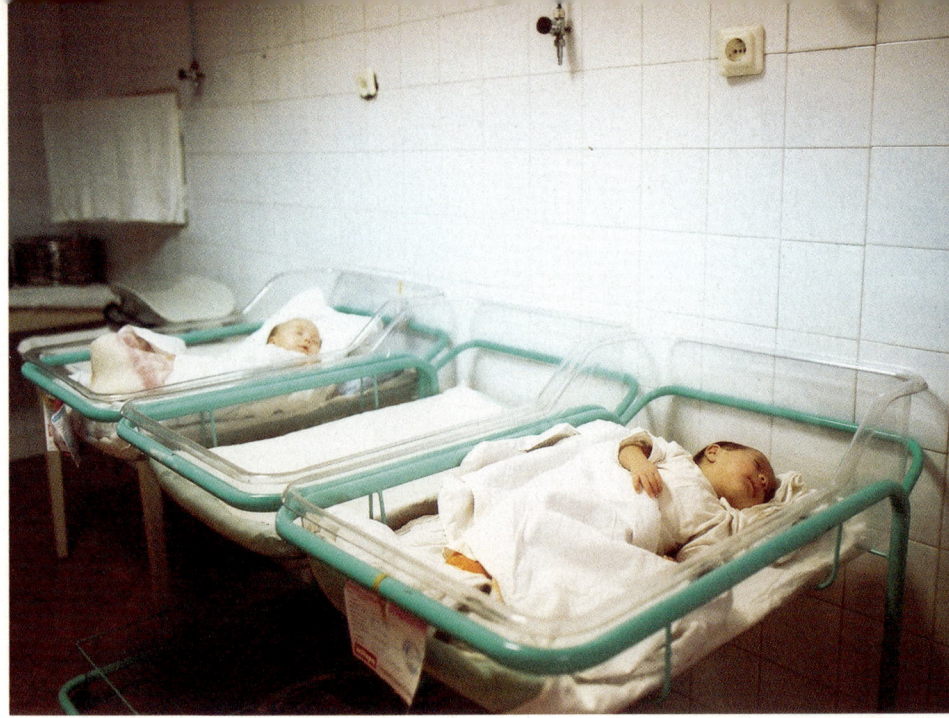

reintegriert, von Pflegeeltern adoptiert oder bei staatlich finanzierten Pflegefamilien untergebracht. Nur 17 der Kinder leben noch immer in Heimen.

Inzwischen haben die Forscher wahre Datenberge über das Heranwachsen der Kinder angehäuft. In den kommenden Jahren will Charles A. Nelson gemeinsam mit den Entwicklungspsychologen Nathan A. Fox von der University of Maryland und Charles H. Zeanah von der Tulane University in New Orleans Fragen zu klären versuchen, auf die bis heute abschließende Antworten ausstehen.

Darf ein Forscher Kinder beobachten und nur jedem zweiten von ihnen helfen?

Gibt es Lebensphasen, in denen Babys und Kleinkinder besonders empfindlich auf fehlende Bezugspersonen oder mangelnde Außenreize reagieren? Werden Denken, Fühlen und soziales Verhalten gleichermaßen geschädigt? Lassen sich die Folgen früher sozialer Vernachlässigung zumindest teilweise wettmachen? Und vor allem: Wie lässt sich dies bewerkstelligen?

Anders als viele ähnliche Studien genügt die des „Bucharest Early Interven-

tion Project" strengen wissenschaftlichen Kriterien: Es gibt Vergleichsgruppen und jahrelange Beobachtungszeiten. Die Heimkinder wurden Pflegeeltern nach einer Zufallsauswahl zugeordnet, sodass nicht nur die hübscheren und relativ gut entwickelten Kinder eine Chance auf Familienanschluss bekamen.

Dennoch müssen die Forscher sich fragen lassen: Darf man das? Darf man Kinder jahrelang beim Spielen beobachten, ihnen Kappen mit Elektroden zur Hirnstrommessung über die Köpfe stülpen – und dann nur jedem zweiten, zufällig ausgewählten Kind aus seinen miserablen Lebensbedingungen heraushelfen?

Das Geld war Forschungsgeld, antwortet Nelson auf solche Fragen, und ohne dieses Projekt hätte kein einziges Kind davon profitiert. Und vielleicht nutzen den 31 000 rumänischen Heimkindern die Aufmerksamkeit, die ein solches Projekt mit sich bringt, und langfristig auch die wissenschaftlichen Erkenntnisse. Die großen Heimkomplexe der Ceausescu-Zeit mit oft über 1000 Babys und Kindern wurden inzwischen verkleinert oder ganz geschlossen. Etliche Kinder wohnen in überschaubaren Gruppen in einem der neu geschaffenen „Familien-Heime".

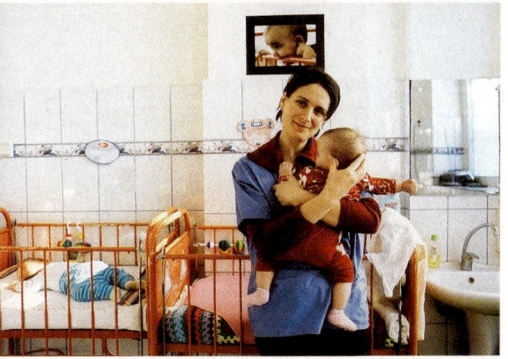

Rumänische Besonderheit: Die Babys müssen im »Spitalul Filantropia« (links) bleiben, bis ihre Eltern eine Meldebescheinigung vorweisen können. Die 13-monatige Ioana (ganz oben) ist von ihrer Mutter im »Spitalul Alfred Rusescu« zurückgelassen worden. Der fünfmonatige Alexandru landete in der Klinik »Panait Sârbu«, weil seine Mutter für einige Monate zum Arbeiten nach Spanien gegangen ist

Doch größere Institutionen mit all ihren Nachteilen existieren nach wie vor.

EIN ETWA DREI METER HOHER, ochsenblutfarbener Zaun aus Metallplatten umschließt das „Centrul Sfânta Maria", einen einstöckigen Flachbau mit vergitterten Fenstern. Hierhin kam Monica, als sie knapp zwei war. 102 Kinder zwischen zwei und 13 Jahren leben in dem Heim, zehn von ihnen nehmen an Nelsons Studie teil.

Es ist kompliziert, eine Besuchserlaubnis oder gar Fotogenehmigung zu erhalten; im Heim bekommen wir nur wenig Zeit und werden gehetzt. „Schau", ruft Carmen, „mein Schreibheft!" Stolz zeigt sie ihre gemalten Buchstaben „O", „OU", „OI". Der Gruppenraum der Schulanfänger ist

halbhoch mit leuchtend gelber Ölfarbe gestrichen und mit ausgeschnittenen Buchstaben und Zahlen verziert. Ein Fernsehapparat flimmert, ohne Ton; die Kinder erledigen Hausaufgaben. Ihre jeansblauen Schultaschen sind allesamt mit einem braunen Hund verziert, die Pullover je nach Alter und Geschlecht einheitlich gemustert. Bald wird es im Speisesaal, wo die abwischbaren Polster der Stühle aufgeplatzt sind, Mittagessen geben: Gemüsesuppe und Reis mit Leber.

Manche Heimkinder werden von bis zu 30 verschiedenen Pflegerinnen betreut

In anderen Räumen sitzen die Jüngeren still an Tischen und spielen. Von 8.30 Uhr bis 12.30 Uhr und von 16.30 Uhr bis 19.30 Uhr stehen bei ihnen „Kindergarten-Aktivitäten" auf dem Stundenplan, nur am Wochenende ist der Ablauf nicht so streng. Im Sommer fährt man an die See oder ins Gebirge. Mittagsschlaf ist von 13.30 Uhr bis 16 Uhr, Nachtschlaf von 21 Uhr bis 7 Uhr. Die Heimleiterin betont, dass die Kinder hier materiell meist besser versorgt seien, als sie es früher in ihren Familien waren. Und seelisch? „Die Mädchen und Jungen, die schon früh ins Heim gekommen sind, haben Probleme, ihre Emotionen zu regulieren", antwortet die einzige und überlastete Psychologin. „Sie weinen schnell."

„Dramatische Unterschiede" zwischen den Heimkindern und jenen, die mit ihren Müttern oder Eltern aufwuchsen, entdeckten die Forscher, als sie die Untersuchungen auswerteten. Die Heimkinder waren im Durchschnitt kleiner, hatten einen niedrigeren IQ, zeigten mehr Verhaltensauffälligkeiten.

Dass bei Kindern, die sehr jung ins Heim kommen, derartige Entwicklungsrückstände auftreten, ist seit mehr als 50 Jahren bekannt. Auch wohlhabendere Länder als Rumänien, etwa Großbritannien, Griechenland und die Vereinigten Staaten, haben dieses Problem bis heute nicht gelöst.

Eine Ursache für die Schwierigkeiten vieler Heimkinder sind die häufig schlechten familiären Startbedingungen. Armut ist in Rumänien der häufigste Grund für eine frühe Heimunterbringung: Die meisten Mütter sind während der Schwangerschaft nicht ärztlich betreut worden, viele waren fehl- oder unterernährt, etliche sind alkoholkrank.

Eine weitere Ursache sind die Heime selbst. „Die Heimkinder in unserer Studie sind gepflegt, aber nicht genügend angesprochen, angeregt und berührt worden", erklärt Nelson. „Viele von ihnen sind von 15 bis 30 verschiedenen Pflegerinnen pro Woche betreut worden."

Solche Kinder entwickeln oft eine „reaktive Bindungsstörung": Entweder sind sie ängstlich, haben nur wenig Kontakt zu Gleichaltrigen und werden aggressiv gegen sich selbst. Oder sie können nur mühsam feste Beziehungen aufbauen, benehmen sich wahllos freundlich, suchen Aufmerksamkeit um jeden Preis.

IM WAISENHAUS „Sfânta Maria" gibt es zurzeit weder genügend Personal noch genügend Geld, um die Lebensumstände der Kinder zu verbessern. Will eine Pflegerin so etwas Tag für Tag aushalten, den Kindern wenigstens das geben, was unter den gegebenen Umständen möglich erscheint, dann braucht sie eine psychische Strategie. Etwa: Verleugnung.

„Was zeichnet das Heim aus?"

„Unsere Kinder sind sehr offen", lautet die Antwort.

„Hat jedes eine Bezugsperson?"

„Eine einzelne? Wie soll das gehen bei so vielen Kindern? Die Kinder binden sich an das gesamte Team. Wir versuchen unser Bestes. Unser Allerbestes."

„Gibt es wirklich keine speziellen Bindungen?"

„Na gut: Sie binden sich an die Leiterin ihrer Kindergartengruppe."

„Die begleitet die Gruppe über die Jahre?"

„Wo denken Sie hin? Sie binden sich jedes Jahr aufs neue."

Intelligenztest im »Institute for Child Development«: Der 20 Monate alte Claudiu zeigt einer Psychologin, was er kann. Mit regelmäßigen Untersuchungen zum Sozial- und Spielverhalten und zur Intelligenz sowie mit Filmaufnahmen dokumentieren die Forscher die Entwicklung der Kinder

Einige Veröffentlichungen, die aus dem Projekt hervorgegangen sind, beschäftigen sich mit den Hirnströmen der Heimkinder. „Wir hatten erwartet, dass nur solche aus bestimmten Hirnbereichen gegenüber den Familienkindern verändert sein würden", sagt Nathan A. Fox. „Doch als größter Unterschied stellte sich heraus, dass alle Signale flacher sind. Als wäre das Gehirn gedimmt." So ein Zustand komme sonst bei Kindern vor, die schwer fehl- oder unterernährt sind. Das mache jegliches Lernen sehr schwierig.

Spezifische Hirnstrom-Veränderungen fanden die Wissenschaftler, als sie untersuchten, wie die Kinder auf Gesichter reagierten. Gesichter werden – als wichtige soziale Signale – in eigenen Gehirnbereichen verarbeitet, die im Laufe der frühen Kindheit heranreifen. Diese Entwicklung ist bei den Bukarester Heimkindern unterbrochen, verzögert oder verändert. Die Forscher vermuten Unterschiede bei der unbewussten Verarbeitung der Gesichter: Kinder aus Familien speichern rasch ab, wie das Gesicht ihrer Mutter aussieht. Dagegen scheinen viele Heimkinder selbst beim Anblick vertrauter Pfleger zu rätseln, wen sie vor sich haben. Auch die Gesichtsausdrücke können sie häufig nicht deuten.

„Wenn man vernachlässigten Kindern gezielt helfen will", sagt Charles A. Nelson, „muss man möglichst genau diagnostizieren, welche Folgen es gehabt hat, dass sie auf der Schattenseite des Lebens aufgewachsen sind." Langfristig wollen die Forscher aus einer einfachen Hirnstrommessung womöglich Empfehlungen zur Lebens-

Die Vornamen der Kinder? Keine Betreuerin weiß sie auf Anhieb zu nennen

führung, Erziehung und Therapie eines kleinen Kindes ableiten. Vorerst können sie nur Hinweise geben. „Vielleicht brauchen viele der Heimkinder übertriebene Gesichtsausdrücke und müssen besonders lange angesehen werden", sagt Nathan A. Fox.

Die Forscher haben in Bukarest das „Institute for Child Development" gegründet. Für die Studie, aber auch um die Erkenntnisse der Entwicklungs-

forschung für rumänische Politiker und Beamte in den Kinderschutzbehörden aufzubereiten. Ganz in ihrem Sinne ist das neue Gesetz, wonach Kinder unter zwei Jahren gar nicht mehr in Heimen, sondern nur in Pflegefamilien untergebracht werden dürfen – es sei denn, sie sind behindert und brauchen eine besondere Therapie.

SPITALUL PANAIT SÂRBU, auf der Neugeborenenstation. In einem hellen Zimmer leben sechs verlassene Babys, zwei Wochen alt das jüngste, ein knappes halbes Jahr das älteste. Im Jahr 2005 sind hier 53 Kinder ohne ihre Mütter zurückgeblieben. Nur selten sind die Frauen einfach davongeschlichen. Sie haben den Ärzten erklärt, dass sie ihre Kinder nicht versorgen könnten, weil sie keine Wohnung haben oder keine Arbeit. Jetzt sollen die Behörden klären, ob Verwandte die Kinder aufnehmen können. Ob sie zur Adoption freigegeben oder in Pflegefamilien vermittelt werden. Doch davon gibt es nicht genug. Und so bleiben viele Kinder fürs erste in den Geburtskliniken.

„Komm, Superpüppchen", sagt die junge Frau im blauen Kittel. Sie gehört zu den Freiwilligen, die täglich ins Krankenhaus „Panait Sârbu" kommen und sich mit den Babys beschäftigen. Sie hebt ein fünfeinhalbmonatiges Mädchen aus seinem Gitterbettchen auf den Wickeltisch, zieht es aus, wechselt die Windel. Dann beginnt sie, seine Beinchen zu massieren. Sie arbeitet sorgfältig und langsam, blickt dabei mal auf das Baby, mal ins Leere. Die Erkenntnis, dass kleine Kinder viel Berührung brauchen, ist in der Klinik angekommen. Auch dass man mit ihnen reden soll: Die Frau scherzt und verwendet Kosenamen. Wie das Kind heißt? „Es hat keinen Vornamen", erklärt eine Schwester. Auch die Vornamen der anderen Kinder weiß auf Anhieb niemand zu nennen. Schließlich eilt eine Schwester davon, holt die Akten und schaut nach.

In einer anderen Neugeborenenstation im „Spitalul Filantropia" arbeitet die energische Psychologin Anca

Brasoveanu, eine Ausnahmeerscheinung. Sie redet mehrmals mit jeder Mutter, die zur Entbindung kommt. Klärt, wie es ihr körperlich, seelisch und wirtschaftlich geht; erläutert eindringlich und geduldig, wie wichtig das Stillen ist. Was die Beziehung zur Mutter für die Entwicklung eines Babys bedeutet. Sie spricht mit den Vätern, mit den Großeltern. Und sie bietet Hilfe an, etwa einen Platz in einem Mutter-Kind-Heim. In der „Filantropia" ist der Anteil allein gelassener Babys viel geringer als anderswo.

„EIN KIND SOLLTE in einer Familienumgebung aufwachsen, um sich voll und harmonisch entwickeln zu können", steht in der UN-Konvention über die Rechte der Kinder. So etwas kann sich auf natürliche Weise ergeben, durch Zusammenfassung einer überschaubaren Gruppe von Kindern und Pflegern im Heim, durch Adoption oder – wie in der Familie der fünfjährigen Maria – durch einen Pflegevertrag.

Geborgenheit fand Maria erst mit anderthalb, in der Pflegefamilie

Als Corina Pârvu das Mädchen zum ersten Mal sah, war es anderthalb. Es schlief in seinem Bettchen im Kinderheim „Sfânta Ecaterina". Der Zufallsgenerator hatte ihm eine Pflegemutter zugelost. Die saß nun am Bett, 46 Jahre alt, mit lebhaften braunen Augen und krausen grau melierten Haaren, und wartete eine Stunde lang, bis das Kind erwachte. Wahrscheinlich hatte niemand zuvor Maria so lange Zeit angeschaut.

Maria zog zu Corina Pârvu, ihrem Mann und deren zwei heranwachsenden Söhnen in einem ärmlichen Viertel im Süden von Bukarest. Hier sind die Ausfallstraßen breit und alle übrigen schmal, gesäumt von großen Wohnblocks. Draußen vor Marias Block knäult sich Dachpappe auf nackter Erde. Drinnen in der Wohnung ist es warm und hell.

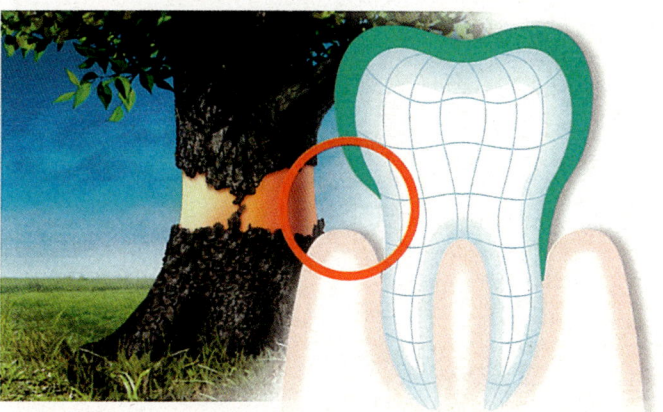
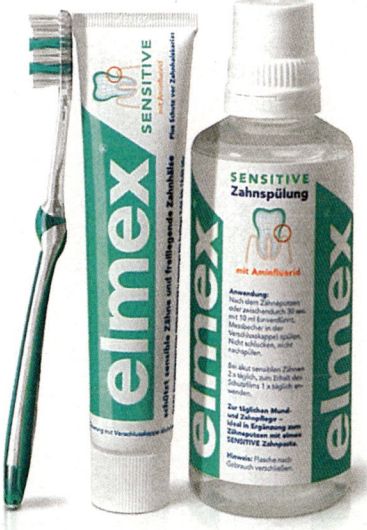

Aufgeweckt: Maria hat sich bei ihren neuen Eltern vom verkümmerten Heimkind zu einem lebhaften fünfjährigen Mädchen entwickelt. Ihr Traum: Ärztin werden, Menschen helfen

„Zuerst", erzählt Corina Pârvu, „ist Maria immer genau dort sitzen geblieben, wo ich sie hingebracht habe. Sie war abhängig von uns, hatte weder Vorlieben noch einen eigenen Willen." Ging etwas schief, verlor sie schnell den Mut und weinte verzweifelt. Vieles klappte nicht gleich; sich zu konzentrieren oder sich Dinge zu merken, fiel ihr schwer. Sie tat alles, was man ihr sagte. Sollte sie etwas aussuchen – Essen, Kleidung, Spielzeug –, reagierte sie kaum. Später drückte sie dieses Gefühl eigener Nichtigkeit auch sprachlich aus: „Nimm doch, was du willst."

Die Familie versuchte, ihr Liebe und Sicherheit zu geben. Und Corina Pârvu fragte sich: Was für einen Charakter mochte dieses Kind haben? Zwei Jahre lang musste die Familie warten, bis Marias Persönlichkeit schließlich zu erwachen begann. Da war sie dreieinhalb und zeigte im Spielzeugladen auf eine Puppe mit blonden Zöpfen, blauweiß gestreiftem Rock und rosa geblümter Bluse: Die sollte es sein! Von da an machte sie Entwicklungssprünge; die Lern- und Kontaktschwierigkeiten wurden geringer.

Und vor allem: Es ist Leben in sie gekommen. Passt ihr etwas nicht, dann weicht sie – Hände in die Seiten gestemmt – zurück und runzelt empört die gerundeten Augenbrauen. Umarmt sie ihre Mutter, dann tut sie das ganz sanft. Sie erzählt, dass sie schon Rührei zubereiten kann. Und sie hat Zukunftspläne: „Ich will Chirurgin werden."

„Unsere Forschungsarbeiten widerlegen ein Vorurteil, das in Rumänien weit verbreitet ist: dass Kinder nach längerem Heimaufenthalt so sehr geschädigt sind, dass es nicht viel nützt, sie in Pflegefamilien zu geben", sagt Nelson. Die Forscher konnten zum Beispiel zeigen, dass der Intelligenzquotient der Kinder kräftig gestiegen ist – bei Mädchen deutlich stärker als bei Jungen. Bei zehn Kindern hat der IQ inzwischen normale oder sogar überdurchschnittlich hohe Werte erreicht. Gleichzeitig sind die vormals „gedimmten" Hirnströme kräftiger geworden. Nur die Konzentration bereitet den meisten Jungen und Mädchen noch immer Probleme.

Individueller und komplizierter entfalten sich die sozialen Fähigkeiten der Pflegekinder. Einige können noch immer nicht gut auf Menschen zugehen, in Gruppen zurechtkommen oder Freunde finden. Wichtig scheinen vor allem die Zeitspanne zu sein, die ein Kind im Heim verbracht hat, und die Pflegequalität in seiner Abteilung;

ebenso ein Faktor, den die Wissenschaftler „Mikroumgebung" nennen: Wenn irgendjemand sich doch etwas mehr um ein einzelnes Kind kümmert, dann kann das manchmal – inmitten schlechtester Bedingungen – die Entwicklung stärken.

DIE FAMILIE PÂRVU hat Maria inzwischen adoptiert. So ist es mittlerweile jedem vierten Pflegekind ergangen. Corina Pârvu hat auch noch ein weiteres Pflegekind aufgenommen, einen Jungen. Sie schaut ein wenig traurig, wenn man nach ihm fragt. „Er ist so schön", sagt sie, „er wird sicher bald adoptiert werden." Hätten sie genug Geld, würden sie ihn selbst nehmen.

Später zeigt die Mutter Fotos aus Marias Ankunftszeit im Hause Pârvu. Maria lacht. Über ihrem rechten Mundwinkel taucht ein Grübchen auf. Ihre Augenbrauen heben sich mit Schwung. Sie schnappt der Mutter ein Foto aus der Hand und trippelt davon. In der Ecke am Fenster steht ein großer Stoffbär. Dem hält sie das kleine Bild ganz dicht vor die Nase. Ein leises Wispern. Die Erwachsenen verstummen und hören zu. Das Kind merkt davon nichts und flüstert weiter. „Das da", sagt es dem Teddy leise und eindringlich, „das war wirklich ich!" ☐

Die Autorin **Susanne Paulsen** (links) und die Fotografin **Sibylle Bergemann** – hier auf dem Spielplatz des früher berüchtigten und inzwischen geschlossenen Bukarester Waisenhauses »Sfânta Ecaterina« – waren beeindruckt, wie weit sich Rumänien vom Elend der Ceausescu-Zeit befreit hat.

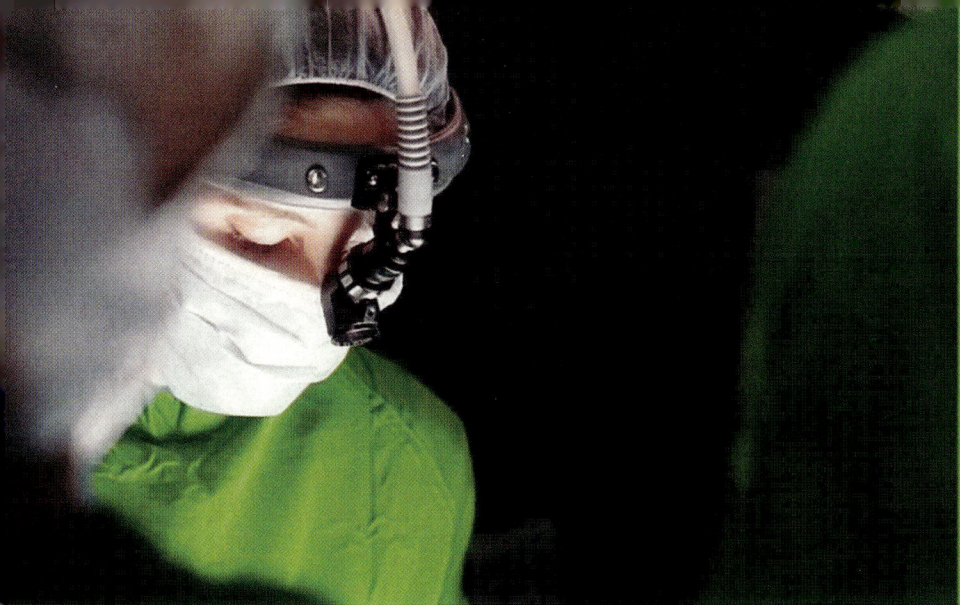

Intakt statt Infarkt: bahnbrechende Therapien für das Herz.

Die Medizin behandelt Herzkrankheiten immer schonender. Und immer effektiver. Angefangen bei der Diagnostik mit hochtechnisierten Röntgenmethoden bis hin zur Bekämpfung von Infarkten ohne aufwendige Operationen. Die neuesten Therapien – diesen Monat in GEO.

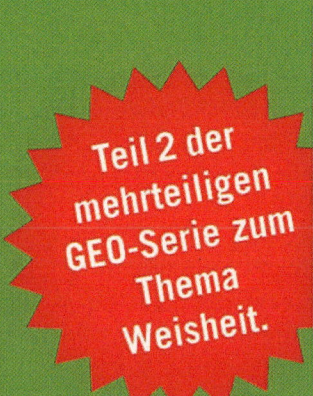

Teil 2 der mehrteiligen GEO-Serie zum Thema Weisheit.

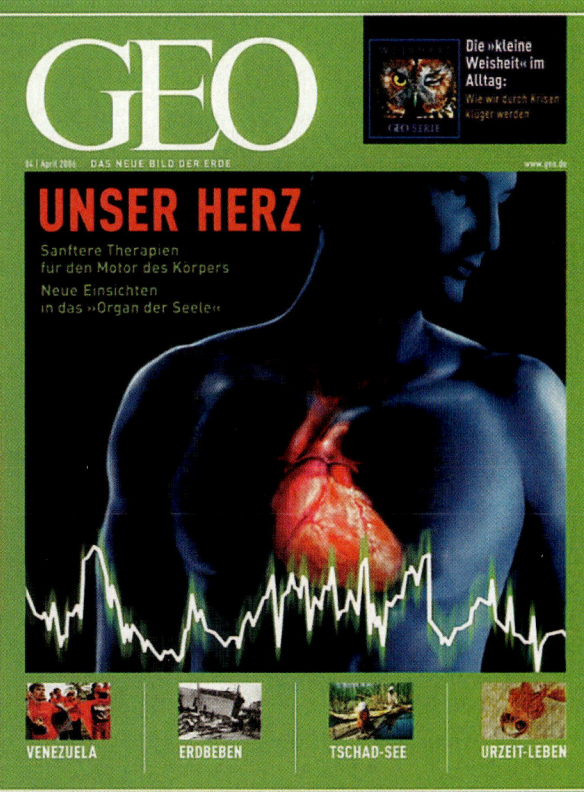

www.geo.de

GEO. Die Welt mit anderen Augen sehen

»Heul nicht, es ist doch NUR EIN FISCH«

Was der Tod eines geliebten Haustieres mit dem Hitchcock-Film »Vertigo« zu tun hat – und beides gemeinsam mit der Entwicklung des kindlichen Bewusstseins. Ein New Yorker Familiendrama

VON ADAM GOPNIK (TEXT) UND JONNY MENDELSSON (ILLUSTRATION)

Als vor einigen Wochen der Goldfisch unserer fünfjährigen Tochter Olivia starb, gerieten wir unversehens in eine Krise. Diese entpuppte sich als größer oder zumindest komplexer als beim Tod eines Familienmitglieds üblich. Denn „Bluies" Leben und Ableben berührten entscheidende Dinge des Daseins, unter anderem das Problem des Erwachsenwerdens und den Plot des Meisterwerks „Vertigo – Aus dem Reich der Toten". Am Ende waren wir alle übernächtigt.

Bluie war, wie der Name andeutet, kein Goldfisch. Er war ein Betta, ein Siamesischer Kampffisch, den einem die Verkäufer in Tiergeschäften statt des empfindlichen asiatischen Goldfischs ans Herz legen. Bettas sind hübsch, mit langen, schwingenden Flossen und angeblich so gut wie unverwüstlich. Ihr einziger Nachteil: Männliche Kampffische bekriegen einander und müssen getrennt gehalten werden.

Eigentlich war Bluie nicht einmal ein Fisch. Er war, wie so viele

PETCO

STORE IN NEW YORK

In Tierhandlungen werden
Kinderträume wahr – aus denen
sich für Eltern mitunter Albträume entwickeln

Fische und Mäuse, Ersatz für ein Tier, das die Kinder viel lieber gehabt hätten, das ihnen die Eltern aber wegen Allergien oder anderer Gründe nicht kaufen mochten. Olivia und ihr zehnjähriger Bruder Luke wünschten sich sehnsüchtig einen Hund.

Vor Weihnachten hatte Olivia aus ihrer Vorschule den Klassenhamster Hamu mitgebracht. Der war eine glückliche, wenn auch manchmal etwas angespannte Woche bei uns geblieben. Widerstrebend hatten wir schließlich eingewilligt, wenn nicht einen Hund, so doch einen Hamster in die Familie aufzunehmen.

Wir waren in den zweiten Stock einer Petco-Filiale gegangen, dorthin, wo Nagetiere verkauft werden – Ratten, Mäuse, Meerschweinchen, Hamster und Wüstenrennmäuse, bei deren Anblick meine Frau Martha verstehen

»Bluie ist mein bester Freund«, sagte Olivia. »Ich kann ihm Dinge sagen, die ich niemandem sonst sage!«

konnte, was Darwin angesichts der Galápagos-Finken gedacht haben muss: dass manche Tiere nicht annähernd so verschieden sind, wie sie einen glauben machen wollen. All die Nager sind letztlich Ratten und die Unterschiede – Schwänze oder keine Schwänze, mehr oder weniger putzige Näschen – nur geschicktes Eigenmarketing. Nachdem sich meine Frau ein Vierteljahrhundert abgemüht hatte, keine Nagetiere über die Schwelle zu lassen, konnte sie sich letztlich nicht dazu durchringen, absichtlich eines ins Haus zu holen.

Also hatten wir die Kinder zu Goldfischen überredet, und dann hatte uns der Verkäufer von den Bettas überzeugt. „Die Goldfische werden sterben", sagte er. „Was dann?"

Wir kauften den beiden Bettas Glaskugeln mit architektonisch dekorati-

vem Innenleben und trugen sie zu uns nach Hause. Luke nannte seinen Django, und Olivia gab ihrem den Namen Bluie.

FÜR EIN TIER, das dazu bestimmt war, mit vielen Meta-Bedeutungen zu leben (ein Fisch, der als Hamster durchging, wo ein Hund erhofft worden war), ging es Bluie recht gut. Wir kauften ihm sogar ein Schloss. Es ragte vom Kiesboden bis fast an die Oberfläche, eine kitschige Prinzessinnenresidenz mit Türmchen, Zinnen und Plastikwimpeln. Vom Fuß des Schlosses bis ganz nach oben führte ein Weg, den Bluie hinaufschwimmen konnte.

Ein weiterer, auf einem Straßenfest gewonnener Betta gesellte sich auf Olivias Kommode zu Bluie. Aber der Neuling, Reddie, hatte nur ein nacktes Becken, und er drängte sich ständig gegen dessen Wand. Wir hatten den Eindruck, dass er mit gewisser Missgunst auf Bluies Immobilie starrte.

Eines Sonntagabends rief meine Frau mich in Olivias Zimmer. Bluie steckte in einem der Schlossfenster fest, wand sich und schnappte. Nur sein Kopf schaute heraus.

„Bluie steckt im Fenster fest!", sagte Olivia und weinte.

„Heul nicht, Olivia", sagte Luke. „Es ist doch nur ein Fisch."

„Bluie ist mein bester Freund", sagte Olivia. „Ich kann ihm Dinge sagen, die ich niemandem sonst sage!" Bis dahin erschien uns Bluie nur als flossiges Stück Dekor, aber in diesem Moment war er zumindest für Olivias Leben von entscheidender Bedeutung.

Ich betrachtete den Fisch, wie er sich quälte und nach draußen starrte. Ich

fühlte mit ihm: ein Opfer, zugrunde gerichtet von seiner großartigen Immobilie. Es war einer jener Augenblicke – und das Elternleben ist voll von ihnen –, in denen man sich innerlich sagt: Ich habe keine Ahnung, was da zu tun ist! Während der Elternteil, den man für sein Kind verkörpert, ruhig erklärt: „Ich bringe das in Ordnung." Ich nahm Bluies Becken mit in die Küche und überließ es Martha, Olivia zu trösten.

Ich schloss die Küchentür. Dann langte ich ins Wasser und versuchte behutsam, Bluie aus dem Fenster zu ziehen. Er klemmte fest. Ich zog noch einmal, eine Spur heftiger. Nichts. Zog ich fester, würde ich wahrscheinlich seine Flossen abreißen. Ich versuchte, gegen seine Nase zu drücken, um ihn zurückzudrängen. Immer noch nichts.

„Warum kann Bluie nicht denken: Ich bin durch Vorwärtsschwimmen in diese Klemme geraten, ich schwimme rückwärts wieder raus?", fragte Luke. „Es ist, als ob er keine Rückspulfunktion in seinem Gehirn hätte."

Luke war unbemerkt in die Küche gekommen und schaute mir zu wie der Assistenzarzt einem verwirrten Chirurgen. Wie viele Zehnjährige ist er fasziniert von dem, was Philosophen als das Problem des Bewusstseins bezeichnen; Luke nennt es das Denken-und-Fühlen-Ding.

„Weiß Bluie, dass er Bluie ist?", fragte er zum Beispiel, wenn wir dem Fisch in Olivias Zimmer zusahen, wie er in seinem Becken schwamm. „Ich weiß, dass er nicht denkt: Oh, ich bin Bluie! Aber was denkt er dann? Weiß er, dass er es ist, der da herumschwimmt? Oder ist er einfach wie eine Kartoffel, nur mit Flossen, etwas, das schwimmt, aber überhaupt nichts denkt?" Wie fühlt es sich an, wollte Luke wissen, ein Fisch zu sein, ein Hamster, ein Schimpanse? Wie fühlt es sich überhaupt an, jemand zu sein?

An einem Sonntagabend geschah es:
Bluie steckt in einem Fenster des Schlosses fest,
wand sich und drohte zu ersticken

Als meine Schwester Alison zu Besuch kam, die Entwicklungspsychologin an der Universität von Berkeley ist, setzte sie sich mit Luke hin und erklärte ihm sanft, dass Wissenschaftler früher der Auffassung waren, die Erklärung von Leben sei ein Problem. Sie hätten das Problem zwar nicht gelöst, es aber gewissermaßen aufgelöst, indem sie immer einfachere Lebensformen erforscht hätten. Lukes Frage, warum wir wissen, wie es sich anfühlt, lebendig zu sein, würde sich wahrscheinlich ebenfalls in Teilaspekte auflösen. Luke hatte höflich genickt, aber das Problem des Denkens und Fühlens war für ihn damit keineswegs erledigt.

„Schwimm rückwärts, Bluie!", flehte ich. „Komm da raus!"

Bluie tat natürlich nichts dergleichen, sondern schwänzelte in seinem Fenster noch aufgeregter hin und her.

„Denkt er jetzt: Ich muss sterben", fragte Luke.

Schließlich entschied ich mich, das Unvermeidbare aufzuschieben. Ich ging in Olivias Zimmer, um sie ins Bett zu bringen. „Lass uns Bluie am Morgen zu Petco bringen und sehen, ob die Experten ihm helfen können", sagte ich. „Die haben wahrscheinlich ein ganzes Team von Leuten, die darauf spezialisiert sind, Fische aus Schlössern zu holen."

UM FÜNF UHR MORGENS stand ich auf, um nach Bluie zu sehen. Er war tot. Ich steckte ihn mitsamt seiner Behausung in eine weiße Plastiktüte. Dann setzte ich mich zum Lesen an den Küchentisch. Meine Schwester hatte mir eine Bücherliste in die Hand gedrückt, die mir helfen sollte, Lukes Fragen tiefer gehend zu beantworten. Ich hatte viele der Philosophen gele-

Prozessoren in unseren Köpfen verursachen, während sie ihre Roboteraufgaben verrichten. Es gebe kein Bewusstsein jenseits dieses mentalen Funktionierens. Das Bewusstsein sei nicht der Geist in der Maschine – es sei das Brummen der Maschinerie. Je lauter das Brummen, desto bewusster fühle man sich. Hätte Bluie also ein interessanteres Leben gehabt, wäre ihm womöglich bewusst gewesen, dass er es hatte.

Luke wachte auf und kam in die Küche. Er fragte, was mit Bluie passiert sei, und ich erzählte es ihm. Wir beschlossen, Bluie zu begraben, bevor Olivia aufwachte, und ihr dann zu sa-

»Du gehst in die Tierhandlung«, sagte Martha, »und kaufst einen Fisch, der genau wie Bluie aussieht«

sen. Etwa David Chalmers, der glaubt, Bewusstsein sei der Geist in der Maschine, das geheime, nicht weiter reduzierbare Etwas im Verstand, das uns von Computern und Goldfischen und anderen Kreaturen unterscheidet, die nur über eine zombieartige Selbsterkenntnis verfügen.

Ich las auch jene Philosophen, die das, was wir Bewusstsein nennen, für eine Illusion halten. Zur Tätigkeit unseres Verstandes stehe Bewusstsein in einer ähnlichen Beziehung wie der Pressesprecher des Weißen Hauses zur Tätigkeit des Weißen Hauses: Es ist dazu da, Rationalisierungen und systematische Gründe für Gefühle und Entscheidungen zu finden, die von dunklen, versteckten Mächten gefällt worden sind.

Von all den Theorien, die mir begegnet sind, beeindruckte mich am meisten die von Daniel Dennett. Er argumentiert, Bewusstsein sei ein Nebenprodukt, kein Zweck an sich – nur das Geräusch, das all die parallelen

gen, wir hätten ihn zu Petco gebracht. Dadurch würden wir Zeit gewinnen. Ich leerte Bluies Glaskugel, versteckte sie im Schrank in meinem Büro, und Luke und ich zogen uns an. Wir trugen Bluie zum Müllschlucker; mitsamt seinem Schloss verschwand er in der Tiefe. Dann brachte ich Luke zur Schule. Auf dem Weg dorthin war er still, aber an der Schultür sagte er: „Dad, was immer du ihr sagst, komm ihr nicht mit einer großen Bluie-ist-im-Fischkrankenhaus-Geschichte. Das nimmt sie dir nie ab."

Als ich nach Hause kam, weckte ich meine Frau. „Bluie hat es nicht geschafft", flüsterte ich. „Was sollen wir tun?"

„Vertigo", sagte sie, noch bevor sie ihre Augen öffnete. Sie hatte offensichtlich seit dem Abend zuvor darüber nachgedacht. „Du gehst zu Petco und kaufst einen Fisch, der genau wie Bluie aussieht, und dann tun wir ihn in das Becken und sagen Olivia, es sei Bluie. Wenn es mit Kim Novak funk-

Reddie – ein Gewinn von einem Straßenfest – litt offenbar unter Langeweile

tioniert hat, warum soll es nicht auch mit einem Kampffisch klappen?" Sie redete vom Plot des Hitchcock-Klassikers aus den 1950er Jahren.

In „Vertigo" verliebt sich James Stewart in eine blonde Schönheit, gespielt von Kim Novak, von der er schließlich glaubt, sie sei eine mystische Reinkarnation ihrer lange toten Urgroßmutter und müsse deren Taten nachahmen. Als sie sich wie die Urgroßmutter vom Glockenturm stürzt, ist auch Stewart am Boden zerstört.

Dann trifft er scheinbar zufällig eine brünette Verkäuferin, die Kim Novak verblüffend ähnlich sieht. Er zwingt sie, ihr Haar blond zu färben, und verwandelt sie nach und nach in eine Kim-Novak-Figur. Tatsächlich aber ist sie die richtige Kim Novak.

Der Bösewicht hatte sie angeheuert, um die Rolle der ersten Figur zu spielen – vom Glockenturm gestürzt aber wurde eine andere Frau, als Teil eines Versicherungsbetrugs. Das wird mittels einer Rückblende mitten im Film verraten. Weshalb Hitchcock den entscheidenden Punkt der Handlung so früh preisgab, ist unter Cineasten so umstritten wie die Natur des Bewusstseins unter Philosophen.

Martha ging Olivia wecken und zog sie für die Schule an. „Bluie ist im Fischkrankenhaus, Liebling", hörte ich sie sagen. Jungen und Männer glauben

nicht an das Fischkrankenhaus; Mütter hingegen wissen, dass es der Ort ist, an den alle Probleme geschickt werden, während die Familie auf die Lösung wartet.

Ich war inzwischen zu Petco gegangen und hatte einen Doppelgänger gekauft. Das war einfach – alle blauen Kampffische sahen aus wie Bluie. „Sie wird ins Zimmer kommen, und es wird ihr gehen wie James Stewart. Sie wird sich seltsam an Bluie erinnert fühlen – und dann wird der neue Fisch für sie Bluie werden", sagte Martha ein paar Stunden später, während wir zusahen, wie Bluie II. im Glas herumschwamm. Mir war klar, dass meine Frau vor allem sich selbst zu überzeugen versuchte.

Mir kamen Zweifel, ob der Doppelgänger eine so gute Idee war. Wurde James Stewart im Film nicht tatsächlich verrückt, und stürzte sich Kim Novak schließlich nicht vom Glockenturm? „Machen wir einen Fehler?", fragte ich. „Ich meine, wird sich Olivia nicht an den Fingern abzählen können, dass Bluie gestorben ist?"

WÄHRENDDESSEN KLEMMTE sich Martha, eine Mutter in der Krise, ständig ihr Mobiltelefon zwischen Schulter und Wange. Jede ihrer Freundinnen hatte schon einmal ein Problem mit einem toten Haustier gehabt. Goldfische trieben an der Wasseroberfläche,

Hamster lagen verkrümmt in ihren Käfigen, die pelzigen Füßchen steif; selbst Blutvergießen mit tödlichem Ausgang war unter Haustieren schon vorgekommen. Jede Familie hatte ihren eigenen Weg hinter sich, das Problem zu bewältigen, und jede hatte ihre eigene Theorie. Da waren jene, die sich für „Vertigo" entschieden hatten und es bereuten. Und da waren andere, welche die Sag-es-ihnen-ganz-offen-Variante gewählt hatten und es ebenfalls bereuten. Es gab nur eines, was sich mit Sicherheit sagen ließ: Was immer man tat, man würde es später bereuen.

Ich rief meine Schwester Alison an, die Entwicklungspsychologin. Sie erklärte mir, dass es für Kinder normal sei, starke Bindungen zu Haustieren zu entwickeln, selbst wenn diese die Zuneigung nicht erwiderten. Zwei japanische Psychologen hätten untersucht, wie Kinder durch Haustiere intuitiv Theorien über Biologie entwickeln. „Sie behaupten, alle Kinder, im Westen wie im Osten, hätten anfangs nur Theorien über Phänomene der Psychologie und Physik und entwickelten erst im Alter von ungefähr sechs Jahren eine ‚vitalistische' Biologie", erläuterte meine Schwester. „Sie denken dann, dass es einen vitalen Geist gibt, so etwas wie das chinesische Chi, der Tiere und Menschen am Leben hält, sich durch Nahrung regeneriert und durch Krankheit geschwächt wird."

Das Erstaunliche daran sei, dass Zierfische die Entwicklung dieser Art Vitalismus beschleunigten. „Wir schenken ihnen Fische als Lehrmittel, auch wenn wir uns dessen nicht bewusst sind", fuhr Alison fort. „Olivia befindet sich wahrscheinlich gerade im Übergang von einem psychologischen zu einem biologischen Begriff des Lebens."

Bluie starb in der Nacht. Mitsamt seinem Schloss verschwand er im Müllschlucker. Olivia sollte glauben, er sei im Fischkrankenhaus – jenem Ort, an den alle Probleme geschickt werden, während die Familie auf eine Lösung wartet

Das könne die Ursache ihrer sich anbahnenden Verstörung sein.

Scheinbar wirkt die bloße Anwesenheit eines Fisches in einem Becken, trotz der Tatsache, dass der Fisch seelenlos ist, auf Fünfjährige wie ein Empathie-Verstärker, der bis in die hintersten Winkel ihres Geistes vordringt. Olivia war Vitalistin, allerdings war Bluie alles andere als vital.

Meiner Schwester Alison zufolge verläuft die Entwicklung von Kindern in Phasen. Mit drei Jahren beginnen die meisten von ihnen – quasi als Psychologen –, sich und anderen mentale Zustände zuzuschreiben. Im Alter von sechs Jahren – als Biologen – fragen sie nach einer Theorie des Lebens. Mit zehn – als Philosophen – versuchen sie zu verstehen, warum unsere Seele

unser Leben nicht für immer weiterführen kann.

„Meine Schwester glaubt nicht, dass wir Olivias Verstand durcheinander bringen werden", sagte ich zu Martha. „Sie glaubt, wir werden nur ihre Theorien über Biologie durcheinander bringen." Martha schaute immer noch auf das Glas, als wollte sie ergründen, ob der neue Fisch als Bluie durchgehen würde.

Luke war als Erster wieder zu Hause. Auch er musterte den neuen Fisch. „Weiß er, dass er nicht Bluie ist?", fragte er. Reddie schaute den neuen Bluie ebenfalls an, aber was er dachte, ahnten wir nicht einmal. Als Olivia schließlich von der Schule kam, wählten wir weder die raffinierte Hitchcock-Nummer noch brutale Ehrlichkeit, son-

dern – als liberale New Yorker – das unentschlossene Sich-in-der-Mitte-treffen-Zwischending. Martha erklärte Olivia, Bluie sei von den Fischspezialisten zwar erfolgreich aus seinem Schlossfenster befreit worden, aber die Erfahrung habe ihn so mitgenommen, dass er nun Ruhe brauche. Es werde womöglich lange dauern, bis er wieder vollständig bei Kräften sei. In der Zwischenzeit hätten die Petco-Leute uns Bluies Bruder mitgegeben.

Olivia warf einen langen, unheilvollen Blick auf das Tier. „Ich hasse diesen Fisch", sagte sie. „Ich hasse ihn. Ich will Bluie."

Wir versuchten, sie zu trösten, doch es hatte keinen Sinn.

„Aber schau, er ist genau wie Bluie!", widersprachen wir zaghaft.

„Er sieht aus wie Bluie", gab sie zu. „Aber er ist nicht Bluie. Er ist ein Fremder. Er kennt mich überhaupt nicht. Er ist nicht mein Freund, mit dem ich reden kann."

AN DIESEM ABEND saßen wir abwechselnd mit Olivia im Schaukelstuhl in ihrem Zimmer, bis sie einschlief. Das Zimmer war voller Bluies: Puppen wie Woody und Buzz aus dem Film „Toy Story" und Stofftiere, denen sie Gefühle, Gedanken und Absichten zuschreibt. Kleine Kinder glauben stärker an das Bewusstsein als Erwachsene; sie sind überzeugt, alles könne denken, fühlen, sprechen. Spielzeug-Hersteller haben das erkannt und nutzen es aus.

Auf einer anderen Ebene wissen Kinder natürlich, dass Dinge nicht wirklich ein Bewusstsein haben – kein Kind nimmt tatsächlich an, seine Spielsachen redeten wie Woody und Buzz im Film. Indem sie Dingen Gefühle zuschreiben, schützen Kinder aber ihr Recht, selbst Gefühle zu haben.

Olivia liebte Bluie, weil es in ihrer Natur liegt, auch einem Fisch Absich-

In einem Haustier manifestiert sich eine Theorie der Liebe, wie sie ein Kind aufstellt

ten und Gefühle zuzuschreiben, in etwa so wie Hitchcock es mit Schauspielerinnen machte. Sie weiß unter anderem deshalb, dass sie Olivia ist, weil sie sich vorstellen kann, dass Bluie Bluie ist. Als kleine Kinder stellen wir uns vor, alles habe Bewusstsein, selbst unsere Eltern. Den Rest unseres Lebens verbringen wir damit, Dinge und Menschen von der Liste zu streichen, bis wir ganz allein mit uns selbst sind, der letzte verbliebene Verstand.

Während ich das kleine Mädchen anschaute, das sich in den Schlaf geweint hatte, wurde mir einiges klar. In einem Haustier manifestiert sich die Bereitschaft, sich in ein anderes Wesen einzufühlen, eine Theorie der Liebe, die das Kind aufstellt. Aber ein Haustier ist auch ein lebendiges Wesen, und wenn es stirbt, bewegt es sich aus dem Reich des Denkens in die Kälte einer physischen Existenz. Die Wissenschaft mag das Leben und den Geist in klei-

Nach einigen Tagen nannte Olivia auch den neuen Fisch Bluie, als sei
der Vorgänger aus dem Grabe auferstanden. Nach einer langen emotionalen
Reise war sie wieder am Ausgangspunkt angekommen

nere Teile auflösen, aber zumindest unter höheren Tieren ist die Grenze zwischen Leben und Nicht-Leben ziemlich klar festgelegt.

Der wirkliche Beweis für Bewusstsein ist der Schmerz des Verlustes. Reddie in seiner Einzimmerwohnung wusste nicht, dass Bluie gestorben war. Bluie selbst mag in gewisser Weise nicht gewusst haben, dass er starb. Aber Olivia wusste es. Der Schmerz, den wir fühlen, nicht das Brummen

dem-Grabe-auferstanden-Geschichte: das Leiden des Bluie. Wir erwogen eine buddhistische Geschichte: Bluie kommt wieder und wieder. Wir spielten sogar mit einer jüdischen Geschichte: Leider konnten die Ärzte Bluie nicht am Leben halten – aber was für eine schöne Glaskugel hat er seiner Familie hinterlassen!

Dann hörten wir, wie die Tür von Olivias Zimmer aufging. Mit theatralischer Ruhe kam sie an den Tisch und

es Tippi Hedren. Jeder Fünfjährige besitzt einen Fisch, so wie jeder große Regisseur eine einzige Blondine hat.

Was Hitchcocks Filme mit allen Weltreligionen gemeinsam haben, ist der Glaube, dass der Tod durch das Festhalten an einer fixen Idee überwunden oder zumindest erträglich gemacht werden kann. Das ist der Lauf des Lebens. James Stewart hatte das erfahren, und jetzt auch meine Tochter Olivia.

Luke hatte eine weit finsterere Vorstellung von dem, was passiert war – weniger „Vertigo", mehr „Psycho".

»Reddie hat Bluie dazu angestiftet, in das Fenster zu schwimmen«, sagte Luke. »Er ist der Schurke«

der Maschinerie, ist das untrügliche Zeichen für Bewusstsein – das, worum es beim Menschsein geht.

Ich schaute mein schlafendes Kind an und hoffte, es würde am Morgen seine Trauer überwunden haben.

„Mama", sagte Luke am nächsten Morgen, „du hättest nicht diese große Bluie-ist-im-Fischkrankenhaus-Geschichte erzählen sollen. Das zieht es nur in die Länge." Wir saßen zu dritt am Küchentisch und warteten, dass Olivia aufstand. „Ich habe keine große Bluie-ist-im-Fischkrankenhaus-Geschichte erzählt", widersprach Martha verdrossen. Sie war sichtlich erschöpft. „Es war eine große Bluie-ist-in-der-Rehaklinik-gleich-neben-dem-Fischkrankenhaus-Geschichte."

„Das macht es noch schlimmer", sagte Luke.

„Lasst uns etwas anderes versuchen", sagte Martha: „Wir sagen Olivia, dass Bluie zwar gestorben ist, aber der neue Bluie eine Art wiedergeborener Bluie ist."

Womöglich war sie auf etwas Wichtiges gekommen. Während der nächsten fünfzehn Minuten unternahmen wir eine Tour durch die Weltreligionen. Wir erfanden eine christliche Aus-

setzte sich. „Ich werde den neuen Fisch Lucky nennen", verkündete sie.

Dann geschah etwas Sonderbares. Nachdem ihn jeder ein paar Tage lang Lucky genannt hatte, fing Olivia von selbst an, den neuen Fisch Bluie zu nennen. Es war, als sei sie nach einer langen emotionalen Reise wieder am Ausgangspunkt angekommen. Wir beginnen mit dem Problem der Seele, machen die Erfahrung von Schmerz und lieben am Ende wieder den gleichen alten Fisch.

ICH BEGRIFF PLÖTZLICH, warum Hitchcock das Geheimnis mitten in „Vertigo" verraten hatte. Er gab die Überraschung preis, weil er nicht sah, was überraschend daran war. Er fand nichts Bizarres an der Idee, dass jemand ständig nach den Plänen oder Wünschen eines anderen neu erschaffen wird, weil er dachte, genau darin bestünden das Leben und die Liebe. Spannung, nicht Überraschung war das Element, in dem Hitchcock sich bewegte. Nicht er passte sich den Umständen an – er passte die Umstände sich selbst an. Als Grace Kelly einen Fürsten heiratete, war da Kim Novak; und als Kim Novak rebellierte, gab

„Ich glaube", sagte er, „dass Reddie Bluie dazu angestiftet hat, in das Fenster zu schwimmen, und als er sah, was geschah, lachte er schadenfroh. Es war Reddies Rache. Er hat Bluie schon die ganze Zeit gehasst, weil der ein größeres Haus hatte, und schließlich trieb er ihn mit einem Trick in den Tod. Reddie ist der Schurke."

Und für einen Moment, während ich dem armen Reddie zusah, wie er durch sein billiges Becken schwamm, glaubte ich, in den kleinen Fischaugen einen niederträchtigen Schimmer zu entdecken, eine verblüffende Ähnlichkeit mit Anthony Perkins in seiner nervösen Erregbarkeit und seiner gärenden Wut. Ich beobachtete Reddie verwundert und leicht beunruhigt. Er sah aus wie ein Fisch, der seinen eigenen Kopf hat. □

Adam Gopnik, 47, ist Redakteur des „New Yorker". Mit seiner Frau und zwei Kindern lebt er – nach einigen Jahren in Paris – derzeit wieder in New York. Der gebürtige Londoner **Jonny Mendelsson**, 38, arbeitet seit 20 Jahren als Illustrator unter anderem für britische, US-amerikanische und französische Magazine. Aus dem Amerikanischen von **Barbara Baumgartner**.

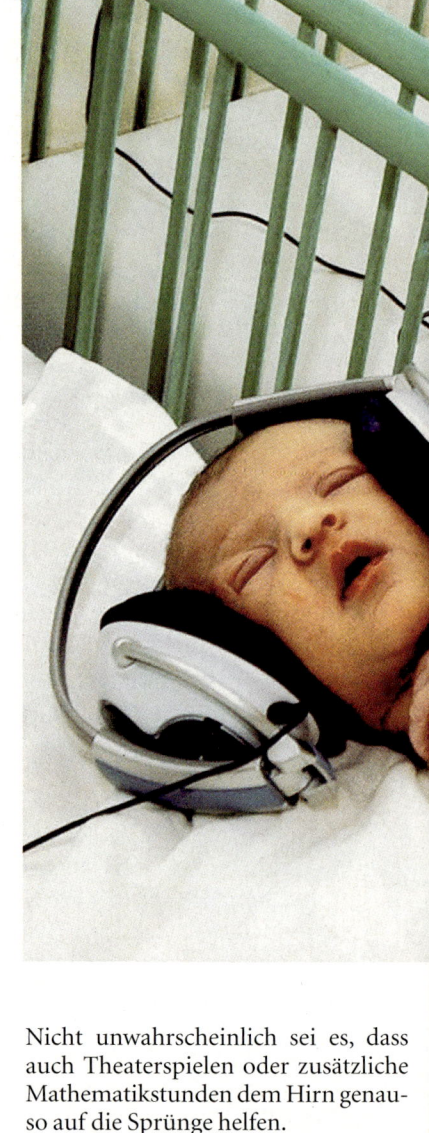

MUSIK

Doping für die Synapsen?

Musizieren wird als Allheilmittel für den Schulerfolg gepriesen. Doch viele Studien, die diesen Effekt angeblich belegen, sind methodisch fragwürdig

In den meisten Familien werden die Blockflöten höchstens noch zu Weihnachten hervorgeholt. An vielen Schulen mangelt es an Musiklehrern, zahlreiche Stunden fallen aus. Gleichzeitig werden Argumente für einen höheren Stellenwert der Musik in der Kindererziehung laut und öffentlichkeitswirksam vorgetragen. „Eine frühe musikalische Ausbildung führt dazu, dass man später besser Vokabeln lernen kann", behauptete die Star-Geigerin Anne-Sophie Mutter in einem Interview mit der „Welt am Sonntag". „Musik ölt die Synapsen", sprang ihr die französische Pianistin Hélène Grimaud in einem Gespräch mit „Focus" bei. Und Instrumentenhersteller und Notenbuchverlage gaben einem gemeinsamen Aktionsbündnis für mehr Musizieren den Titel „Intelligent durch Musik".

Ralph Schumacher, Privatdozent für Philosophie an der Berliner Humboldt-Universität, reagiert auf derartige Thesen inzwischen ungehalten. „Solche Behauptungen sind einfach unseriös", sagt er. Sicher ist nur: Das passive Hören von Musik kann allenfalls 20 bis 30 Minuten die Leistungsbereitschaft erhöhen, nicht aber die Intelligenz. Darauf deutet auch der so genannte Mozart-Effekt hin, den die amerikanische Psychologin Frances Rauscher Mitte der 1990er Jahre weltweit bekannt gemacht hatte. Demnach

hatte das Hören einer Klaviersonate von Mozart es Kindern ermöglicht, räumlich-visuelle Aufgaben besser zu lösen. Später stellte sich heraus, dass derselbe Effekt auch mit Vorlesen zu erzeugen ist.

Wie aber sieht es mit den Auswirkungen aktiven Musizierens auf die geistigen Kompetenzen aus? Schumacher hat im Auftrag des Bundesministeriums für Bildung und Forschung mehr als 200 Studien zu diesem Thema untersucht. Das Ergebnis: „Es gibt Hinweise auf geringfügig positive Effekte, vor allem hinsichtlich der sprachlichen, räumlich-visuellen und mathematischen Fähigkeiten." Allerdings seien diese Studien anfechtbar, weil bestimmte Randbedingungen nicht bedacht worden seien: dass zum Beispiel Kinder, die Musikunterricht erhalten, ohnehin aus eher bildungsnahen Familien kommen.

Zudem wurden häufig die Leistungen von musizierenden Schülern mit denen von Kindern verglichen, die keinerlei zusätzlichen Unterricht erhalten hatten. Das etwa gilt auch für die deutschlandweit bekannt gewordene Studie des Musikpädagogen Hans Günther Bastian aus dem Jahr 2000. Sechs Jahre lang hatte der Frankfurter Professor die schulische Entwicklung von Berliner Grundschülern begleitet. Am Ende der Untersuchung ermittelte Bastian bei den Musikschülern einen um bis zu sechs Punkte höheren Intelligenzquotienten als bei den Kindern der Vergleichsgruppe – auch die Schulleistungen der Musizierenden hatten sich verbessert. Tatsächlich hatten die anderen Schüler einfach weniger Unterricht.

„Ein methodischer Fehler", erklärt Schumacher, „denn jeglicher zusätzliche Schulunterricht wirkt sich positiv auf die Intelligenzentwicklung aus."

Nicht unwahrscheinlich sei es, dass auch Theaterspielen oder zusätzliche Mathematikstunden dem Hirn genauso auf die Sprünge helfen.

Dennoch will Schumacher nicht ausschließen, dass „Kinder durch das Musizieren ihre Haltung zum Schulunterricht allgemein verbessern" und dann motivierter für andere Fächer sind. Entwicklungspsychologen mutmaßen, dass Kinder durch den Umgang mit Noten Fähigkeiten erworben haben könnten, die ihnen beim Bruchrechnen oder beim Lesen nützlich sind.

Und Neurowissenschaftler argumentieren, dass in den Gehirnen musizierender Kinder womöglich Bereiche aktiviert werden, die an solche gren-

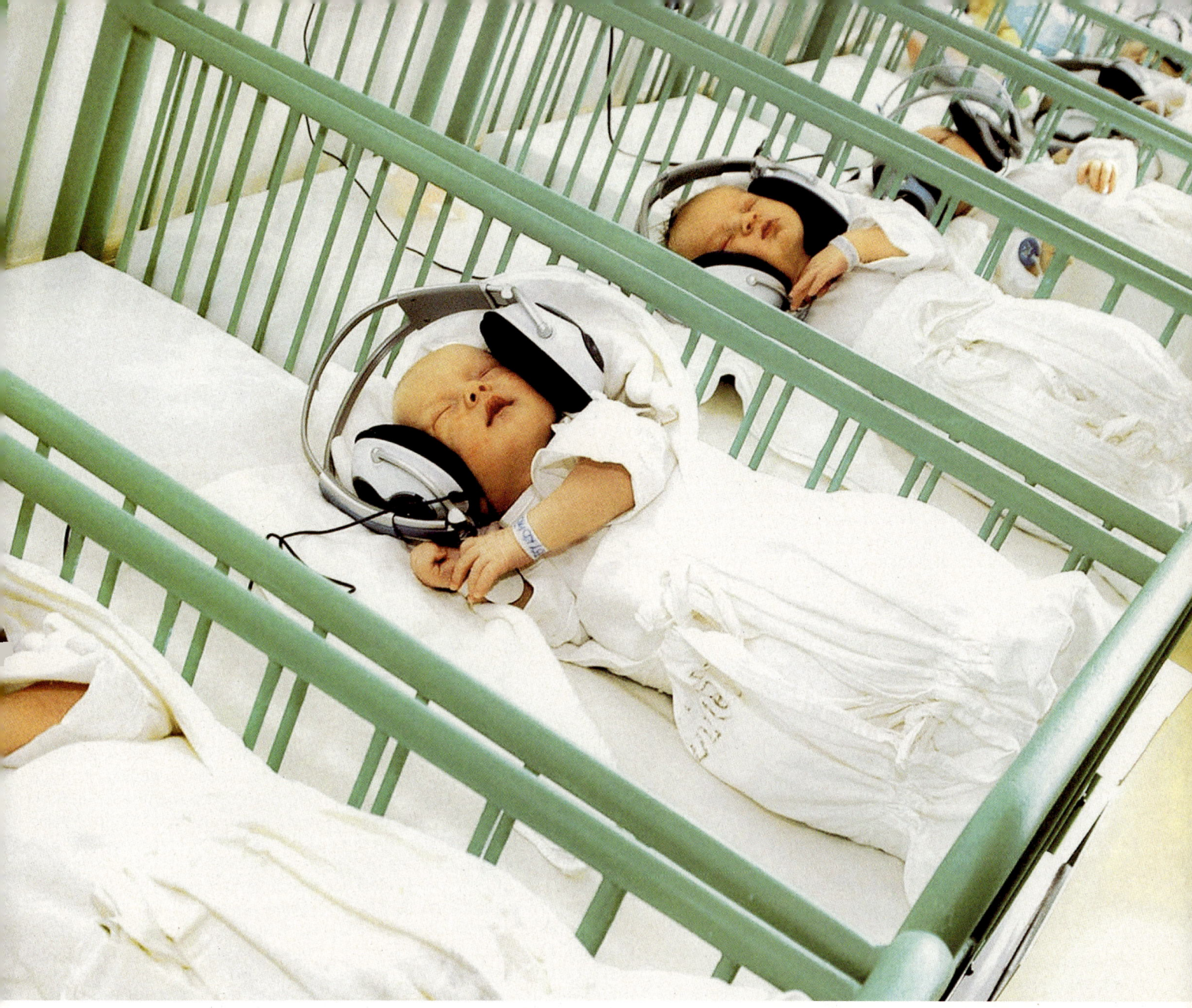

Ein eher zweifelhafter Hörgenuss: In der Privatklinik im slowakischen Košice-Šaca werden schon Neugeborene mit Mozart und Vivaldi beschallt

zen, die für andere Denkaufgaben zuständig sind. Über diese so genannten Anwärmeffekte ist bislang aber nur wenig Konkretes bekannt.

Mithilfe neuer bildgebender Verfahren wie der funktionellen Magnetresonanztomographie wollen Forscher künftig genauer erkunden, was im Gehirn vor sich geht, wenn jemand eine Mathematik-Aufgabe löst oder Querflöte spielt. Das Bundesministerium für Bildung und Forschung wird interdisziplinäre Untersuchungen von Neurowissenschaftlern und Lehr-Lernforschern verstärkt fördern. Schumacher hat dafür eine Prioritätenliste zusammengestellt: „Es sollte untersucht werden, ob die positiven Effekte langfristig wirken und ob es Unterschiede

zwischen einzelnen Instrumenten und Altersgruppen gibt." In einem zweiten Schritt sollten die Ursachen der Effekte erforscht werden.

Bis dahin empfiehlt Schumacher den Eltern, ihre Kinder durchaus zum Klavierunterricht zu schicken – aber um der Freude am Musizieren willen, nicht in der Hoffnung, ihren IQ zu erhöhen. *Fenja Mens*

Die Expertise von Ralph Schumacher erscheint im Mai 2006 unter dem Titel „Macht Mozart schlau? Die kognitiven Effekte musikalischer Bildung" in der Schriftenreihe des BMBF und kann kostenlos bestellt werden (Tel. 01805 / 26 23 02 oder E-Mail: books@bmbf.bund.de).

Was ist normal?

Das Zappelphilipp-Syndrom gilt als das häufigste psychische Krankheitsbild im Kindesalter. Medikamente und Verhaltenstherapien können helfen. Inzwischen entwickeln Forscher auch Strategien zur Vorbeugung

Die neunjährige Britta ist in der Schule unaufmerksam, lässt sich leicht ablenken. Zu Hause fällt es ihr schwer, beim Essen am Tisch sitzen zu bleiben oder sich auf die Schulaufgaben zu konzentrieren. Freundinnen hat sie nicht, in Gruppen bleibt sie stets

Außenseiterin. Brittas Problem ist das häufigste psychische Krankheitsbild im Kindesalter, die so genannte Aufmerksamkeitsdefizit-Hyperaktivitätsstörung, kurz ADHS.

Insgesamt ein bis zwei Prozent der Kinder in Deutschland leiden unter ADHS, wenn das europäische Diagnosesystem zugrunde gelegt wird. In den USA, wo die Kriterien weiter gefasst sind, wird der Anteil mitunter sogar auf über fünf Prozent geschätzt. Dort gelten auch Kinder als potenzielle Patienten, die zerstreut, vergesslich und verträumt wirken, ohne hyperaktiv zu sein; sie werden als ADS-Kinder bezeichnet.

Allein das zeigt, wie umstritten das Krankheitsbild ist. Wo die Grenze zwischen besonders lebhaft und gestört verläuft, ist auch eine gesellschaftliche Frage. In den USA bekommen selbst manche Vorschulkinder den Wirkstoff Methylphenidat (zum Beispiel mit dem Medikament Ritalin), ein beruhigend wirkendes Psychostimulans. In Deutschland fällt Methylphenidat unter das Betäubungsmittelgesetz. Kinder unter sechs Jahren sollten es laut den europäischen Behandlungsrichtlinien nicht einnehmen. Dagegen werden in den USA ungefähr 90 Prozent aller ADHS-Kinder medikamentös behandelt – obwohl bei der Mehrzahl die Störung nicht fachgerecht diagnostiziert worden ist, wie eine Analyse im US-Bundesstaat North Carolina ergab.

»Ob der Philipp heute still wohl bei Tische sitzen will?« Der Frankfurter Nervenarzt Heinrich Hoffmann beschrieb hyperaktives Verhalten bereits 1846 in der Geschichte vom Zappelphilipp

Ein erfundenes Problem ist ADHS jedoch keinesfalls. „Ich sehe es als ein Kontinuum wie Bluthochdruck oder Übergewicht“, sagt der Kölner Kinderpsychologe Manfred Döpfner, Mitverfasser der Nationalen Leitlinien. „Wenn jemand extrem übergewichtig ist, hat er ein erhöhtes Risiko zu erkranken, aber die Grenze, von der an man etwas als nicht mehr normal ansieht, hat etwas Beliebiges.“

ADHS verläuft oft chronisch und ist schwer zu behandeln, zumal viele der betroffenen Kinder zusätzlich unter Ängsten oder Depressionen leiden oder sie mitunter durch Methylphenidat entwickeln. Jedes zweite wird die Symptome auch als Erwachsener nicht los. Aus der Zwillingsforschung ist bekannt, dass bei der Entstehung von ADHS die Vererbung eine große Rolle spielt. Das bedeutet jedoch nicht, dass jedes genetisch vorbelastete Kind ADHS entwickelt. „Nicht das Störungsbild wird vererbt, sondern die Vulnerabilität, also die Verletzlichkeit“, sagt Döpfner.

Der Psychologe macht Veränderungen in der Lebenswelt der Kinder dafür verantwortlich, dass die Zahl der Patienten dramatisch gestiegen ist. Die Eltern seien in ihrer Erzieherrolle verunsichert; es falle ihnen schwer, Grenzen zu setzen. Hinzu komme „der negative Pisa-Effekt“, so Döpfner: „Von Kindern werden Kopfarbeit und Konzentration verlangt, körperliche Bewegung zählt immer weniger.“ Zu früheren Zeiten sei aus einem ADHS-Kind womöglich ein Postbote geworden. Der habe viel Bewegung gehabt, und die Störung sei nicht groß aufgefallen.

In Deutschland haben sich die Verordnungen von Methylphenidat in den vergangenen zehn Jahren verzwanzigfacht, von 1,3 auf 26 Millionen Tagesdosen. „Das ist allerdings auch ein Zeichen dafür, dass die Störung früher nicht ausreichend behandelt wurde“, meint der Marburger Jugendpsychiater Helmut Remschmidt.

Fraglich ist allerdings, ob immer die richtigen Kinder die Medikamente erhalten. Kinderpsychologe Döpfner bezweifelt, dass die sehr aufwendige Diagnose ausschließlich von dafür

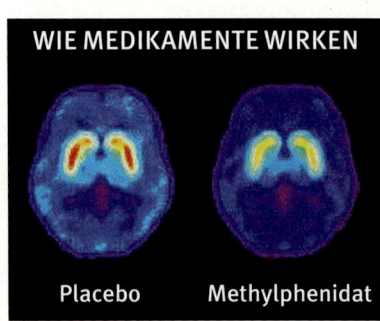

WIE MEDIKAMENTE WIRKEN

Placebo   Methylphenidat

Die Aufnahmen zeigen, wie Methylphenidat (rechts) im Vergleich zu einem Placebo (links) im Gehirn wirkt. Der Wirkstoff blockiert die Transportwege des Botenstoffs Dopamin (rot)

qualifizierten Experten gestellt wird, wie internationale Leitlinien es vorschreiben. Und selbst wenn die Vorschriften eingehalten wurden, sollten ADHS-Kinder nicht automatisch Medikamente bekommen. Bei jungen Patienten mit nicht so stark ausgeprägten Symptomen empfehlen deutsche und europäische Leitlinien zunächst eine Verhaltenstherapie, die unbedingt die Eltern und möglichst auch die Lehrer mit einbezieht. Nur wenn das nicht hilft oder die Situation des Kindes so dramatisch ist, dass beispielsweise ein Schulwechsel droht, sollten zusätzlich Arzneimittel zum Einsatz kommen. Sie ermöglichen es vielen Kindern erst, sich halbwegs zu konzentrieren und so für eine Verhaltenstherapie empfänglich zu sein.

Eine ausschließliche Therapie mit Medikamenten gilt hierzulande – anders als in den USA – als Behandlungsfehler. Zwar ist unbestritten, dass die gängigen Mittel die Symptome lindern. Laut einer großen amerikanischen Studie half eine gut kontrollierte medikamentöse Behandlung 56 Prozent der Kinder, eine intensive Verhaltenstherapie hingegen nur 34 Prozent. Am besten aber schnitt eine Kombination von beiden ab: 68 Prozent der Patienten profitierten davon. Doch jedes Medikament hat Nebenwirkungen. Methylphenidat kann Appetitlosigkeit oder vermindertes Wachstum zur Folge haben. Neuere Mittel, wie das erst 2005 in Europa zugelassene Atomoxetin, müssen – anders als

Ritalin – zwar nicht mehrfach am Tag genommen werden, können aber in seltenen Fällen zu schweren Leberschäden führen, und die Langzeitwirkung ist noch unerforscht.

Einen Nachteil haben alle Mittel: „Durch Medikamente lernt das Kind nichts dazu", sagt Kinderpsychologe Döpfner. Sobald sie abgesetzt werden, lässt auch ihre Wirkung nach. Wenn Eltern jedoch psychologische Hilfe für ihr Kind wünschen, finden sie oft keinen qualifizierten Therapeuten. „Wir an der Universitätsklinik Köln werden von Eltern geradezu überrannt", sagt Manfred Döpfner.

Auch deshalb arbeitet sein Forscherteam an einem Konzept zur Vorbeugung. Für eine Studie schulten erfahrene Kinderpsychologinnen die Eltern und Erzieher von 58 Vorschulkindern, die als ADHS-gefährdet galten. Nach zehn Gruppensitzungen hatte sich das Erziehungsverhalten der Erwachsenen deutlich verbessert, die Verhaltensprobleme der Kinder hatten sich verringert.

Das Kölner Team entwickelte auch eine Möglichkeit, dem Therapeutenmangel mit Eigeninitiative zu begegnen: Bei der so genannten Bibliotherapie arbeiten Eltern zum Beispiel mit dem von Döpfner herausgegebenen Buch „Wackelpeter & Trotzkopf". Sie werden bei dem 14-stufigen Selbstlernprogramm durch wöchentliche Telefongespräche mit Ärzten oder Psycho-

logen unterstützt. Das Ergebnis der Studie: Der Erziehungsstil der Eltern ändert sich, sie achten mehr auf Regeln und Grenzen. Die Kinder sind aufmerksamer und nicht mehr so zappelig. Doch sind schnelle Erfolge nicht garantiert. In schweren Fällen können sich Therapien über Jahre erstrecken.

Die neunjährige Britta hat es inzwischen ohne Medikamente geschafft, ihr Verhalten zu ändern. Nach einer halbjährigen Intensivphase muss die Therapie zwar im lockeren Rhythmus fortgesetzt werden, aber eine Nachuntersuchung ergab: Aus dem Problemkind ist eine weitgehend normale Schülerin geworden. *Martina Keller*

TODESURSACHEN
Gefühlte Gefahr

Über die Häufigkeit von Unfällen und Sexualmorden machen sich Eltern falsche Vorstellungen. Den größten Risiken sind Kinder ohnehin im ersten Lebensjahr ausgesetzt – durch angeborene Fehlbildungen und den plötzlichen Kindstod

Eltern sorgen sich zu Recht um ihre Kinder und wollen sie vor Gefahren behüten: schlimmen Krankheiten, schweren Unfällen, heimtückischen Verbrechen. Doch wie groß sind die Risiken tatsächlich? Wie viele Kinder

und Jugendliche in Deutschland erreichen das dritte Lebensjahrzehnt? Laut Statistischem Bundesamt erleben mehr als 990 von 1000 Heranwachsenden (genau: 99,14 Prozent) ihren 20. Geburtstag. Noch 1970 starben fast viermal so viele Kinder wie heute, vor 100 Jahren waren es wegen der hohen Säuglingssterblichkeit sogar fast 40 Prozent aller Kinder eines Jahrgangs.

Diese Gefahr ist gebannt, doch immer noch gilt: Besonders der Start ins Leben ist voller Risiken. „Junge Säuglinge sind eindeutig die am meisten gefährdete Gruppe", sagt Professor Hansjosef Böhles, Präsident der Deutschen Gesellschaft für Kinder- und Jugendmedizin.

Bei fast jedem zweiten verstorbenen Kind sind bereits während der Schwangerschaft oder unter der Geburt Komplikationen aufgetreten. Häufig sterben Babys, weil sie zu früh geboren werden und längst nicht ausgereift sind. Seltener kommt es zu Infektionen des Fötus schon im Mutterleib sowie zu Atemwegsproblemen bei Neugeborenen. Eine weitere Gefahr sind Gehirnblutungen, beispielsweise nach Zangengeburten. Manche Geburtshelfer greifen zu diesem fast schon ausrangiert geglaubten Instrument, weil sie einen Kaiserschnitt vermeiden und den Säugling „natürlich" auf die Welt bringen wollen.

Sind die ersten Monate überstanden, sinkt das Sterberisiko für Kinder deutlich. Erst im Jugendalter steigt es wieder an – vor allem durch Unfälle

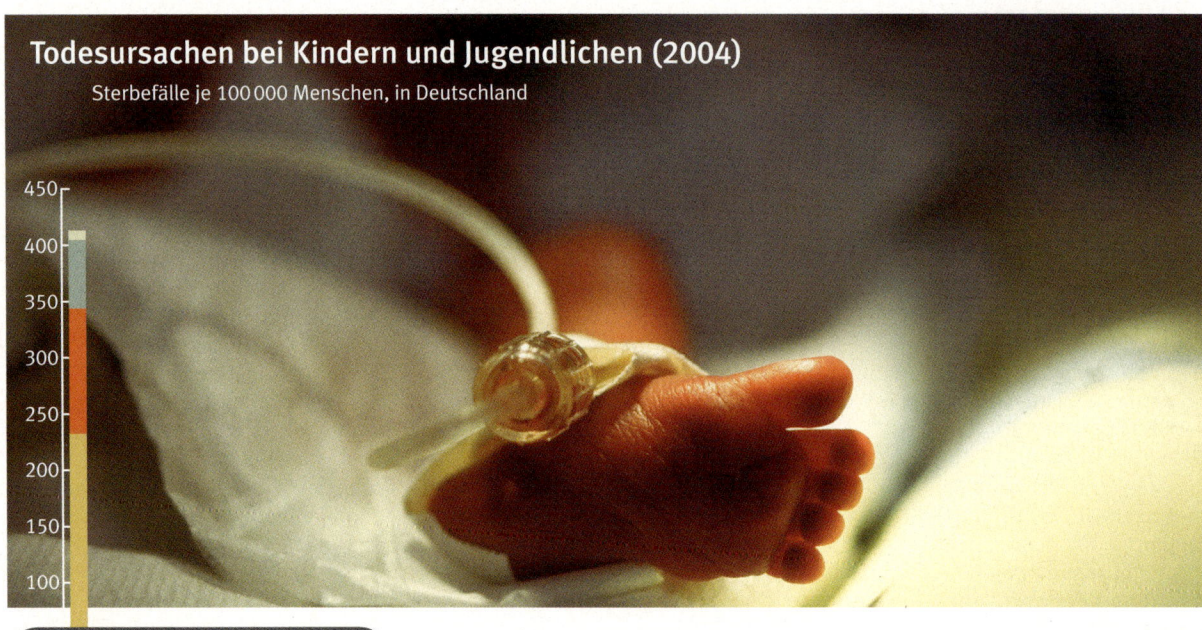

Todesursachen bei Kindern und Jugendlichen (2004)

Sterbefälle je 100 000 Menschen, in Deutschland

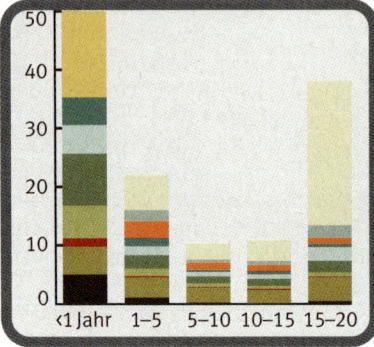

<1 Jahr | 1–5 | 5–10 | 10–15 | 15–20

Quelle: Statistisches Bundesamt

- Unfälle, Kriminalität, Selbsttötung
- Plötzlicher Kindstod, andere unklare Todesursachen
- angeborene Fehlbildungen
- Schwangerschafts- und Geburtsprobleme
- Atemsystemerkrankungen
- Herz-Kreislauf-Erkrankungen
- Nervenkrankheiten
- Ernährungs- und Stoffwechselkrankheiten
- Krebs
- Blutkrankheiten
- Infektionen und Parasiten

Angeborene Fehlbildungen führen ebenfalls relativ häufig zu Todesfällen, etwa Probleme des Herz-Kreislauf-Systems oder unheilbare Stoffwechselstörungen. Doch selbst mit angeborenen Herzfehlern erreichen mittlerweile über 85 Prozent der Betroffenen das Erwachsenenalter, während vor einigen Jahrzehnten viele Patienten in den ersten Lebensjahren starben.

Auch bei Stoffwechselstörungen, wenn das Baby zum Beispiel keinen Fruchtzucker verträgt oder die in der Muttermilch enthaltene Zuckerart Galaktose nicht verwerten kann, überleben heute die meisten Kinder dank Intensivmedizin, oft allerdings mit bleibenden Folgen.

Eine besonders heimtückische Bedrohung ist der „plötzliche Kindstod", der Babys vor allem zwischen dem zweiten und fünften Lebensmonat ereilt. Wie die auffälligen Unterschiede von Bundesland zu Bundesland zeigen, lässt sich das Problem offenbar durch gezielte Vorsorge eindämmen. So wachen in Baden-Württemberg, Bayern oder Sachsen von 10 000 Neugeborenen zwei bis drei eines Tages nicht mehr aus dem Schlaf auf, in Nordrhein-Westfalen sind es dagegen acht. Obwohl noch ungeklärt ist, was genau zum plötzlichen Kindstod führt, hat die Aufklärung über Risikofaktoren die Mortalität gesenkt.

In Sachsen hat die Initiative „Gesunder Babyschlaf" den Eltern die drei „R-Regeln" erfolgreich nahegebracht: „Rückenlage – Richtiges Babybett – Rauchfrei". Als die Entbindungskliniken im Regierungsbezirk Dresden 1994 mit ihrer Informationskampagne begannen, ging prompt die Zahl der Kindstod-Fälle zurück. In Leipzig und Chemnitz blieb sie dagegen zunächst unverändert hoch und sank erst, als die Prävention auch dort übernommen wurde.

Schwangerschafts- und Geburtsprobleme, angeborene Fehlbildungen sowie der plötzliche Kindstod sind für rund die Hälfte aller Sterbefälle vor dem 20. Lebensjahr verantwortlich; im Jahr 2004 galt das für 3029 der insgesamt 6079 Verstorbenen.

Krebserkrankungen sind nur in drei Prozent der Todesfälle ursächlich. Heranwachsende entwickeln einerseits selten Tumore, andererseits lassen sich diese heute ungleich besser behandeln als früher. Mehr als 75 Prozent der krebskranken Kinder werden geheilt – Mitte des vorigen Jahrhunderts waren es weniger als 20 Prozent.

Die größte Gefahr nach dem ersten Lebensjahr geht von Unfällen beim Spielen aus. Kleinkinder sind zum Beispiel durch Ertrinken gefährdet, wobei selbst flache Gartenteiche Zweijährigen zum Verhängnis werden können, weil sie ihren relativ schweren Kopf nicht aus dem Wasser heben können. Für Jugendliche ist der

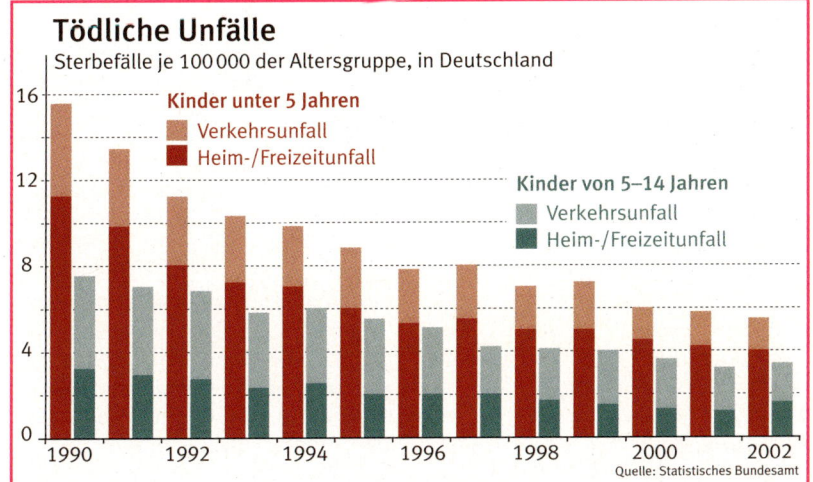

Tödliche Unfälle
Sterbefälle je 100 000 der Altersgruppe, in Deutschland

Kinder unter 5 Jahren
- Verkehrsunfall
- Heim-/Freizeitunfall

Kinder von 5–14 Jahren
- Verkehrsunfall
- Heim-/Freizeitunfall

Quelle: Statistisches Bundesamt

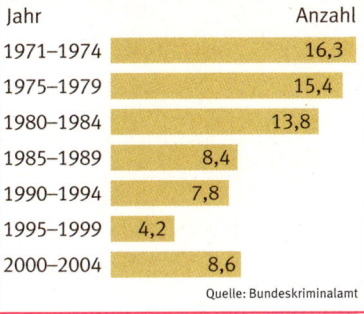

Sexualmorde an Kindern und Jugendlichen
(Bis zum Alter von 18 Jahren)

Jahr	Anzahl
1971–1974	16,3
1975–1979	15,4
1980–1984	13,8
1985–1989	8,4
1990–1994	7,8
1995–1999	4,2
2000–2004	8,6

Quelle: Bundeskriminalamt

es weniger als die Hälfte. Leicht zugenommen hat allerdings die Zahl der Sexualdelikte ohne Tötung.

Die ausführliche Berichterstattung über spektakuläre Kindstötungen hat dazu geführt, dass die Befragten deren Zahl fast sechsfach überschätzen. Das hat Christian Pfeiffer, ehemaliger Justizminister von Niedersachsen und Leiter des Kriminologischen Forschungsinstituts Niedersachsen, herausgefunden: Er ließ Bürger befragen, wie viele Sexualmorde es wohl im Jahre 2003 gegeben habe, verübt an Menschen aller Altersstufen. Die Schätzungen beliefen sich im Durchschnitt auf 115 Todesopfer – tatsächlich waren es 20.

Jochen Paulus

Seit 1990 hat sich die Zahl der tödlichen Unfälle mit Kindern in etwa halbiert. Und auch die Fälle von Sexualmord sind seit drei Jahrzehnten rückläufig (ab 1993: Daten für Gesamtdeutschland)

Straßenverkehr die größte Gefahr: Bei den 15- bis 20-Jährigen ist er Ursache für fast zwei Drittel aller Todesfälle.

Jungen sind von klein auf häufiger betroffen als Mädchen. Als Teenager stellen sie dann die übergroße Mehrheit – offenbar, weil sie risikofreudiger sind als Mädchen. Insgesamt aber hat sich die Zahl der tödlich verunglückten Kinder unter 15 Jahren seit 1990 mehr als halbiert.

Eltern machen sich über die Unfallrisiken ihrer größeren Kinder vielfach falsche Vorstellungen. Das zeigt eine Studie der Universität München, für welche die Ansichten von 8000 bayerischen Eltern mit den Aussagen von Experten abgeglichen wurden.

Während Verkehrsunfälle bei beiden Gruppen zu Recht ganz oben standen, rangierten Unfälle bei Sport und Spiel für die Eltern unter ferner liefen. Die Experten führten Freizeitunfälle dagegen auf Platz zwei der umweltbedingten Risiken.

Die Gefahren von Gewaltkriminalität werden hingegen recht realistisch eingeschätzt: Eltern und Experten stuften die Bedrohung der Kinder als mittelgroß ein. Ausnahme sind die Sexualmorde an Kindern. Sie sind besonders selten: Vor drei Jahrzehnten kamen laut Statistik des Bundeskriminalamts durchschnittlich etwa 15 Minderjährige im Jahr durch solche Delikte ums Leben, seit Mitte der 1990er Jahre sind

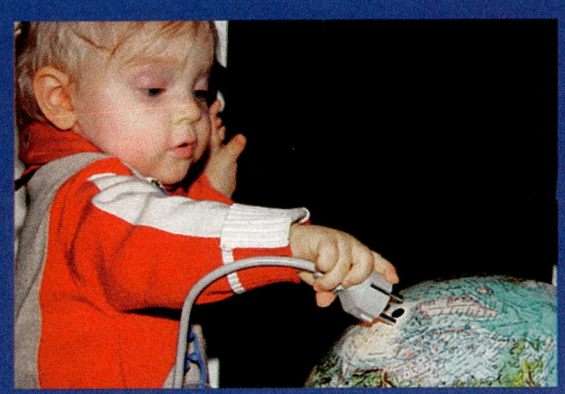

FAMILIENMAHLZEITEN

Guten Appetit!

Regelmäßige Gemeinschaft am Esstisch hält Leib und Seele von Kindern gesund: Ihr Risiko, etwa an Magersucht zu erkranken, Selbstmord zu begehen oder Drogen zu nehmen, sinkt dadurch erheblich

Jeden vierten Montag im September sind die US-Amerikaner aufgerufen, sich gemeinsam mit ihrer Familie zu einer Mahlzeit zu versammeln. Die Kinder sollen vorher beim Kochen helfen; während des Essens gehöre der Fernseher aus- und der Anrufbeantworter eingeschaltet. Mit einer pathetischen Rede hat sich auch Präsident George W. Bush für den „Family Day" stark gemacht. Coca-Cola und der Nahrungsmittelkonzern General Mills treten als Sponsoren auf, Letzterer bietet im Internet schnelle und einfache Rezepte an.

„Familien früherer Generationen hätten darüber gelacht, dass die Regierung ein jährliches Familienmahl propagiert", meint Caitlin Thomas-Lepore vom „Emory Center für Mythen und Rituale des amerikanischen Lebens". Doch in den USA sind gemeinsame Mahlzeiten mit der ganzen Familie längst nicht mehr selbstverständlich – binnen anderthalb Jahrzehnten ist ihre Zahl um ein Drittel gesunken. Auch in Deutschland klagen Experten über die „Auflösung der Mahlgemeinschaft".

Ein derartiger Trend beunruhigt vor allem jene Forscher, die sich mit Drogenkonsum und anderen Jugendproblemen beschäftigen. Denn es gibt erhebliche Unterschiede zwischen Teenagern, die mindestens fünfmal in der Woche mit der Familie essen, und solchen, die dies höchstens zweimal tun: Das Risiko, mit Drogen in Berührung zu kommen, ist in der letzteren Gruppe bei Marihuana dreimal so hoch, bei Zigaretten zweieinhalbmal und bei Alkohol anderthalbmal so hoch. Dies hat das Nationale Zentrum zu Sucht und Substanzmissbrauch an der Columbia University in New York ermittelt, das den Tag der Familienmahlzeit mitinitiiert hat.

Trotz dieser eindeutigen Befunde konnte diese Studie nicht zweifelsfrei belegen, dass es die gemeinsamen Mahlzeiten sind, die Drogenproblemen vorbeugen. Häufige Familiendinner könnten auch ein Erkennungsmerkmal ohnehin heiler Familien sein.

Wenn jedoch Forscher Faktoren wie den generellen Familienzusammenhalt berücksichtigen, zeigt sich ebenfalls noch ein positiver Einfluss gemeinsamer Mahlzeiten. Dies ergab eine Studie eines Teams um Marla Eisenberg von der University of Minnesota, für die über 4000 Schülerinnen und Schüler zwischen 11 und 18 Jahren befragt wurden.

Bei Mädchen sinkt die Wahrscheinlichkeit, dass sie Marihuana rauchen, demnach mit jeder zusätzlichen gemeinsamen Mahlzeit pro Woche um zwölf Prozent. Ähnliches gilt für den Griff zu Zigaretten und Alkohol; und selbst die Gefahr von Selbstmordversuchen sinkt um fünf Prozent. Das heißt: Mädchen, die jeden Tag zumindest einmal mit ihrer Familie bei Tisch zusammensitzen, begehen nur halb so oft Suizidversuche wie Mädchen, die an keinem Tag mit Eltern und Geschwistern essen.

Umgekehrt steigt in gleichem Maße die Chance auf gute Schulnoten. Bei Jungen ist der Effekt nicht so deutlich, doch auch die männlichen Gemeinschaftsesser greifen seltener zu Alkohol und Zigaretten.

Weitere Studien zeigen: Je häufiger Teenager mit ihrer Familie essen, desto weniger neigen sie zu Essstörungen wie Magersucht oder Bulimie. Dabei muss das, was auf den Tisch kommt, nicht einmal sehr gesund sein, wie eine britische Untersuchung mit gut 1000 Schülern belegte. Jene, die in der Schule speisten, hatten bessere Cholesterin- und Insulinwerte als unregelmäßig zu Hause verpflegte Kinder.

Die Vorzüge des heimischen Mahls liegen offenbar eher in Tischgesprächen und der Gemeinschafterfahrung. „Es geht um das ‚Wir-sind-eine-Familie-Gefühl'", sagt die Ernährungswissenschaftlerin Christine Brombach

Auch wenn das Essen mal nicht so schmeckt – gemeinsame Mahlzeiten haben eine Bedeutung, die weit über das Sattwerden hinausgeht

von der Bundesforschungsanstalt für Ernährung und Lebensmittel in Karlsruhe. Sie hat 40 berufstätige Frauen und Männer mit Kindern zwischen 13 und 16 Jahren mehrfach interviewt. Diese legten trotz ihrer Berufstätigkeit großen Wert auf eine gemeinsame Mahlzeit. „Ganz viele Probleme werden beim Essen mitgelöst", sagte eine Mutter.

Ganz so schlecht wie in den USA scheint es in Deutschland um Familienmahlzeiten ohnehin nicht zu stehen, ergab auch eine Umfrage des Meinungsforschungsinstituts Emnid: Immerhin zwei Drittel der Befragten essen mindestens einmal am Tag mit der Familie oder mit Freunden. Nach Daten des Statistischen Bundesamtes verbringen die Bundesbürger zwar etwas mehr Zeit mit Essen außer Haus als noch vor zehn Jahren, aber sie nehmen sich auch 13 Minuten täglich mehr Zeit für häusliche Mahlzeiten – sehr zur Überraschung vieler Forscher.

Wie sagte schon der Pop-Art-Revolutionär Andy Warhol? „Fortschritt ist wichtig und aufregend, nur nicht beim Essen."   *Jochen Paulus*

Auf gleicher Augenhöhe

Enge Beziehungen zu Gleichaltrigen fördern die Entwicklung von Mädchen und Jungen. Bis ins Jugendalter durchlaufen sie fünf Stufen der Reifung – jedoch abhängig von der jeweiligen Kultur, in der sie aufwachsen

In den 1930er Jahren, als viele Kinder noch „Sie" zu ihren Eltern sagen mussten, erklärte der in Genf lehrende Zoologe, Philosoph und Psychologe Jean Piaget schier Unerhörtes: Kinder können die Welt nur begreifen, wenn sie die Moralvorstellungen ihrer Eltern und die gesellschaftlichen Regeln auf den Prüfstand stellen – am besten im Austausch mit Freunden, die mit ihnen auf gleicher Augenhöhe seien.

Auch sieben Jahrzehnte danach ist die Beziehung zwischen Eltern und

Kindern noch von einem Machtgefälle bestimmt, wenngleich nicht mehr so ausgeprägt wie einst. Und so finden sich für Piagets Thesen ständig aktuelle Belege. Um etwa ihre sozialen und kognitiven Fähigkeiten zu entfalten, müssten Kinder sich an ihren Eltern reiben, sagen Forscher wie der US-Entwicklungspsychologe James Youniss. Daher seien Freunde – als Bezugspersonen außerhalb der Kernfamilie – so wichtig.

Zudem lerne man unter Freunden das konstruktive Streiten, beschimpfe einander nicht haltlos, höre sich besser zu als unter Nicht-Freunden und schaue dem Gegenüber dabei öfter in die Augen. Meist gelinge es Freunden sogar, eine Meinungsverschiedenheit zu überwinden. Zahlreiche Studien belegen, dass sich eng miteinander verbundene Kinder häufiger streiten als Nicht-Freunde – weil sie davon ausgehen, dass eine Freundschaft durch eine Auseinandersetzung nicht automatisch gefährdet ist.

Ob Kinder um ein Auto rangeln („meins!"), Spielregeln aushandeln („das ist ungerecht"), sich Geheimnisse anvertrauen oder gar mit dem

Chinesische Kinder versetzen mitunter einen Freund – um sich, gemäß den gesellschaftlichen Regeln, um einen neuen Kumpel zu kümmern

Westliche Kinder lassen einen Freund eher aus hedonistischen Motiven stehen, etwa wenn sich Gelegenheit für eine interessantere Unternehmung bietet

Ende der Beziehung drohen („sonst bin ich nicht mehr deine Freundin") – immer treffen darin Vorstellungen über Eigentum, Gerechtigkeit, Versprechen und Vertrauen aufeinander. Zwar gibt es Klagen über vermeintlichen Machtmissbrauch („immer willst du der Bestimmer sein"), grundsätzlich aber verhandeln Freunde gleichberechtigt.

Einige Kinder finden einen „besten Freund" schon früh, andere tun sich schwer, etwa weil sie außergewöhnliche Interessen haben. Zudem unterscheiden sich Jungen und Mädchen bei der Anzahl ihrer Freunde. Eine amerikanische Untersuchung ergab, dass Männer, die als Zehn- bis Zwölfjährige nur einen engen Freund hatten, bindungsfähiger waren als solche mit zwei Freunden. Indes hatten viele Frauen, die zu tiefen Beziehungen imstande waren, noch als Zwölfjährige vier und mehr Freundinnen. Was für beide Geschlechter gleichermaßen gilt: Beliebte Kinder suchen sich meist andere beliebte Kinder als Freunde, Außenseiter tun sich oft mit Außenseitern zusammen.

Der Potsdamer Psychologe Harald Uhlendorff hat nachgewiesen, dass sich auch die Größe des elterlichen Freundeskreises auf die Kinder aus-

wirkt: Je mehr enge Kontakte die Eltern pflegen, desto leichter fällt es auch ihren Kindern, Freunde zu gewinnen.

Den Reifegrad von Kinderfreundschaften bilden Forscher nach einem Modell mit fünf Stufen ab, die sich teilweise überschneiden. Für Drei- bis Siebenjährige (Stufe 0) sind die momentanen Spielpartner Freunde. Konflikte entstehen nicht durch verletzte Gefühle, sondern weil der eine dem anderen ein Spielzeug wegnimmt. Für Vier- bis Neunjährige (Stufe 1) ist jemand ein Freund, mit dem sie beim Spielen Spaß haben, Spielzeug tauschen und teilen und von dem sie erwarten, dass er weiß, was sie mögen. Sie können sich jedoch nicht in seine Gefühlswelt hineinversetzen.

Bei Sechs- bis Zwölfjährigen (Stufe 2) sprechen Wissenschaftler von „Schönwetterkooperationen". Freunde sind dann fähig, sich in das Gegenüber einzufühlen. Ihnen ist wichtig, dass man Verabredungen und Versprechen einhält, nicht betrügt oder lügt, sich gegenseitig hilft, vertraut und Geheimnisse bewahrt. Beim Streiten sucht allerdings jeder nach einer Lösung, die für ihn selbst vorteilhaft ist.

Von etwa neun Jahren an (Stufe 3) werden sich Freunde ihrer außergewöhnlichen Beziehung und ihrer Zuneigung bewusst. Sie verlassen sich aufeinander, teilen miteinander Gefühle und Gedanken, werden allerdings schnell eifersüchtig auf Dritte. Erst von etwa zwölf Jahren an (Stufe 4) lassen sich Intimität und Unabhängigkeit vereinbaren. Dem Freund wird das Recht eingeräumt, zu Dritten enge Verbindungen einzugehen und sich auch außerhalb der Freundschaft weiterzuentwickeln.

Mittels einer interkulturellen Studie hat die Psychologin Monika Keller vom Berliner Max-Planck-Institut für Bildungsforschung herausgefunden, dass sich die Bedeutung von Freundschaft nicht weltweit verallgemeinern lässt: „In ihnen manifestieren sich kulturell unterschiedliche Moralmaßstäbe", erklärt sie. Gehe es im Westen um Regeln wie „was man verspricht, das hält man", sorge man sich in Asien eher ums Kollektiv.

Keller und ihre Mitarbeiter haben isländische als typisch westliche und chinesische als typisch asiatische Kinderfreundschaften einer hypothetischen Zerreißprobe unterzogen: Die sieben- bis 15-jährigen Probanden sollten sich vorstellen, dass ein Kind sich mit einem Freund verabredet hat. Doch ein drittes Kind, das neu in der Klasse ist, lädt das erste Kind zum gleichen Zeitpunkt zum Besuch eines attraktiven Kinofilms ein. Wie soll sich das Umworbene entscheiden?

Ins Kino gehen, stand für die befragten jüngeren Isländer mehrheitlich fest; der Freund zu Hause werde schon jemand anderen zum Spielen finden. Einigen war immerhin bewusst, dass sie gegen gesellschaftliche Konventionen verstoßen würden. Von den älteren Probanden entschieden sich nur noch wenige für den Film; sie fürchteten, der Alleingelassene könnte verärgert sein.

Auch in China entschieden sich die Jüngeren mit großer Mehrheit für die Kino-Einladung. Jedoch nicht, weil der Film sie lockte, sondern weil sie sich an eine Regel der chinesischen Grundschulen hielten. Die verlangt, sich um neue Mitschüler zu kümmern. „Während die westlichen Kinder ihrem hedonistischen Eigeninteresse folgten, überwogen bei den chinesischen Kindern altruistische Motive", so Monika Keller. Letztere folgten gesellschaftlichen Regeln, die westlichen missachteten sie, indem sie ihren Freund treulos versetzten.

In der Pubertät wandten sich auch die chinesischen Heranwachsenden dem Freund zu und damit von der konfuzianisch-kollektivistischen Moral ab. „In der Jugendzeit", so Keller, „wird bei den Heranwachsenden beider Gesellschaften Freundschaft zum dominanten Wert." Nach neuesten Erkenntnissen setzt die Zuneigung zum Freund mit der Westöffnung Chinas eher ein als früher. Ob aus Individualisierung oder wahrer Freundschaft, ist offen. Ein weiterer Beleg im Sinne des Universalgelehrten Jean Piaget aber ist das allemal: In Kinderfreundschaften werden allgemeine Moralvorstellungen verhandelt und überprüft.
Carsten Jasner

FERNSEHEN

Ermattet vor der Mattscheibe

Die Frage, ob die Flimmerkiste schädlich für Kinder ist, lässt sich immer noch nicht eindeutig beantworten. Sicher ist nur: Bei Vielsehern leidet meist die Lesekompetenz. Einige Jungen und Mädchen aber sind offenbar resistent gegen die Folgen hohen Fernsehkonsums

Es scheint kaum eine Zahl zu geben, die nicht zum Fernsehkonsum deutscher Kinder erhoben worden ist: Um 22 Uhr sitzen noch etwa 800 000 Zuschauer im Kindergartenalter vor dem Bildschirm. Jungen zwischen drei und 13 Jahren sehen 94 Minuten pro Tag fern, Mädchen 92 Minuten. Jugendliche über 14 Jahre gucken täglich 225 Minuten in die Röhre. 83 Prozent der Sechs- bis 13-Jährigen sitzen täglich vor der Glotze, zwölf Prozent des von ihnen gesehenen Programms ist Werbung. 17 Prozent des Übergewichts 26-Jähriger lässt sich angeblich auf zu hohen Fernsehkonsum in der Kindheit zurückführen.

Der Eifer der Statistiker hilft der Werbewirtschaft, junge Konsumenten gezielt anzusprechen. Die Forscherwut entspringt aber auch einem langjährigen Misstrauen von Eltern, Pädagogen und Politikern gegenüber dem Medium Fernsehen.

Die immer neuen Studien über kindliche Sehgewohnheiten sind Ausdruck des Wunsches nach klaren Antworten – auf Fragen, welche die Forschung nach 50 Jahren Fernsehgeschichte noch immer nicht eindeutig beantworten kann: Wie wirkt sich Fernsehen auf Kinder aus? Schadet nur stures, stundenlanges Glotzen oder schon eine gelegentliche Sendung? Kommt es auf die Qualität der Sendungen an? Macht die Flimmerkiste dumm?

Ja, sagt Manfred Spitzer, Hirnforscher und Ärztlicher Direktor an der Universitätsklinik für Psychiatrie in Ulm. Seine These: „Wer viel fernsieht, lernt schlechter lesen, ist weniger kreativ, nimmt Dinge eher oberfläch-

lich auf, denkt weniger kritisch nach und übernimmt Rollenstereotypien." Selbst der schönste Tierfilm oder die pädagogisch besonders wertvolle Wissenssendung sind in seinen Augen schädlich.

Spitzers Diktum zielt vor allem auf die allerersten Lebensjahre. Frühe Erfahrungen seien für das Gehirn von besonderer Bedeutung. Die Spuren, die in der Gehirnrinde entstehen, „verfestigen sich und legen die Großstruktur fest", schreibt Spitzer in seinem Buch „Vorsicht Bildschirm!". Das Bild im Fernsehen aber „ist flach, riecht nicht, schmeckt nicht und lässt sich nicht anfassen". Für das Lernen

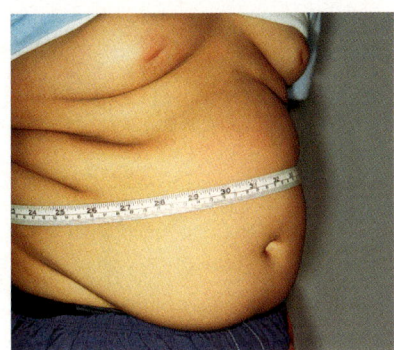

Risiko Übergewicht: Wer lange vor der Glotze sitzt, hat meist zu wenig Zeit für Bewegung

sei es jedoch wichtig, mit verschiedenen Reizen in Berührung zu kommen: Die unterschiedlichen Stimuli stärkten die Verbindungen zwischen den Nervenzellen im Gehirn. So entstünden Trampelpfade, an denen entlang sich neue Informationen leichter verarbeiten ließen.

Fernsehen behindere die Bildung solcher Trampelpfade, sagt Spitzer. Hinzu komme die häufige Entkopplung von visuellen und akustischen Reizen. Gut dokumentiert ist der so genannte McGurk-Effekt: Sehen wir jemanden auf dem Bildschirm ein „g" sprechen, aus dem Lautsprecher kommt aber – aufgrund der Synchronisation – ein „b", dann hören wir ein „d". Das Sehen verändert die Wahrnehmung im Ohr; bei geschlossenen Augen würden wir hingegen das „b" hören. Ein kleines Kind reagiert je-

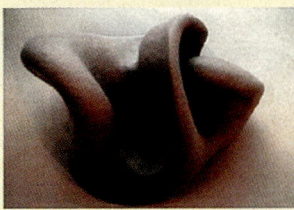
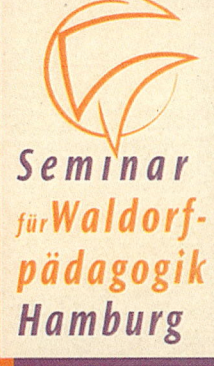

Studien selten berücksichtigt: In Familien, in denen wenig miteinander geredet und nur wenig Zeit miteinander verbracht werde, sehen Kinder laut Aufenanger besonders viel fern. „Deren Sprachstörungen mögen sich teilweise aufs Fernsehen zurückführen lassen, aber sicher auch auf zu wenig Gespräche und darauf, dass ihnen zu Hause kaum Beschäftigungsalternativen angeboten werden", meint der Pädagoge. Selbst ein zweijähriges Kind könne unbeschadet 20 Minuten Fernsehen überstehen: „Wenn diese 20 Minuten allerdings das Einzige sind, was das Kind von der Welt erfährt, schaden womöglich auch diese."

Dass es sehr wohl auf die Qualität des Gesehenen ankommt, hat der Gießener Psychologieprofessor Marco Ennemoser erforscht. Er verfolgte, wie sich die Lesefähigkeit bei Kindern vom letzten Kindergartenjahr bis zur dritten Klasse entwickelte, und konnte

Ich sehe was, was du nicht sehen darfst. Mit Kleinkindern bis zum Alter von drei Jahren sollten Eltern – falls überhaupt – nur gemeinsam fernsehen, raten Experten

doch irritiert auf einen Laut, zu dem die gesehene Lippenbewegung nicht passt. Das könne, so Spitzer, zu Sprachstörungen führen.

Zahlreiche Untersuchungen weltweit scheinen Spitzer und anderen Fernsehgegnern Recht zu geben: Hoher TV-Konsum lasse viele Kinder emotional abstumpfen; aufwühlende Gewaltszenen verdrängten nachts den Schulstoff, der sich während des Schlafes eigentlich verfestigen solle; Fernsehen mache aggressiv und präge nachhaltig das Weltbild eines Vielsehers.

Die Argumente ähneln jenen, die viele Experten auch gegen Computerspiele ins Feld führen. Allerdings haben intelligente, altersgemäße Computerspiele auch Befürworter, die darauf verweisen, dass die Spiele komplexes strategisches Denken fördern und den Umgang mit Misserfolgen verbessern. Beim Thema Fernsehen ist die Phalanx der Gegner geschlossener.

Der Mainzer Medienpädagoge Stefan Aufenanger bewertet das Fernsehen allerdings nicht ganz so radikal wie Manfred Spitzer. „Manche der Untersuchungen sind einseitig", sagt Aufenanger. So ließen sich Ursache und Wirkung oft nicht unterscheiden: Man könne etwa kaum ermitteln, ob ein

Kleine Couch-Potatoes
Wie sich Vielseher von Wenigsehern unterscheiden

Herumliegen
in Prozent des Tages — Vielseher / Wenigseher
(11 Jahre, 15 Jahre)

Mit Freunden zusammen sein
in Prozent des Tages
(11 Jahre, 15 Jahre)

Spazieren gehen
in Stunden pro Woche
(11 Jahre, 15 Jahre)

Musikinstrument spielen
in Prozent der Freizeit
(11 Jahre, 15 Jahre)

Vielseher: 3 Std. und mehr; Wenigseher: maximal 1 Std. am Tag

Quelle: »Vorsicht Bildschirm« von Manfred Spitzer

Kind durch einen Film mit vielen Gewaltszenen aggressiv werde oder ob es besonders gern und oft brutale Filme ansehe, weil es ohnehin ein hohes Aggressionspotenzial mitbringe.

Auch das Kommunikationsverhalten innerhalb der Familie werde in den

Wenigseher sind aktiver und haben mehr Kontakt zu Gleichaltrigen als Vielseher. Bei der Lesefähigkeit und im Wortschatz schneiden sie besser ab; der Unterschied macht sich besonders bei Kindern mit niedrigem Intelligenzquotienten bemerkbar

einen erstaunlichen statistischen Zusammenhang feststellen: „Aus hohem frühen Fernsehkonsum von zwei und mehr Stunden pro Tag lassen sich relativ verlässliche Vorhersagen für die Lesekompetenz in späteren Jahren treffen", sagt Ennemoser. Wer der Studie zufolge mit fünf Jahren zwei und mehr Stunden pro Tag ferngesehen hatte, blieb im Laufe der Zeit immer weiter zurück, bis er im dritten Schuljahr nur noch das Leseniveau von Zweitklässlern erreichte. „Diesen Effekt können wir bisher noch nicht erklären", sagt

Ennemoser. Aber: Negative Auswirkungen waren nur bei Kindern zu beobachten, die inhaltlich anspruchslose Sendungen sahen, etwa Action-Serien. Pädagogisch wertvolle Kindersendungen hatten keine Auswirkungen.

Was die Lage weiter verkompliziert: Es scheint auch darauf anzukommen, wer in die Röhre guckt. „Manche Kinder sind gegen hohen Fernsehkonsum offenbar resistent", hat Ennemoser herausgefunden. Besonders schädlich für die sprachlichen Fähigkeiten, glauben er und andere Forscher, ist Fernsehen für zwei Gruppen von Kindern: für jene aus sozial hohen Schichten und solche mit einem unterdurchschnittlichen Intelligenzquotienten. Woran das liegt, können die Forscher bisher nur vermuten. Sozial besser gestellte Kinder haben in der Regel eine hohe Sprach- und Lesekompetenz, sie haben also viel zu verlieren. Kinder mit niedrigerer Intelligenz dagegen könnten Schaden nehmen, weil sie in ihrer ohnehin langsameren Entwicklung behindert würden.

Sinnvoll erscheint es in jedem Fall, den Konsum rigoros einzuschränken. Denn dass bei Vielsehern, die mehrere Stunden täglich vor der Glotze sitzen, die Schulleistungen und – aufgrund des Bewegungsmangels – auch die körperliche Gesundheit leiden, bestreitet kein Forscher. „Die Faustregel sollte sein: Nicht länger als eine Stunde täglich", sagt Ennemoser.

Die einfachste Regel dafür lautet: Kein Fernsehapparat im Kinderzimmer! Ist ein eigenes Gerät vorhanden, verbringen Kinder im Schnitt 36 Minuten länger vor dem Bildschirm, und Eltern fehlt die Kontrolle über das Gesehene. Mit Kleinkindern bis zu drei Jahren, rät Ennemoser, sollten Eltern Sendungen nur gemeinsam anschauen, gezielte Fragen dazu stellen und Erklärungen anbieten. Auf diese Weise würden die für Kleinkinder zum Teil verwirrenden Eindrücke strukturiert.

Durch gemeinsames Fernsehen erledigt sich nach Ennemosers Erfahrung außerdem ein Problem von selbst: Qualitativ schlechtes Programm werde erst gar nicht eingeschaltet. „Manches können Eltern einfach nicht ertragen."

Christina Schneider

Wortschatz
Entwicklung innerhalb von 12 Monaten bei 5- bis 9-Jährigen

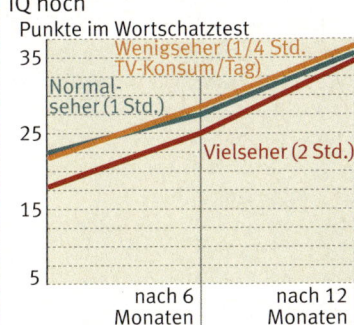

IQ hoch
Punkte im Wortschatztest
Wenigseher (1/4 Std. TV-Konsum/Tag)
Normalseher (1 Std.)
Vielseher (2 Std.)
nach 6 Monaten — nach 12 Monaten

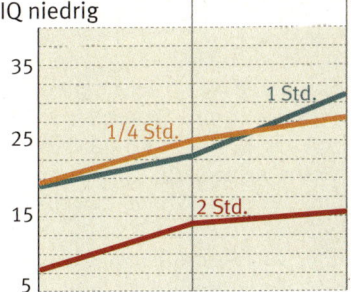

IQ niedrig
1 Std.
1/4 Std.
2 Std.

Leseleistung
Entwicklung Klasse 1 bis 3

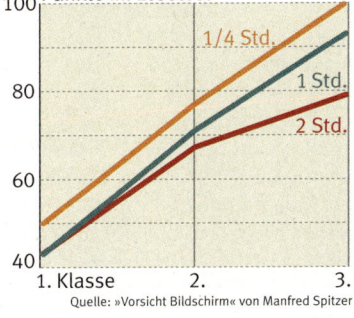

Punkte im Lesetest
1/4 Std.
1 Std.
2 Std.
1. Klasse   2.   3.
Quelle: »Vorsicht Bildschirm« von Manfred Spitzer

ARZNEIMITTEL

Schlucken ohne Zulassung

Die Europäische Union will die Medikamenten-Sicherheit erhöhen. Denn noch immer müssen Ärzte häufig Präparate verordnen, die für Kinder nicht speziell geprüft sind

Ein Dreijähriger hatte sich auf einem Spielplatz eine harmlose Risswunde an der Wange zugezogen. In der Krankenhausambulanz spritzte der Chirurg dem Kind ein lokales Betäubungsmittel, um die Wunde zu nähen. Plötzlich sank der Blutdruck des Jungen, ein lebensbedrohlicher Schock drohte. Eine Kinder-Anästhesistin auf der Intensivstation entdeckte die Ursache: der Betäubungsmittelgehalt im Blut des kleinen Patienten war gefährlich hoch. In der Packungsbeilage war keine Dosis für Kinder angegeben, sodass der Chirurg sie aus der für Erwachsene angegebenen Menge abgeleitet hatte. Der Dreijährige musste mehrere Tage auf der Intensivstation verbringen.

Derartige Zwischenfälle sind keine Seltenheit. Nur ein Drittel aller Arzneimittel, mit denen Kinder in Deutschland behandelt werden, ist speziell für sie zugelassen. Doch Ärzte sind verpflichtet, auch nicht zugelassene Medikamente zu verordnen,

wenn sie Aussicht auf Heilung versprechen und keine anderen Präparate zur Verfügung stehen. Die Kehrseite: Unerwünschte Nebenwirkungen treten bei diesen Mitteln doppelt so häufig auf. Denn Kinder sind keine kleinen Erwachsenen, ihr Organismus ist empfindlicher und baut Wirkstoffe anders ab. „Daher lassen sich Medikamente nicht einfach analog zum Körpergewicht herunterdosieren", sagt der Bremer Pharmakologe Gerd Glaeske.

Die Europäische Union will nun dafür sorgen, dass Medikamente für Kinder sicherer werden. Das Parlament in Straßburg hat in erster Lesung eine Verordnung gebilligt, die Pharmafirmen verpflichtet, neue Präparate auch an Heranwachsenden zu testen. Eine ähnliche Regelung gilt bereits seit 1997 in den USA. Auch alte Medikamente, die nicht mehr unter Patentschutz stehen, sollen sicherer werden. Firmen, die sich um eine nachträgliche Zulassung kümmern, bekommen einen zehnjährigen Schutz vor Nachahmern.

Die Neuerungen sind überfällig. „Je kleiner und kränker die Kinder, umso höher die Wahrscheinlichkeit, dass sie ungeprüfte Medikamente erhalten", sagt Hannsjörg Seyberth, Vorsitzender der Kommission für Arzneimittelsicherheit im Kindesalter der Deutschen Gesellschaft für Kinder- und Jugendmedizin. Während Impfstoffe und Mittel gegen Erkältungen und Infektionen vergleichsweise gut untersucht sind, scheuen Hersteller bei für Kinder seltenen Erkrankungen wie Diabetes, Epilepsie, Nierenversagen oder Krebs bislang Aufwand und Kosten für zusätzliche Studien. In der Intensivmedizin sind sogar 90 Prozent der Mittel nicht speziell für Neugeborene zugelassen.

Das hatte mitunter dramatische Folgen: Bis vor fünf Jahren bekam jedes zweite Frühgeborene Cortisonpräparate, um die unreifen Lungen vor Schädigungen durch die Beatmungsmaschine zu schützen. Dann stellte sich heraus, dass die Cortisonpräparate die Hirnentwicklung verschlechterten, die Kinder zum Beispiel Lauf- oder Lernstörungen entwickelten.

Ähnlich bei den so genannten Cisapriden, die vor allem behinderten Säuglingen und Kleinkindern verordnet wurden, deren Mageneingang nicht richtig schloss. Die Mittel sollten verhindern, dass aufsteigende Magensäure die Speiseröhre verätzt. Erst nachdem mehrere Kinder in Frankreich an Herzrhythmusstörungen gestorben waren, wurden die Medikamente vom Markt genommen. Ihre Wirkstoffe hatten den Herzmuskel aus dem Takt gebracht.

Wenn die geplante EU-Verordnung Ende 2006 wirksam wird, begeben sich Behörden und Pharmahersteller auf ethisch heikles Gebiet. Lange Zeit hatten Studien an Kindern einen umstrittenen Ruf, weil die kleinen Patienten als nicht einwilligungsfähig galten. Mittlerweile müssen neben den Eltern auch die Kinder so weit wie möglich altersgemäß aufgeklärt werden und ihre Zustimmung geben. Um die Belastung gering zu halten, sind Trennungen von den Eltern oder unnötige Blutentnahmen zu vermeiden.

Viel hängt von der Bereitschaft zum Mitmachen ab. Bislang lassen Eltern ihr Kind umso eher an einer klinischen Studie teilnehmen, je schwerer es erkrankt ist. Viele lehnen Studien jedoch generell ab, weil sie fürchten, ihr Kind werde zum „Versuchskaninchen". Laut Hannsjörg Seyberth von der Deutschen Gesellschaft für Kinder- und Jugendmedizin eine Fehleinschätzung: „Die Behandlung mit einem ungeprüften Medikament kann für ein Kind riskanter sein als die Therapie im Rahmen einer kontrollierten Studie."

Wie wichtig Forschung ist, zeigt ein Beispiel aus der Krebstherapie. Die häufigste Leukämie im Kindesalter war noch in den 1960er Jahren nahezu unheilbar. In den 1970er Jahren wurde eine wachsende Zahl junger Patienten an große Zentren verwiesen, die ihre Behandlungsversuche durch Studien begleiteten. Dadurch konnte die Kombination verschiedener Medikamente so gut ausbalanciert werden, dass die Überlebensrate deutlich gestiegen ist. Heute besiegen vier von fünf erkrankten Kindern diese Krankheit. *Martina Keller*

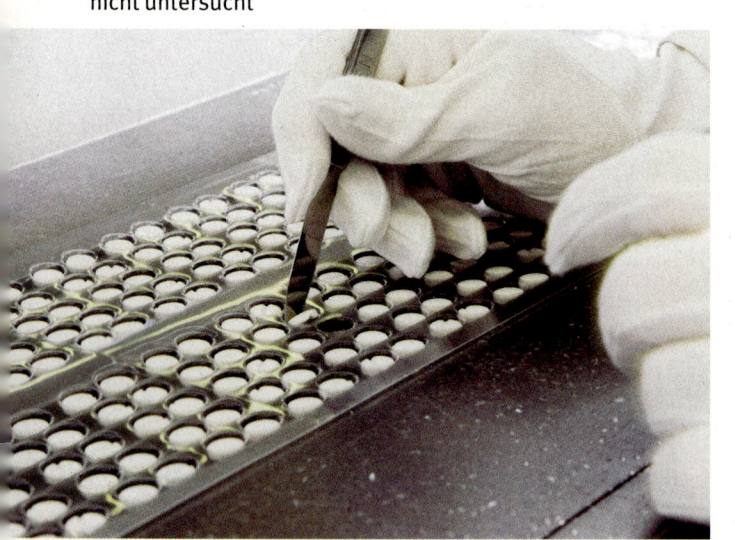

Medikamente werden vielfach getestet, sorgsam hergestellt und gehandelt. Nur wie sie bei Kindern wirken, ist oft nicht untersucht

Erziehung heute: eine Katastrophe?

Fast scheint es so, glaubt man den Einstellungen der befragten Deutschen, die das Meinungsforschungsinstitut Allensbach im Auftrag von GEO WISSEN erhoben hat. Vor allem das Vertrauen in die Eltern ist erschüttert

Sollten Paare, die ein Kind erwarten, dazu verpflichtet werden, an einem Erziehungskurs teilzunehmen?

guter Vorschlag

kein guter Vorschlag

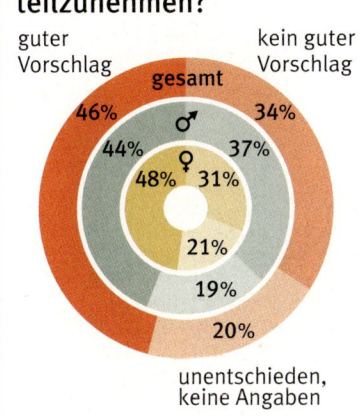

gesamt

♂ 46% / 34%
♀ 44% / 37%
48% / 31%
21%
19%
20%

unentschieden, keine Angaben

Führerschein, Segelschein und bald auch ein Kinderschein? Fast jeder zweite Bundesbürger hält verpflichtende Erziehungskurse für eine gute Idee. Frauen stimmen dem sogar noch häufiger zu als Männer

Die Frage, wer schuld ist an schlechter Erziehung, wird von den Deutschen klar beantwortet: Vor allem die Eltern sind es, knapp dahinter die elektronischen Medien. Erst mit weitem Abstand werden Lehrer und Erzieher als Verantwortliche ausgemacht

Sind Kinder heute im allgemeinen besser oder schlechter erzogen als vor 20 Jahren?

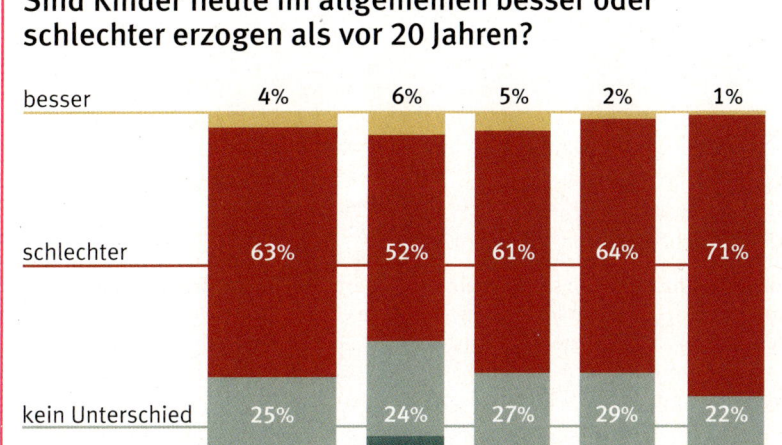

	Gesamt	bis 29 Jahre	30–44 Jahre	45–59 Jahre	60 Jahre und älter
besser	4%	6%	5%	2%	1%
schlechter	63%	52%	61%	64%	71%
kein Unterschied	25%	24%	27%	29%	22%
unentschieden, keine Angaben	8%	18%	7%	5%	6%

Ob es am verklärenden Blick auf die Vergangenheit liegt, dass die heutige Erziehung so schlecht abschneidet? Je älter die Befragten sind, desto negativer fällt ihre Bewertung aus

Wer oder was ist dafür verantwortlich, wenn Kinder schlecht erzogen sind? (Mehrfachnennungen möglich)

Eltern, die sich zu wenig um ihre Kinder kümmern und deren Erziehung vernachlässigen

Gesamt	88%	Männer	88%
		Frauen	87%

Eltern, die ihrer Erziehungsaufgabe nicht gewachsen sind

79 / 78 / 80

Eltern, die nicht »Nein« sagen können, ihre Kinder zu sehr verwöhnen

77 / 76 / 78

Dass Kinder so viel fernsehen und am Computer spielen

74 / 69 / 79

Alleinerziehende Mütter oder Väter, die mit der Erziehung überfordert sind

59 / 57 / 61

Eltern, die ihre Kinder nach falschen Grundsätzen erziehen

58 / 58 / 57

Lehrer, die ihre Schüler nicht im Griff haben, ihnen keine Disziplin beibringen

50 / 51 / 49

Lehrer, die sich zu wenig um ihre Schüler kümmern, sich zu wenig für sie interessieren

47 / 44 / 50

Erzieher im Kindergarten, die ihre Kinder nicht im Griff haben

32 / 30 / 34

Erzieher im Kindergarten, die sich zu wenig um die Kinder kümmern

28 / 26 / 31

Das Institut für Demoskopie Allensbach befragte für GEO WISSEN repräsentativ 1988 Personen im gesamten Bundesgebiet (Befragungszeitraum: 5. bis 17. 1. 2006)

A. Gopnik, P. Kuhl, A. Meltzoff
Forschergeist in Windeln
Piper 2005

Neugeborene sind kleine Wissenschaftler, die sich die Welt durch Ausprobieren, Verwerfen und Imitieren aneignen, lautet die These dieses Buches. Die Autoren können das mithilfe origineller Experimente untermauern, die Einblicke in die Arbeitsweise des kindlichen Gehirns erlauben.

Donata Elschenbroich
Weltwunder
Kunstmann 2005

Eine Tour d'horizon der Autorin des Bestsellers „Weltwissen der Siebenjährigen" durch Kindergärten, Vorschulen und Forschungslabore. Ihr Thema: Was weckt und was hemmt die naturwissenschaftliche Neugier von Kindern? Ein abwechslungsreiches Lesevergnügen.

Manfred Cierpka (Hg.)
Möglichkeiten der Gewaltprävention
Vandenhoeck & Ruprecht 2005

Wie lässt sich Gewalt unter Kindern erklären? Und vor allem: Was lässt sich dagegen unternehmen? Das Buch stellt verschiedene Präventionskonzepte vor und bewertet sie (z. B. „Faustlos"). Ein Buch für Eltern, Erzieher und Lehrer.

Remo H. Largo
Babyjahre/Kinderjahre
Piper 2000/Piper 2005

Wer den Bestseller „Babyjahre" und den Nachfolger „Kinderjahre" liest, wird bestens über die Entwicklung des Nachwuchses informiert. Der Züricher Kinderarzt liefert keine „Bedienungsanleitung" für den Umgang mit einem Baby; Kinder sind für ihn eigenständige Persönlichkeiten. Verständlich geschrieben, didaktisch hervorragend.

Heinz Zangerle
Einfach erziehen
Ueberreuter 2004

Eine Klage über die Ideologisierung und Verunsicherung durch Pädagogik. Der Autor beschreibt und analysiert – mitunter skurrile – Fälle aus seiner Praxis in der Erziehungsberatungsstelle des Landes Tirol. Ein Lesevergnügen!

Steven Pinker
Das unbeschriebene Blatt
Berlin Verlag 2003

Der streitbare Evolutionspsychologe wendet sich mit diesem Buch gegen jene „Kulturbeflissenen", die den Menschen für vorwiegend umweltgeprägt halten. Pinker rennt damit offene Türen ein, aber seine Polemik ist höchst anregend.

Katja Doubek
Was uns nicht umbringt, macht uns stark
Rowohlt 2003

Ein optimistisch stimmender Ratgeber: Menschen berichten über ihre schlimmen Kindheitserfahrungen – und die Autorin zeigt Strategien auf, wie sich das Leben meistern lässt, ohne dass man sich mit der Opferrolle abfindet.

Sigrid Tschöpe-Scheffler
Konzepte der Elternbildung – eine kritische Übersicht
Barbara Budrich 2005

Wer einen Elternkurs belegen möchte und Orientierungshilfe sucht, ist mit diesem Buch gut bedient: Die Autorin stellt Angebote wie Triple P, Gordon Familientraining, STEP, Kess oder Encouraging vor. In einer Synopse werden die Kurse nach Zielen, Inhalten und Methoden detailliert verglichen.

Fotovermerke nach Seiten. Anordnung im Layout: l. = links, r. = rechts, o. = oben, m. = Mitte, u. = unten

TITEL: Michael Keller/Corbis

SEITE 3: Privatbesitz

SEITE 4–5: Sharie Kennedy/LWA/Corbis: l. o.; Ulrike Myrzik & Manfred Jarisch: r. o.; Jan von Holleben: l. m. o.; Shujin Liu: r. m. o.; Sabine Bungert/laif: l. m. u.; Timothy Archibald: r. m. u.; Hans-Bernhard Huber/laif: l. u.; Ronald Frommann/laif: r. u.

DER ZAUBER DER FRÜHEN JAHRE Ralf Kreuels/laif: 6/7; Oliver Killing/Moment Photo: 8/9; Angelika Jacob/Bilderberg: 9 o.; Uli Deck/dpa/picture-alliance: 9 m.; Dirk Eisermann/laif: 9 u.; Chien-Chi Chang/Magnum/Agentur Focus: 10/11; Superstock: 11 o.; Jonathan Torgovnik: 11 m.; Elizabeth Drews/The Image Works: 11 u.; Uli Reinhardt/7eitenspiegel/Visum: 12/13; Ellen Senisi/The Image Works/Visum: 14 o.; Peter Parks/AFP/Getty Images: 14 m.; Mark Leong/Redux/laif: 14 u.; Wang Yunlong/Imaginechina: 14/15; Olivier Coulange/VU: 16–17; Andreas Meichsner/Visum: 18/19; Kjersti Solberg Monsen: 20–21; Yevgeny Yepanchintsev/ITAR-TASS: 22/23, 23 u.; Vitaly Belousov/ITAR-TASS: 22 o.; Valery Morev/ITAR-TASS: 22 m.

BRAUCHEN WIR DEN ELTERNFÜHRERSCHEIN? Andreas Teichmann: 24–29

DAS NEUE BILD VOM VATER Hans-Bernhard Huber/laif: 30; Yann Arthus-Bertrand/Ardea: 31; Norbert Schäfer: 32; Steve Bloom: 33; Eric Baccega/naturepl.com: 34; Picture Partners/Alamy: 35, 36 m.; ZB Fotoreport/dpa/picture-alliance: 36 o.; Judith Rauch: 36 u.

GEIST IST GEIL! Ronald Frommann/laif: 38–46 l. und r. u.; Illustrationen: Dierk Hagedorn: 38–46 und 46 m. u.; Markus Seewald: 46 l. u.

»MEIN MUT WAR GRÖSSER ALS MEINE ANGST« Sabine Bungert/laif: 48–55 außer Marion Rollin: 55 o.

DIE WILDEN KINDER ZÄHMEN M. Schnetzer/SV-Bilderdienst: 56; Hulton-Deutsch Collection/Corbis: 57; AKG: 58 l. und r., 59 l., 61 r.; Keystone: 58 m., 62 l., 63 m.; bpk: 59 r. o.; Paul Schulz/bpk: 59 r. u.; The Bridgeman Art Library: 60 l. o.; Germin/bpk: 60 l. u.; Alfred Eisenstaedt/Time Life Pictures/Getty Images: 60 r.; AP: 61 l.; Topham Picturepoint/Keystone: 62/63; Volkmar Thie/AKG/picture-alliance: 63 r. o.; Christian Staas: 63 u.

GROSSE PLÄNE FÜR KLEINE KÖPFE Timothy Archibald: 64/65, 67 o.; courtesy of ScienCentral, Inc.: 66; Rechele Brooks & Andrew Meltzoff/University of Washington: 67 u. (3); Siegmar Münk: 68–70; Jeffrey De

Belle/Laura-Ann Petitto: 71; Chris Jordan: 72; Institute of Child Health/UCL, London: 74; Jo Bodnar/PSLC: 75 o.; Hubertus Breuer: 75 u.

DER KULT UM DIE KLEINSTEN Ulrike Myrzik & Manfred Jarisch: 76–83

DER HARTE WEG FÜR CHINAS SCHÜLER Shujin Shui: 84–97 außer Henrik Bork: 97 m.

TYPISCH MÄDCHEN, TYPISCH JUNGE Dann Tardiff/LWA/Corbis: 98; Strauss/Curtis/Corbis: 99; Bob Krist/Corbis: 100; Laura Dwight/Corbis: 101; Sharie Kennedy/LWA/Corbis: 102, 103; Jon Feingersh/Corbis: 104 o.; Natalja Zcherkassa: 104 u.

BEWUSSTSEIN DURCH BEWEGUNG Jan von Holleben: 106–117; Illustrationen aus: Gisela Stemmle, Doris von Eickstedt: Die frühkindliche Bewegungsentwicklung – Vielfalt und Besonderheiten, Verlag selbstbestimmtes leben, Düsseldorf 1998, ISBN 3-910095-33-x: 112; Volker Stollorz: 117 l. u.

WELCHEN ERZIEHUNGSSTIL HABEN SIE? Illustrationen: Lea Traub: 119–127; Besime Atasever: 127

FÜR HILFE IST ES NIE ZU SPÄT Sibylle Bergemann/Ostkreuz: 128–140

»HEUL NICHT, ES IST DOCH NUR EIN FISCH« Jonny Mendelsson: 142–151; courtesy Alan Gopnik: 151 l.

KOMPAKT: Ivan Frantisek/CTK Photo/dpa/picture-alliance: 152/153; AKG: 154 l.; Brookhaven National Laboratory/SPL/Agentur Focus: 154 r.; Thomas Raupach/Visum: 156; Illustrationen: Birte Wagner & Juliane Richter: 156/157, 162–163, 165; Hartmut Schwarzbach/argus: 158; Owen Franken/Corbis: 159; Norbert Schäfer/Corbis: 160; Pat Doyle/Corbis: 161; G.Baden/Zefa/Corbis: 162; Dominique Ecken/Keystone: 164

VORSCHAU Cyril Ruoso/JH Editorial/Minden Pictures: 168 l. o.; Pete Saloutos/Corbis: 168 l. m.; Filmbild aus „Visite à Picasso" © 1950 Paul Haesaerts (Regisseur), Jan van Raemdonck (Produzent), Nachbearbeitung Wieslav Smetek: 168 l. u.; Andreas Teichmann: 168 r.

Für unverlangt eingesandte Manuskripte und Fotos übernehmen Verlag und Redaktion keine Haftung.

© GEO 2006, Verlag Gruner + Jahr, Hamburg, für sämtliche Beiträge.

Einem Teil der Auflage liegen folgende Prospekte bei: Verlag für die Deutsche Wirtschaft, Bonn; Spektrum der Wissenschaft, Heidelberg; Verlagsgruppe Weltbild, Augsburg; Zeitverlag, Hamburg.

GEO WISSEN

Gruner + Jahr AG & Co KG, Druck- und Verlagshaus, Am Baumwall 20459 Hamburg. Postanschrift für Verlag und Redaktion: 20444 Hambu Telefon 040 / 37 03-0, Telefax 040 / 37 03 56 48, Telex 21 95 20. Internet: www.GEO.de

CHEFREDAKTEUR
Peter-Matthias Gaede

STELLVERTRETENDER CHEFREDAKTEUR
Michael Schaper

GESCHÄFTSFÜHRENDE REDAKTEURE
Claus Peter Simon (Text), Ruth Eichhorn (Fotografie), Jutta Krüger (Art Direction)

CHEF VOM DIENST
Peter Bier

TEXTREDAKTION
Claus Peter Simon

ART DIRECTOR
Andreas Knoche

BILDREDAKTION
Sabine Wuensch

DOKUMENTATION: Jörg Melander; freie Mitarbeit: Lenka Brandt, Dr. Eva Danulat, Kirsten Milhahn
MITARBEITER DIESER AUSGABE: Henrik Bork, Dr. Hubertus Breu Adam Gopnik, Carsten Jasner, Martina Keller, Fenja Mens, Wolfgar Michal, Ursula Ott, Susanne Paulsen, Jochen Paulus, Judith Rauch Alexandra Rigos, Dr. Marion Rollin, Christina Schneider, Christian Staas, Volker Stollorz, Prof. Dr. Sigrid Tschöpe-Scheffler
INFO-GRAFIKEN: Anita Laage-Gaupp, Siegmar Münk, Juliane Richter, Birte Wagner (alle freie Mitarbeit)
REDAKTIONSASSISTENZ: Angelika Fuchs
SCHLUSSREDAKTION: Antje Wischow, Hinnerk Seelhoff; Assistenz: Hannelore Koehl
TECHNISCHER CHEF VOM DIENST: Rainer Droste
BILDADMINISTRATION UND -TECHNIK: Bernd Dinkel
HONORARE/SPESEN: Angelika Györffy
BILDARCHIV: Bettina Behrens, Gudrun Lüdemann, Peter Müller
REDAKTIONSBÜRO NEW YORK: Nadja Masri (Leitung), Brigitte Barkley, Wilma Simon, Ann Marie Binlot (Sekretariat); 375 Lexington Avenue, New York, NY 10017-55 14, Tel. 001-212-499-81 Fax 001-212-499-81 05, E-Mail: geo@geo-ny.com
Verantwortlich für den redaktionellen Inhalt: Peter-Matthias Gaede
VERLAGSLEITUNG: Dr. Gerd Brüne, Ove Saffe
ANZEIGENLEITUNG: Anke Wiegel
VERTRIEBSLEITUNG: Ulrike Klemmer, DPV Deutscher Pressevertrieb
MARKETINGLEITER: Jan-Piet Stempels
HERSTELLER: Peter Grimm

ANZEIGENABTEILUNG: Anzeigenverkauf: Ute Wangermann, Tel. 040 / 37 03 29 32, Fax 040 / 37 03 56 04; Anzeigendisposition: Nadine Steckmann, Tel. 040 / 37 03 29 23, Fax 040 / 37 03 57 18. Es gilt die Anzeigenpreisliste Nr. 2 vom 1. Januar 2006.

Der Export der Zeitschrift GEO WISSEN und deren Vertrieb im Auslan sind nur mit Genehmigung des Verlages statthaft. GEO WISSEN darf r mit Genehmigung des Verlages in Lesezirkeln geführt werden.

Bankverbindung: Deutsche Bank AG Hamburg, Konto 0322800, BLZ 200 700 00.
Heft-Preis: 8,– € · ISBN-Nr. 3-570-19673-9
© 2006 Gruner + Jahr, Hamburg
ISSN-Nr. 0933-9736
Druck: Prinovis Itzehoe GmbH & Co KG
Printed in Germany

Kreativität bricht sich höchst unterschiedlich Bahn: während einer Pause im Gras; bei Schimpansen, die Werkzeug benutzen; bei der Erforschung des Gehirns; in der Kunst von Pablo Picasso

Das Leben meistern, die Welt verändern
DENKEN UND KREATIVITÄT

Wohl nichts zeichnet den Menschen mehr aus als seine Denkfähigkeit und sein Erfindungsreichtum. Sein kreatives Hirn ermöglicht atemraubende Kunstwerke und monströse Verbrechen, den wissenschaftlichen Geniestreich und die charmante Lüge. Dem Menschen ist es gelungen, ein tiefes Verständnis seines Denkapparates zu entwickeln; er erforscht, was die schöpferische Kraft weckt, was sie fördert und was sie hemmt. Seine Neugier, seine vielseitigen Talente und der Mut, eingefahrene Gleise zu verlassen, machen ihn einzigartig unter allen Lebewesen.

GEO WISSEN macht sich auf die Spur des kreativen Menschen. Unter anderem mit folgenden Themen: Wie Emotion und Intuition das Denken beeinflussen • Die Kunst des Intriganten, der Einfallsreichtum des Lügners • Falsche Erinnerungen: Wenn das Gedächtnis Streiche spielt • Wie Meditation das menschliche Gehirn verändert • Maschinen mit sozialer Intelligenz? • Wie kreativ sind die Kreativen – eine Werbekampagne entsteht

Die zuletzt erschienenen Hefte der GEO-WISSEN-Reihe sind im ausgewählten Zeitschriftenhandel oder beim Verlag erhältlich. Tel. 040/37 03 40 41; abo-service@guj.de

GEO-WISSEN-LESERSERVICE

FRAGEN AN DIE REDAKTION
Telefon: 040/37 03 20 73, Telefax: 040/37 03 56 48
E-Mail: briefe@geo.de

ABONNEMENT- UND EINZELHEFTBESTELLUNG

ABONNEMENT DEUTSCHLAND — Heftpreis im Abonnement: 6,9
BESTELLUNGEN:
Gruner + Jahr AG & Co KG
GEO-Kundenservice
20080 Hamburg
Telefon: 01805/861 80 01*
(*12 Cent/Min.)

KUNDENSERVICE ALLGEMEIN: (pers.er
Mo – Fr 7.30 bis 20.00 Uhr
Sa 9.00 bis 14.00 Uhr
Telefon: 01805/861 80 01*
Telefax: 01805/861 80 02*

24-Std.-Online-Kundenservice: www.MeinAbo.de/service

ABONNEMENT ÖSTERREICH
GEO-Kundenservice
Postfach 5, A-6960 Wolfurt
Telefon: 0820/00 10 85
Telefax: 0820/00 10 86
E-Mail: geo-wissen@abo-service.at

ABONNEMENT SCHWEIZ
GEO-Kundenservice
Postfach, CH-6002 Luzern
Telefon: 041/329 22 20
Telefax: 041/329 22 04
E-Mail: geo-wissen@leserservice.ch

ABONNEMENT ÜBRIGES AUSLAND
GEO-Kundenservice, Postfach, CH-6002 Luzern
Telefon: 0041-41/329 22 80, Telefax: 0041-41/329 22 04
E-Mail: geo@leserservice.ch

BESTELLADRESSE FÜR
GEO-BÜCHER, GEO-KALENDER, SCHUBER ETC.

DEUTSCHLAND
GEO-Versand-Service
Werner-Haas-Straße 5
74172 Neckarsulm
Telefon: 01805/06 20 00 (12 Cent/Min.)
Telefax: 01805/08 20 00 (12 Cent/Min.)
E-Mail: service@guj.com

SCHWEIZ
GEO-Versand-Service 50/00
Postfach 1002
CH-1240 Genf 42

ÖSTERREICH
GEO-Versand-Service 50/00
Postfach 5000
A-1150 Wien

BESTELLUNGEN PER TELEFON UND FAX FÜR ALLE LÄNDER
Telefon: 0049-1805/06 20 00, Telefax: 0049-1805/08 20 00
E-Mail: service@guj.com